CHIANTI CLASSICO
DENOMINAZIONE DI ORIGINE CONTROLLATA E GARANTITA
VIGNETO DI CAMPOLUNGO
RISERVA
1993
IMBOTTIGLIATO DA
ITALIA
13% vol.

Martina Meuth · Bernd Neuner-Duttenhofer

DIE NEUE TOSKANA

Küche, Land und Leute

Photos von Martina Meuth

Kulinarische Landschaften

Droemer Knaur

Photos von Martina Meuth

Die Folie des Schutzumschlags sowie
die Einschweißfolie
sind PE-Folien und biologisch abbaubar.
Dieses Buch wurde auf chlor- und säurefreiem
Papier gedruckt.

Umschlaggestaltung: Agentur ZERO, München
Umschlagphotos: Martina Meuth
Gestaltung und Herstellung: Horst Schöck, Schramberg
Reproduktion und digitaler Gesamtaufbau: Straub Druck, Schramberg
Karte: Mohrbach, München
Druck: Appl, Wemding
Bindung: Sigloch, Künzelsau
Printed in Germany
ISBN 3-426-27101-x

2 4 5 3

Besuchen Sie uns im Internet: www.droemer-knaur.de

Inhalt

Martina Meuth und Bernd Neuner-Duttenhofer: »Allen, die uns Tips gegeben, uns auf neue Spuren gesetzt und uns aufgeklärt haben, die sich mitgeteilt und in diesem Buch mitgemacht haben, unser herzlichster Dank!«

VORWORT

1986 haben wir mit den Recherchen für unser erstes Toskana-Buch begonnen. Damals haben wir eine Toskana im Umbruch entdeckt und den Schatz der noch lebendigen Traditionen zu beschreiben versucht. Wir haben ergründet, was den Reiz der Landschaft und den Charme der Menschen ausmacht, haben die althergebrachte Herstellung der Produkte und die seit Generationen überlieferte Art zu kochen aufgeschrieben, die Küche der Bauern und Winzer, des Bürgertums und des Adels vorgestellt. Unsere Protagonisten waren meistens ältere Leute, die noch von früher erzählten, die leidenschaftlich die Qualität der alten Toskana verfochten, für die Bewahrung der Werte standen – sie schienen uns fast wie einsame Kämpfer auf verlorenem Posten.

Heute wissen wir: Die in unserem Buch schon angedeuteten Chancen haben dem Land eine neue Zukunft beschert, die es inzwischen beherzt wahrgenommen hat. Eine außerordentlich dynamische Entwicklung des Handwerks, der verarbeitenden Industrie und des Tourismus, auch die vielen Ausländer, die sich in der Toskana ansiedelten, haben eine andere, lebendige, moderne Toskana entstehen lassen. Der Fleiß der Menschen und ihr Wille, die ländliche Heimat nicht aufzugeben, sondern – mit Hilfe der Feriengäste! – Überlebensmöglichkeiten zu finden, haben das Wunder dieser neuen Toskana vollbracht. Der kluge Satz von Hans Magnus Enzensberger: »Der Tourist zerstört das, was er sucht, indem er es findet« wurde quasi umgekehrt: In der Toskana schufen Touristen und Bevölkerung gemeinsam erst das, was man sucht. Dank unberührter Natur und Weite der Landschaft, mit der die Toskaner selbst zunächst wenig anzufangen wußten, dank erstaunlich rigoroser (und sogar eingehaltener!) Gesetze und dank des von den Toskanern in Jahrhunderten geschulten Sinnes für Proportionen ist es (abgesehen von den industrialisierten Ebenen und Teilen der Küste) gelungen: Wer ein paar Jahre nicht da war, wird seinen Augen kaum trauen! Überall pralles Leben, blühende Gärten, gepflegte Häuser – und das Bild wird bestimmt von jungen, fröhlichen, selbstbewußten Menschen.

Die Toskana, die vor kurzem noch der Versteppung anheimzufallen drohte, zeigt wieder das Bild einer klassischen Kulturlandschaft. Moderne Anbaumethoden und hochtechnische, auf die unterschiedlichsten Anforderungen spezialisierte Geräte, auch ausgeklügelte Bewässerungssysteme machen selbst dort einträgliche Landwirtschaft möglich, wo man sie vor 50 Jahren aufgeben mußte. Der Weinbau hat vollkommen neue Dimensionen erreicht: Nicht nur der Chianti und der Brunello di Montalcino sind begehrt, sondern in allen Regionen des Landes gedeihen geschätzte Kreszenzen.

Der Marchese Piero Antinori – dessen Familie seit über 600 Jahren Weinbau in der Toskana betreibt und der gewiß ein kritischer Richter ist! – bringt es auf den Punkt: »Bis vor 30 Jahren schlief die Toskana – dann kamen die Industriellen aus Mailand, kauften die aufgelassenen Güter und fanden Gefallen daran, Wein zu machen. Nicht rückwärts blickend, sondern modernem Erfolgsdenken verhaftet, begannen sie Weine zu produzieren, die den französischen Paroli bieten wollten ... Jetzt aber kommt wieder die Besinnung auf die Traditionen, auf die klassische Rebsorte des Chianti, die Sangiovese. Die Toskana hat viel Kraft: Sie erzieht ihre Liebhaber – und wenn sie sich ihr ergeben, sind auch die Zugewanderten keine Fremden, sondern *Toscani*.« Welch großherziges und selbstbewußtes Kompliment!

Diese in- und ausländischen »Aussteiger« der siebziger und achtziger Jahre haben ihre kleinen Keller längst den Töchtern und Söhnen übergeben, von denen viele modernste, großzügig ausgestattete Kellereien daraus gemacht haben. Die »Super-Tuscans« – aufwendig produzierte und teure Rotweine, entweder aus der klassischen Sangiovesetraube gekeltert und im Barrique, dem kleinen neuen Eichenfaß, ausgebaut oder Weine aus neu gepflanzten Rebsorten wie Cabernet Sauvignon, Merlot, Pinot Noir, Syrah oder auch Cuvées aus verschiedenen Sorten – haben Weltruf erlangt und sind gefragter als die klassischen Gewächse. Auch einige Weißweine haben inzwischen internationalen Standard erreicht, wenn auch manche Toskaner und Toskanafans der Anfangszeit dies noch immer nicht wahrhaben wollen. Fabrizio Niccolaini (siehe Seite 179) bringt die Leidenschaftlichkeit der jungen Winzerinnen und Winzer auf den Punkt: »In unseren Weinen fließt unser Herzblut, sie sind unsere Seele!«

Aber nicht nur der Wein hat die Landschaft wieder zum Blühen gebracht: Die Olivenhaine, die nach dem großen Frost von 1985 zunächst zu veröden schienen, gedeihen üppiger denn je: Olivenöl extra vergine erfuhr, seit man seine gesundheitlichen Vorzüge weltweit erkannt hat, einen neuen Aufschwung, und die Preise, die ein gutes Öl erzielt, lassen die Produzenten ein vorzügliches Auskommen finden.

Die Milch- und Fleischwirtschaft hat sich prächtig entwickelt – zu den toskanischen Metzgern pilgern die Kunden aus Rom und Mailand, die Schafskäse der Crete werden in die gesamte Welt

geliefert. In den Flußniederungen und entlang der Küste wird erstklassiges Obst und Gemüse produziert, zum Teil mit biologischen Anbaumethoden. Würste und Schinken, Obst- und Gemüsekonserven, Honig und Konfitüren aus der Toskana gehören zum internationalen Feinkostsortiment. Einige größere Betriebe vermarkten ihre Produkte inzwischen europa- oder weltweit, manche sogar im Direktvertrieb.

Seit die Menschen auf der ganzen Welt marmorne Böden, Küchen und vor allem Bäder haben wollen, blüht die Marmorindustrie in der Versilia. Mode wird zwar in Mailand gemacht, aber in der Toskana wird gewoben, gefärbt und geschneidert. Lederwaren aus dem Arnotal bestimmen die aktuellen Trends – Prada und Gucci produzieren hier.

Und schließlich verdient man viel Geld mit einer Industrie, die unerschöpfliches Wachstum zu garantieren scheint: mit dem Tourismus und den neuen ausländischen Land- und Hausbesitzern, die ihre Feriendomizile reich ausstatten, seit die Einbrüche dank verstärkter Sicherheitskontrollen nicht mehr alltägliche Erscheinungen sind, sondern genauso selten vorkommen wie bei uns.

Schon vor 15 Jahren gab es einen regen Tourismus, auf den wir in unserem ersten Buch hingewiesen haben – in den Städten die Kunstliebhaber auf Dehios Spuren, am Meer die sonnenhungrigen Mittel- und Nordeuropäer, die sich unter die ebenfalls badenden Städter Italiens mischten. Und überall zwischendrin die in Unmengen angereisten Sommerurlauber mit ihrem Bedürfnis, sich auf dem Land und in den Städten ebenso barbäuchig wie am Strand zu zeigen. An diesem Massentourismus hat sich nicht viel geändert – aber der Individualtourismus hat einen tiefgreifenden Wandel erlebt, auf den man sich in der Toskana perfekt eingestellt, ja, den man regelrecht gefördert hat. Wer einst als Individualist in die Toskana reiste (oder sich dort ein Bauernhaus kaufte), wollte eine alte Kulturlandschaft entdecken und sich dem Land unterordnen, den Reiz der bäuerlichen Lebensweise genießen, sich eins mit der Natur fühlen. Es genügte ein simples Nudelgericht, dazu ein Glas vom einfachen Chianti aus der Bastflasche, das Hotelzimmer mit eisernem Bettgestell und (durchgelegener) Matratze, eichenem Schrank auf dem nackten Terracottaboden, tröpfelnden Wasserhähnen und einem stillen Blick aus dem Fenster in eine sich weit staffelnde Hügellandschaft. Heute will man auf den Luxus, den man von zu Hause gewöhnt ist, nicht mehr verzichten. Also gehören zum immer beliebter gewordenen Kurzurlaub schöne Zimmer mit antiken Möbeln, marmornem Bad, üppig quellender Dusche und erlesener Bettwäsche; aufmerksamer Service, Swimmingpool und Liegewiese unter Olivenbäumen, eine Weinkarte mit den großen Etiketten und eine feine Küche, die den modernen Eßgewohnheiten entspricht, aber das Lokalkolorit und die landestypischen Produkte nicht vernachlässigt.

All diese Entwicklungen haben den Toskanern im großen und ganzen einen

gewissen Wohlstand beschert, und den leben sie natürlich auch im eigenen Lande. Es gibt nicht mehr nur, wie damals, ein paar Kneipen für die Einheimischen und wenige Restaurants für Touristen, sondern eine unglaubliche Vielzahl von *Trattorie, Osterie, Enoteche, Ristorante, Relais* und vielerlei Zwischenformen, die alle Ansprüche befriedigen. In den Zwei-Sterne-Restaurants essen längst nicht mehr nur Amerikaner, Deutsche und Japaner, sondern vor allem Italiener, die ihrerseits auf Reisen kennen gelernt haben, was angesagt ist. In Ausflugslokalen, die im Gegensatz zu solchen in Deutschland oft Hervorragendes bieten, trifft man nicht nur Touristen, sondern jede Menge junger Leute aus der Umgebung: Essen zu gehen gehört heute ganz selbstverständlich zur Lebensart der jungen Toskanerinnen und Toskaner!

Das führte einerseits zu einer Vereinheitlichung der Speisekarten, wie man allenthalben schmerzhaft registrieren kann, es war aber andererseits auch die große Chance für eine neue, kreative Küche auf der Basis der traditionellen Gerichte und der heimischen Produkte. Auch die Toskana hat inzwischen die »Pasta« entdeckt! Damit ging die Bedeutung des einst alles begleitenden Brotes zurück. Müßig die Frage, ob dies passierte, weil es kaum noch gutes Brot gibt, oder ob die Qualität des Brotes in der Toskana schlechter geworden ist, weil die Menschen es nur noch als *panino*, also als belegtes Brötchen verwenden, und nicht mehr ganze Gerichte damit kochen. Wer Spaghetti lieben gelernt hat, verzichtet auf die Brotsuppe …

Die Italiener im allgemeinen und die Toskaner im besonderen waren einst äußerst konservative Esser. Die *mamma* kochte klassisch, im Restaurant mußte es für die Alten genauso schmecken wie zu Hause. Die Jungen aber wollen etwas anderes – eine neue, moderne, schlanke Küche, vor allem amerikanisch, aber auch französisch oder asiatisch beeinflußt, eben international. So haben wir für unser neues Buch eine ganze Menge junger Köchinnen und Köche entdeckt, die das Herkömmliche intelligent in eine moderne Küche umgewandelt haben, die die geschmackliche Fülle der alten toskanischen Küche mit den Vorstellun-

gen einer einfachen und schnellen, schlanken und gesunden Küche harmonisch zu verbinden vermochten. Eine Küche, die gerade die Welt erobert!

Viele der älteren Köche haben versucht mitzuhalten – es aber nicht umsetzen können, weil sie nicht in fremde Küchen eingedrungen sind, sondern nur mit den ihnen bekannten Mitteln Ähnliches erzeugen wollten. Einige der von italienischen Kritikern – die übrigens ihrerseits in fremden Küchen nicht bewandert sind – in Gastro-Führern hochgelobten Restaurants wird man daher in unserem neuen Buch nicht finden.

Da viele junge berufstätige Frauen auch in Italien heute nicht mehr kochen – weniger, weil sie keine Zeit dafür haben, sondern eher, weil sie aus emanzipatorischen Gründen nicht mehr am Herd stehen wollen –, die Männer aber auf die traditionellen Gerichte doch nicht ganz verzichten wollen, gibt es auch ausreichend viele Restaurants mit den klassischen Gerichten. Die werden aufgemacht und geführt von jungen Leuten – aber in der Küche steht dann, wie gehabt, die *mamma,* ohne die es eben in Italien doch nicht geht …

Fazit: Man findet in der Toskana wirklich alles, was das Herz begehrt! Wir versuchen, dabei zu helfen:

Unser erstes Buch zeigt die traditionelle Toskana, die es natürlich noch immer gibt, und die klassischen Rezepte – deshalb ist es immer noch aktuell! Manche der dort vorgestellten Menschen haben sich zurückgezogen oder leben nicht mehr, aber ihre Nachfolger bewahren ihr Andenken und arbeiten in ihrem Sinne weiter.

Darauf aufbauend präsentieren wir nun in diesem Buch eine junge, moderne, neue Toskana: Wir zeigen unsere liebsten Luxushotels, Landgasthöfe, Ferienwohnungen in Bauern- und Gutshäusern, Spitzenrestaurants, Trattorien und Osterien, die kulinarischen Highlights einer ganz neuen toskanischen Fisch- und Gemüseküche, stellen junge Chocolatiers und Kaffeeröster vor, Metzger und Bäcker, die neue Generation der Winzer und ihre Weine … Natürlich ist es nicht mehr als eine kleine, subjektive, sehr persönliche Auswahl aus einer nirgendwo sonst auf der Welt so reichen Fülle des Angebots …

FRÜHLING

Es blühen Iris, Mohn und Wein. Junge Gemüse bestimmen den Speisezettel

Fein: Nudeln mit Puffbohnen und Tomaten

Noch kahl: Rebzeilen in der Frühlingssonne

Sonnenhungrig: Katze nach dem Winterschlaf

Jung: Espresso-Wirtin

Trutzig: Ferdinando I.

Tradition: Procacci

Bunt: Blühende Frühlingswiesen

Michelangelos David auf der Piazza della Signoria, also vor dem Rathaus, ist bereits seit 1873 eine Nachbildung – das Original steht in der Galleria dell'Accademia. Eine weitere Nachbildung in gleicher Größe findet man auf dem Piazzale Michelangelo, und viele Davids im handlichen bis Taschenformat zieren die Kitschbuden und Andenkengeschäfte. »Kunst« soll im Zeitalter der technischen Reproduzierbarkeit für jeden Geldbeutel erschwinglich sein …
Der Kunststadt Florenz freilich kann dies nichts anhaben: Nirgendwo sonst kann man die Idee, die Entstehung und Vollendung der Renaissance so intensiv und umfassend erleben und verstehen wie hier. Kirchen und Klöster, private Paläste und gemeinnützige Einrichtungen, Bürogebäude (Uffizien) und Festungen, Gärten und Parkanlagen zeugen allenthalben vom Kunstwillen dieser Blütezeit unter den Medici – was uns allerdings nur zu leicht vergessen läßt, daß all die Prachtentfaltung nur durch die Knechtschaft des Volkes, Kriege und Unterdrückung möglich war. Die Schätze der Museen an Bildern und Skulpturen, Gebrauchsgegenständen und Prunkstücken, Möbeln und Tapisserien scheinen unendlich: Wer Florenz wirklich entdecken will, muß wenigstens ein paar Monate bleiben! Wer allerdings auf Kunst weniger erpicht ist, kann Florenz vergessen – wie Goethe, der in Rom und im Süden Italiens den Geist der Antike suchte.

Florenz: Mythos zwischen Kunst und Kommerz

Weit schweift der Blick über die Stadt, die sich im nach Westen geweiteten Becken des Arno zwischen bewegten Hügeln ausbreitet. Die berühmte Kuppel von Brunelleschi überragt in immer wieder faszinierender Perfektion, kühn und gelassen zugleich, das gewaltige Dach des Doms und seinen Campanile. Die Kirche, Wahrzeichen von Florenz, findet im Palazzo Vecchio, dem Rathaus, den weltlichen Widerpart. Und der träge dahinströmende Arno gibt mit seinen hinter dem Ponte Vecchio sich staffelnden Brücken dem Bild Dynamik.

Tatsächlich ist dies eine der schönsten und bekanntesten Stadtansichten der Welt – und damit das Problem von Florenz: Zu viele Menschen wollen diese herrliche Stadt der Künste erleben und tragen mit ihrem Besuch dazu bei, sie zu zerstören… Den Florentinern selbst ist sie zu voll, zu teuer und zu laut. Trotz Verkehrsberuhigung herrscht fast überall ein höllischer Lärm – die Mopeds italienischer Jugendlicher müssen eben teuflisch knattern, und die Fahrweise italienischer Machos entlockt den Autos das maximale Röhren!

Da immer weniger Florentiner noch im Stadtkern wohnen, sind die kleinen Läden für den täglichen Bedarf verschwunden, die Handwerker mußten aufgeben, die Weinkneipen haben sich umgestellt – die vom Tourismus geprägten Läden und Geschäfte, Pizzerien und Imbißstuben, Cafés und Restaurants, Pensionen und Hotels haben das selbständige städtische Leben aus dem Stadtkern fast vollständig verdrängt.

Diese Entwicklung ging Hand in Hand mit der weltweiten Tendenz der Entvölkerung der Innenstädte durch die massive Ansiedlung von repräsentativen Firmensitzen und Büros, Handelshäusern und Banken. Die stattlichen Florentiner Renaissancepaläste – die meisten ja damals schon für reiche Bankiers und Händler erbaut! – bilden dafür den perfekten Rahmen. Und so wurde aus dem Zentrum von Florenz, in dem sich noch vor wenigen Jahren die verschiedensten Stadtfunktionen mischten, eine simple, allerdings hoch wirksame Kulisse der Verkaufsförderung – sowohl für die schnellen Gewinn bringenden Touristenläden wie die internationalen Luxusgeschäfte.

Die Mieten sind für normale Florentiner unerschwinglich geworden: Büros, Kanzleien und Praxen sind zahlungskräftiger. Und teure Wohnungen und Zimmer kann man gut vermieten: Hatte einst Florenz nur im Herbst und Frühling Saison, so stellen sich die Gäste – vor allem Amerikaner und Japaner, aber auch zunehmend Mittel- und Nordeuropäer – inzwischen ebenso im schier unerträglich heißen Sommer (Klimaanlagen machen es möglich) wie im ungemütlich kalten Winter (Zentralheizungen ersetzen die traditionellen Kamine) ein – in Florenz tobt der totale Tourismus rund ums Jahr!

Nur ein brausendes Summen steigt herauf zum Piazzale Michelangelo, von wo der Blick besonders eindrucksvoll ist, weil man der Stadt gleichzeitig nah und entrückt ist – eben nur in dem Maße entfernt, daß man von dem quälenden Lärm, dem hektischen Durcheinander nicht erreicht wird, aber doch noch alle Einzelheiten erfassen kann.

Im Winter, wenn die kalte Tramontana über den weiten Platz fegt, ist er leer. Erst mit dem Frühjahr kommen die Busse, Campmobile und Touristenkarawanen, im Sommer und Herbst herrscht hier dasselbe Gedränge wie in der Stadt. Dann gehen die witzigen Domkuppel-Schirme in der Menge des Kitsches unter, und die Bilder der Maler scheinen noch schlechter zu sein.

Wer es wirklich ruhig mag, muß noch weiter hinauf, zur Kirche San Miniato, deren klar gegliederte romanische Fassade so ungemein modern wirkt. Wo sich die Liebespaare treffen, weil sie hier noch in Ruhe schmusen können – im Sommer kann man sogar auf dem Rasen liegen oder gemütlich auf Stufen und Marmorbrüstung picknicken.

Ganz oben auf den Florentiner Hügeln ist das Treiben der Stadt so weit entfernt, daß man sich wie ins Paradies versetzt fühlen kann. Glücklich, wer eines der Anwesen hinter hohen Mauern und undurchsichtigen Hecken besitzt – oder wenigstens für eine gewisse Zeit hier wohnen darf. Zum Beispiel im Hotel »Torre di Bellosguardo«, einem wahren Juwel mit tatsächlich umwerfendem Blick auf Florenz. In einem geräumigen

Park mit alten Bäumen, säuberlich gestutzten Büschen, üppigen Rosen und den typischen Schwertlilien um den modernen Pool träumt eine prächtige Renaissancevilla, weitgehend intakt geblieben durch die Zeitläufte. Erst vor wenigen Jahren hat sie der Baron Giovanni Amerigo Amedeo Franchetti erstanden und zum Hotel umfunktioniert. Nach einer internationalen Karriere in großen Hotelketten wollte er ein eigenes, kleineres Haus gestalten – was ihm mit größtem Erfolg gelungen ist. Die geräumigen, teilweise wunderschön getäfelten Zimmer blieben unberührt, wurden freilich mit luxuriösen Bädern ausgestattet. Wo dies nur um den Preis grober Substanzverletzung möglich gewesen wäre, wurden zusammenhängende Räume als Suite belassen. Es ist ein Refugium für Leute mit Sinn für Kultur, dem Bedürfnis nach Ruhe und Respekt vor der Vergangenheit. Englische Schriftsteller und amerikanische Werbeleute, französische Regisseure und japanische Modedesigner steigen hier ab. Auch der große Bellheim war hier auf gefilmtem Besuch. Und, um die Sache in typisch Florentiner Klatsch- und Geschichtenträchtigkeit zu runden: Die Villa gehörte zeitweise der Urgroßmutter von Camilla Parker Bowles – ein Geschenk ihres Geliebten, König Edward I., für ihre Schäferstündchen. Prinz Charles, sein weniger souveräner Nachkomme, weilt hier ebenfalls gern und ebenfalls mit seiner Geliebten – als normal zahlender Gast.

Angenehm luftig ist es im »Bellosguardo«, wenn unten in der Stadt die Hitze zwischen den Mauern steht. Unaufdringlichen Luxus bieten der Park, die großen, mit alten Möbeln eingerichteten Zimmer, die üppig freskierten Empfangsräume, die helle Limonaia (wo die Zitronenbäume überwintern) und die entspannte Atmosphäre des Hauses.

Was einst ein Hauptvergnügen war, nämlich einzutauchen in den Florentiner Alltag, ist inzwischen schwierig geworden – nicht nur in der Hochsaison, sondern das ganze Jahr: Nur in wenigen Vierteln, vor allem südlich des Arno – um S. Spirito, also zwischen Ponte Vecchio und Via S. Frediano – sowie im Osten – zwischen S. Croce und S. Ambrogio – kann man noch die kleinteiligen Strukturen, das typische Florentiner Durcheinander, die traditionelle Gemütlichkeit finden. Die angeblich verkehrsberuhigte Zone der Innenstadt hingegen läßt erst am Abend Entspannung aufkommen. Tagsüber ist die City ein einziger Strudel von Menschenströmen, und wer ihnen in einem der eleganten Cafés – sei es im »Gilli« an der Piazza della Repubblica oder im »Rivoire« an der Piazza della Signoria – entkommen will, wird zur Kasse gebeten. Der Tourismus hat die Sitten und Preise verdorben, und die Florentiner, die selbst im allgemeinen eher sparsame Leute sind, halten sich mit dem Ausgehen zurück, begnügen sich mittags mit einer Kleinigkeit und fahren abends zum Essen lieber aufs Land. Touristen und Studenten beherrschen die Szene, und so ist das allgemeine qualitative Niveau nicht eben hoch. Was sich *Panninoteca* (mit Wurst, Schinken und Käse belegte, salatfeuchte, mit Mayonnaise oder Ketchup saftig gemachte Brote sind gerade Mode) oder *Pizzeria* nennt, ist rammelvoll; die *Caffé* und *Ristorante* sind exorbitant teuer; der Service ist schlecht und das Essen beliebig – Ausnahmen bestätigen die Regel: Neben der fabelhaften Annie Feolde in der »Enoteca Pinchiorri« – in unserem ersten Toskana-Buch ausführlich vorgestellt – hat sich niemand mit einer wirklich metropolitanen Spitzenküche profiliert. Und nur Fabio Picchi unternimmt, nach einer Phase reichlich touristischer Prägung, in den erweiterten und großzügig gestalteten Räumen seines Restaurants »Il Cibrèo« einen neuen Versuch, die Altflorentiner Küche zu meisterlicher Perfektion zu führen. Ansonsten kann Florenz dem anspruchsvollen Gast nicht viel Aufregendes auftischen – die klassischen, mit der Jahreszeit wechselnden, bäuerlichen Gerichte der Toskana finden sich überall, mal ganz gut, mal befriedigend, selten richtig schlecht. Aber das meiste, was in den oft mit bescheidenen Mitteln durchaus

stimmig und geschmackvoll eingerichteten kleinen Trattorien gekocht wird, kann man auf dem Lande besser und preiswerter bekommen. In den Hotels und feinen Restaurants herrscht sowieso die teure Langeweile der internationalen Einheitsküche. Mit dem vielzitierten Preis-Leistungs-Verhältnis – welches ständig zu überprüfen übrigens ebenso florentinisch wie deutsch ist – schrammt Florenz ganz allgemein, auf kulinarischem Gebiet aber besonders nahe an der Grenze zum Nepp. Und oft wird sie überschritten!

Was macht man also, wenn man als Tourist in Florenz ist? Man schlendert herum, schaut sich die kleinen Trattorien in den Seitenstraßen an, studiert die ausgehängten Speisekarten (die sich oft ähneln wie ein Ei dem anderen), blickt in ein hoffentlich hübsch eingerichtetes Lokal mit adrett gedeckten Tischen (ein Vitrinenschrank mit guten Weingläsern deutet auf qualitätsbewußtes Engagement), taxiert das Publikum, schaut in die Küche, schnuppert kritisch den ihr entsteigenden Düften nach und schwatzt, wenn möglich, mit der Köchin (immer ein gutes Zeichen, wenn eine *mamma* kocht!) und den Kellnern. Sind sie nett, tritt man ein … Wenn man zu lange zögert (und auch nicht reserviert hat), dann sind die guten Trattorien voll, die schlechten bleiben leer, und man hat das Nachsehen. Also: Rechnen Sie nicht zu genau, vertrauen Sie Ihrer Nase und der Sympathie – Sie werden wahrscheinlich keine kulinarische Sternstunde erleben, aber wenigstens einen angenehmen Abend …

Fabio Picchi hat mit seinem Restaurant »Il Cibrèo« immensen Erfolg gehabt, die Amerikaner rannten ihm die Bude ein – so daß zeitweise jeder Tisch zweimal belegt wurde –, und es entstand ein regelrechtes kulinarisches Imperium mit anhängender Trattoria, Café und Feinkostgeschäft. Inzwischen wurde umgebaut und das Konzept geändert, es geht in den neuen, großzügigeren Räumen wieder gemütlicher zu, und das Essen schmeckt so gut wie einst. »Dolci & Dolcezze« lautet auftrumpfend die feinste Adresse für süße Sünden jeder Art. Das Delikatessengeschäft »Procacci« in der noblen Via Tornabuoni ist bekannt für seine Trüffelprodukte und feinen Brötchen; als es nach dem Tod der Besitzerin unterzugehen drohte, rettete Piero Antinori diese Florentiner Institution. Die Eleganz des »Caffè Gilli« wetteifert mit der des »Rivoire«, und in der Trattoria »Il Latini«, einer von mehreren ganz witzigen und unkomplizierten rund um den Palazzo Ruccellai, lockt ein Himmel voller Schinken.

Der Mercato S. Ambrogio ist das Zentrum des östlichen Stadtbezirks: Hier geht es noch volkstümlich zu, und die Scherze sind derb. Die Menschen prüfen die Ware einerseits kritisch und preisbewußt, sind aber andererseits bereit, für ein bestimmtes Produkt in Spitzenqualität erstaunlich viel auszugeben. Beobachtet man das Geschehen, beginnt man zu begreifen, wie wichtig der Markt, das Auswählen, die kritische Auseinandersetzung mit dem Produkt für die Florentiner ist.

Bilder links: Kutteln sind eine traditionelle Spezialität von Florenz, sozusagen ein Grundnahrungsmittel, das sich die einfachen Leute an der Straßenecke beim mobilen Händler leisten – dieser hat seinen festen Standplatz an der Ecke Borgo La Croce/Via de' Macci, also genau zwischen dem Mercato S. Ambrogio und dem Flohmarkt auf der Piazza dei Ciompi. Die aufgeschnittenen Hälften der Brötchen – sie heißen, das kommt uns bekannt vor, semelle! *– werden ganz nach Wunsch trocken oder* bagnato *(in Brühe getaucht) mit* Lampredotto *(Labmagen) belegt und mit Salz und Peperoncino gewürzt. Die feinen Geschäftsleute gehen in den Mercato Centrale, wo die Kuttelstände inzwischen in edlem Marmor erstrahlen. Wer Kutteln nicht mag, kann auf gekochtes Rindfleisch ausweichen.*
Der Flohmarkt (oben) auf der Piazza dei Ciompi, dem einstigen Arbeitsplatz der Wollkämmer, findet täglich statt – neben wenigen ansehnlichen Stücken wirklich viele Flöhe. Auch die Produkte der Maler, Portraitisten und anderen »Künstler« in der Stadt oder auf dem Piazzale Michelangelo halten einem kritischen Blick nur selten stand. Anders ist es auf dem Ponte Vecchio (großes Bild), der einstigen Marktstraße der Metzger, wo man neben billiger Tagesware auch schönen und gut verarbeiteten Schmuck finden kann – handeln ist hier angesagt!
Angenehm und preiswert, mittendrin und trotzdem ruhig wohnen kann man im »Loggiato dei Serviti«, einem Renaissancebau an der Piazza SS. Annunziata (Bilder oben).

Die Antinori: gelebte Tradition

Im Herzen von Florenz, am Ende der noblen Via Tornabuoni, wohnt und arbeitet die Familie Antinori: an der Piazza degli Antinori, im Palazzo Antinori, erbaut um 1470 von Giuliano da Maiano – für die Familie Antinori. Die Vorfahren hatten ihr Vermögen durch Seide, Bankgeschäfte und seit 1385 auch mit Wein verdient. Nur wenige Florentiner Adelsgeschlechter können auf eine ähnliche Kontinuität verweisen – kein anderes hat in der Gegenwart so viel bewirkt: Antinori steht für den weltweiten Erfolg des italienischen Weins!

Der Palazzo Antinori (im oberen kleinen Bild links) strunzt nicht wie die der Strozzi, Medici und Pitti mit gewaltigen Rustica-Quadern, dominiert aber durch eine leichte Drehung aus der Achse die ganze Via Tornabuoni – er drängt sich nicht auf, ist aber nicht zu übersehen. Unaufdringliche Eleganz und zurückhaltendes Selbstbewußtsein, Tatkraft und Weitblick kennzeichnen denn auch den Chef des gräflichen Hauses, Marchese Piero Antinori. Hier zeigt er Tochter Allegra – eine von dreien, sie ist für die Öffentlichkeitsarbeit der Firma zuständig – im Arbeitszimmer seines verstorbenen Vaters dessen traumhaft schöne Photos. Von diesem Zimmer aus ist man sozusagen per du mit der Domkuppel, die von den Vorfahren schließlich mitfinanziert wurde.

Der Palazzo ist die Stadtwohnung der Familie, die am liebsten auf dem Land weilt, auf der »Tenuta Belvedere« bei Bolgheri. Die an Kunstwerken reichen Räume dienen der Repräsentation, gewohnt wird nach hinten, da ist es ruhiger. Im Erdge-

schoß liegen die Büros sowie die »Cantinetta Antinori«, wo man alle Antinori-Weine verkosten und ausgezeichnet essen kann: die traditionellen Gerichte der Toskana, einfach, aber mit Sorgfalt zubereitet. Im Innenhof stehen Vitrinen mit Modellen der Antinori-Güter in aller Welt – siehe die folgende Seite.

Marchese Piero Antinori, dessen Krawattenknoten von »Gentlemens Quarterly« als der bestgeschlungene der Welt bezeichnet wurde, hat sich als reicher Erbe nicht dem Wohlleben hingegeben. Vor 40 Jahren, als blutjunger Mann, erkannte er als einer der ersten, daß der Chiantiwein in Gefahr war. Die von Bettino Ricasoli im 19. Jahrhundert aufgestellte Formel, die einen gewissen Anteil Weißwein vorsah, bedurfte einer Reform. Zu hohe Erträge, Nachlässigkeit im Weinberg und schlampige Kellerarbeit hatten den Chianti ruiniert.

Auf dem bereits vom Vater erworbenen Gut Santa Cristina – davor war Antinori ein Handelshaus – setzte Piero Antinori in Zusammenarbeit mit den Önologen Giacomo Tachis und Emile Peynaud zur Erneuerung an. Selektion von Klonen bewährter und neuer Sorten, Berücksichtigung des Bodens, stärkerer Schnitt, engere Pflanzung, neue Technologien in der Zentralkellerei von San Casciano bildeten den Anfang. Der Durchbruch gelang 1971 mit dem *Tignanello* – aus 80 % Sangiovese, 20 % Cabernet – und 1978 mit dem *Solaia* – aus denselben Sorten im umgekehrten Verhältnis: reine, kraftvolle, konzentrierte Rotweine, die wie im Bordelais in kleinen Eichenfässern, Barriques, ausgebaut wurden. Antinori wurde damit zum Botschafter des neuen italienischen Weins – und kehrt heute mehr und mehr zu den Ursprüngen zurück, indem er den Charakter der verschiedenen Güter, ihr *terroir*, herausstellt.

Badia a Passignano: *Die um 1080 gegründete Abtei gehört zu den traditionsreichsten Kulturdenkmälern des Chianti. Die Mönche beschäftigten sich im ausgehenden Mittelalter wissenschaftlich mit dem Ackerbau, und bereits um 1200 legten sie auf den ausgezeichneten Lagen der Abtei die ersten Weingärten an. In den achtziger Jahren kaufte Antinori die in verwunschener Stille gelegene Abtei mitsamt 325 ha Land – darunter 34 ha Olivenhaine und 38 ha Weinberge. Nach gründlicher Renovierung erstrahlen die Gebäude in neuem Glanz, man kann die Fresken von Domenico Ghirlandaio besichtigen und die ganze Anlage genießen. Auf den anderen Antinori-Gütern kann man keinen Wein probieren oder kaufen – aber hier gibt es in der »Bottega di Badia a Passignano« (Bilder unten) sämtliche Weine, auch von den anderen Gütern, die Öle und alle anderen Produkte von Antinori. Außerdem kann man die Keller besichtigen und zwischen Fässern mit Chianti riserva,* Tignanello *und* Solaia *von endlosen Zechereien träumen …*

Pèppoli: *In den achtziger Jahren erwarb Antinori dieses 100 ha große Gut am Hang eines kleinen Tals bei Mercatale in ungewöhnlicher Nordostlage. Aber auf den gründlich aufbereiteten, mineralstoffreichen Böden der nach Süden und Westen gerichteten Hänge stehen genau für diese Bedingungen speziell selektionierte Klone von Sangiovesereben und produzieren überaus fruchtige Trauben. Antinori hat sich das zunutze gemacht und einen ganz neuen Typ von Chianti Classico entwickelt, der voll auf diese fruchtigen, sogenannten Primäraromen setzt und nach einem kurzen Reifelager in großen Holzfässern noch jung auf den Markt kommt: ein gleichzeitig fröhlicher und kraftvoller Wein, gut strukturiert, nur aus roten Trauben, aber nicht so streng und verschlossen wie viele der neuen, wuchtigen Chianti. Auf 60 ha stehen vor allem Sangiovese sowie die klassischen Chiantisorten Canaiolo, Malvasia und Trebbiano. Und von 5500 alten Bäumen gibt es ein biologisch produziertes, grün leuchtendes, bitter-würziges Olivenöl.*

Tenuta Belvedere Bolgheri: *Tausend Jahre lang gehörte Bolgheri (mit der berühmten Zypressenallee) den Grafen della Gherardesca. Diese bedeutende Familie hatte ihre Feudalherrschaft stets fürsorglich ausgeübt, sich um eine blühende Landwirtschaft und das Wohlergehen der Menschen, die sie für sie bewirtschafteten, gekümmert – und so ihren Besitz durch die Jahrhunderte zusammengehalten. 1931 gelangte er durch die Heirat der Contessa Carlotta della Gherardesca mit Niccolò Antinori unter Einfluß der Familie Antinori. Ludovico Antinori erzeugt auf Ornellaia Spitzenweine. Vetter Marchese Incisa della Rocchetta schrieb auf der benachbarten Tenuta San Guido mit dem legendären* Sassicaia *Weingeschichte. Und Piero Antinori knüpft auf der Tenuta Belvedere mit dem* Guado al Tasso, *einer Cuvée aus Cabernet Sauvignon und Merlot, daran an; außerdem wird mit Syrah und anderen Rebsorten experimentiert, und es gibt außerdem den fruchtigen Rosé* Scalabrone *sowie einen duftigen Vermentino.*

Santa Cristina: *Anfang des Jahrhunderts von den Antinori erworben, durch Zukäufe umliegender Güter auf 600 ha erweitert. Von hier kommt, wie von der nur 5 km entfernten Badia a Passignano, ein eleganter Chianti Classico, der in den klassischen, großen Holzfässern ausgebaut wird. Die dichten, gut strukturierten Chianti Classico riserve hingegen reifen einige Monate in Barriques, um sich noch kräftiger zu entwickeln und zu runden. Heute verzichtet man auf die früher vorgeschriebenen Weißweinanteile – aus den weißen Trauben keltert man den leichten* Galestro *und den kräftigen* Villa Antinori bianco. *Santa Cristina umfaßt zwei der berühmtesten Lagen des Chianti, auf denen allerdings die gleichnamigen Tafelweine erzeugt werden:* Tignanello *(47 ha) und* Solaia *(10 ha). Außerdem stehen hier 30 000 Olivenbäume, deren Früchte zusammen mit denen der anderen Antinori-Güter das goldene Öl des* Laudemio-*Konsortiums liefern, zu dem sich einige Produzenten zusammengeschlossen haben.*

Essenzen, Düfte, Elixiere

Wären da nicht die mit Tüten bepackten Menschen, die sich die Klinke des schweren Tors in die Hand geben, glaubte man sich in einer Kathedrale. Doch die Officina Profumo Farmaceutica von Santa Maria Novella in Florenz ist eine der ältesten und schönsten Apotheken der Welt: Erstbesucher erkennt man daran, daß sie zunächst sprachlos und andächtig die eleganten Verkaufsräume und imposanten Prunksalons bestaunen. Das ist das Verkaufspersonal gewöhnt. Aber niemand geht, ohne von den Wässerchen, Cremes und Salben zu probieren, an den betörenden Parfums, Duftsäckchen und Potpourris zu schnuppern, von Elixieren, Likören oder Dragees zu kosten und irgendeines einzukaufen. Nicht nur, weil alles nach uralten Rezepten hergestellte Raritäten sind, sondern weil man mit den dekorativen Flakons ein Stück liebenswürdiger Tradition mit nach Hause nimmt.

Die Ursprünge reichen bis ins 13. Jahrhundert zurück. Dominikanermönche verkauften hier die Kräuter aus ihrem Garten, den man jetzt nur noch betrachten, nicht betreten darf, weil er dem Militär gehört. Den Laden indes erwarb 1866, nachdem Napoleon den Kirchenbesitz dem Staat überantwortet hatte, die Familie Stefani, die ihn inzwischen in der vierten Generation führt.

Wo man sich große Weine einfach leisten kann

Blaue Hortensien vor dem Rosenbild im Fenster – man merkt gleich: Gianni Traversini (oben links) und seine beiden Kompagnons (Bild rechts) achten auch auf die Details. So schmücken die Weinflaschen im akkurat gezirkelten Regal als überdimensionales Bild den Laden. Auch wenn deren Inhalt längst ungenießbar ist: was sie versprechen, wird durchaus gehalten!

Das gewaltige Weinregal mit den akkurat ausgerichteten Flaschen an der Stirnwand wirkt nur auf den ersten Blick verheißungsvoll: Es hängt weit außer Reichweite, und die Etiketten sind schon reichlich angestaubt und vergilbt. Gleich neben der Eingangstür die Verkaufsvitrine für Wurst und Käse. Die Wand entlang sind blanke Holztische aufgereiht. Der schlauchartige Raum wirkt eher schmucklos… Und hier soll man einkehren, wenn man erstklassige Weine trinken möchte?

Die »Cantinetta del Nonno« ist ein höchst unspektakulärer Laden im Zentrum von San Casciano Val di Pesa, dem Ort, wo auch die Kellerei der Antinori zu Hause ist, ziemlich im Westen des Chianti-Classico-Gebiets. Früher gab es solche Geschäfte in jedem Dorf. Meist war es das soziale Zentrum, Laden, Bar und Trattoria in einem. Hier nahm man morgens seinen Cappuccino, nach dem Essen den Espresso und traf sich auf ein Glas Wein zwischendurch. Man konnte eine einfache Mahlzeit bekommen, und die wichtigsten Einkäufe ließen sich nebenbei auch noch erledigen. Aber seit es selbst in der Toskana überall Supermärkte gibt, sind diese Universalbetriebe selten geworden.

Die »Cantinetta del Nonno« indes ist der Beweis, daß so ein Laden auch heute noch, besser gesagt: wieder funktioniert. Für *il nonno*, den früheren Besitzer (genannt Opa), ein großer Weinliebhaber, war der Name »kleiner Weinkeller« natürlich Programm und die Kellerei der Antinori in der Nähe Verpflichtung. Als er in Rente ging, stiegen als Nachfolger in seine Fußstapfen: Gianni Traversini, der Weinfreak, Roberto Acciai, der Koch, und Giuseppe Casú, der Kellner. Den Abstand, den sie dem Vorgänger bezahlen mußten, brachten sie gemeinsam auf, ohne Furcht vor einer ungewissen Zukunft: Schließlich interessieren sich die Leute immer mehr für Wein, vor allem die Fremden, die ja gottlob zahlreich kommen. Und essen, so wußten sie, müssen alle, die trinken wollen.

Das Konzept des Triumvirats ist einfach: Ehrliche Hausmannskost, das Menü täglich wechselnd, je nach Marktlage und Jahreszeit, ein anständiger offener Tischwein für den Normalverbraucher und ansonsten eine überschaubare Auswahl wirklicher Spitzenweine für den Liebhaber. Der kleine Gastraum im Hinterzimmer wurde mit einfachsten Mitteln hergerichtet, weiße Tischdecken, hübsche Lampen, ordentliche Bilder.

So staunt der zufällig hereingeschneite Gast und ist beglückt, wenn er einen erstklassigen Jahrgang des Sassicaia von Antinori perfekt serviert bekommt – sachkundig dekantiert, damit der edle Tropfen atmen kann, und selbstverständlich im richtigen, ausreichend großen Glas – und nicht mehr dafür bezahlen muß als in jeder Weinhandlung, wenn er ihn mit nach Hause nehmen will.

Das Essen dazu kann nicht besser sein: erstklassige Salumi, hausgemachte Pasta, frisches Gemüse, fabelhaftes Fleisch. Und als Abschluß eine Käseplatte, die auch den Kenner verblüfft: Die Adresse des Produzenten – gleich um die Ecke, siehe die übernächste Doppelseite – gibt's dazu. Da ist zu verschmerzen, daß Waschpulver und Klopapier nicht mehr im Angebot sind…

1

CREMA DI FEGATELLI

HÜHNERLEBERCREME

Eine solche Creme schmeckt wunderbar auf Crostini, also gerösteten Brotscheiben. Sie läßt sich in einem Schraubglas im Kühlschrank bestens bis zu einer Woche aufbewahren. Wenn Gäste kommen, streicht man sie auf geröstete Baguette- oder Graubrotscheiben – fertig ist ein wunderbarer Happen zum Aperitif. Eine größere Menge röstet man übrigens besser auf einem Backblech im Ofen als im Toaster.

Für sechs Personen:
1 Zwiebel, 4 EL Olivenöl,
2 Knoblauchzehen,
je 1 Thymian- und Rosmarinzweig,
1 Chilischote, Salz, Pfeffer,
300 g Hühnerleber, 2–3 EL Vin Santo

Die Zwiebel fein hacken und in zwei Löffeln heißem Öl andünsten, die Knoblauchzehen erst zufügen, wenn die Zwiebel bereits weich ist, auch die Kräuter und Chilischote mitschmurgeln lassen.
Die Lebern sorgfältig putzen, Sehnen und Häute entfernen, zu den Zwiebeln geben und so lange braten, bis sie rundum ihre rote Farbe verloren haben, dabei salzen und pfeffern. Mit Vin Santo besprenkeln und einige Minuten sanft schmurgeln. Die Kräuter, nach Belieben auch die Chilischote entfernen. Schließlich alles im Mixer nicht zu fein pürieren, dabei einen guten Schuß frisches Olivenöl mitmixen.

2

ZUPPA DI PATATE E PORRI

KARTOFFELSUPPE MIT LAUCH

Zu einer solchen Suppe gehört stets die Flasche oder ein Kännchen mit erstklassigem Olivenöl auf den Tisch, damit sich die Gäste ihre Portion nach Gusto würzen können.

Für vier bis sechs Personen:
400 g Kartoffeln, 1 Zwiebel,
2 Stangen Lauch,
2 EL Olivenöl, 2 Knoblauchzehen,
1 l Brühe, Salz, Pfeffer, Petersilie

Kartoffeln und Zwiebel schälen, die Kartoffeln grob, die Zwiebel fein würfeln. Nur das Weiße vom Lauch in feine Ringe schneiden. Dieses Gemüse im heißen Öl andünsten, den Knoblauch erst später fein gehackt zufügen. Mit Brühe auffüllen, salzen und pfeffern. Zugedeckt eine halbe Stunde köcheln, bis die Kartoffeln weich sind. Die Suppe abschmecken, gehackte Petersilie unterrühren und in tiefen Tellern servieren.

1

TAGLIATELLE AL PICCIONE

BANDNUDELN MIT TÄUBCHENSUGO

Das ideale Rezept, wenn man die Täubchenbrüste bereits anderweitig verarbeitet hat, zum Beispiel für das Rezept auf Seite 75.

Für vier Personen:
Nudelteig (Tagliatelle/Bandnudeln):
300 g Mehl, 3 Eier, 1/2 TL Salz,
2 EL Olivenöl
Täubchenragout:
ca. 300 g Täubchenfleisch (mit Knochen),
1 Zwiebel, 2 EL Olivenöl, 2 Knoblauchzehen, je 2 Rosmarin- und Thymianzweige,
2 Stengel Bleichsellerie, 1 EL Tomatenmark, 1 Tasse Tomatenfleisch,
1 Glas Rotwein, Salz, Pfeffer

Die Zutaten für die Nudeln zu einem geschmeidigen Teig kneten, in Folie gehüllt eine halbe Stunde ruhen lassen.
Für die Sauce das Fleisch im heißen Öl anbraten, feingewürfelte Zwiebel, Knoblauch, Kräuterstiele sowie den klein gewürfelten Sellerie zufügen. Das Tomatenmark mitrösten, schließlich Tomatenfleisch und Rotwein zufügen. Salzen und pfeffern. Auf kleinem Feuer etwa eine Stunde sanft schmurgeln, damit sich alle Düfte verbinden. Falls dabei zuviel Flüssigkeit verdampft, immer wieder einen Schuß Rotwein oder Wasser angießen. Zum Schluß sämtliche Knochen entfernen.
Inzwischen den Nudelteig zu schmalen Bandnudeln verarbeiten – am besten mit Hilfe der Nudelmaschine. In reichlich kochendem Salzwasser garen; solange sie noch frisch, also nicht getrocknet sind, dauert das keine zwei Minuten! Mit der Täubchensauce vermischen und sofort servieren.

2

CARCIOFI TRIFOLATI

GEDÜNSTETE ARTISCHOCKEN

Eine herrliche Beilage – hier werden sie mit einem gegrillten Schweinekotelett serviert.

Für vier Personen:
4–5 mittelgroße Artischocken, 1 Zitrone,
2 EL Olivenöl, Salz, Pfeffer,
1 Glas Weißwein, Petersilie

Die Artischocken bis auf ihr Herz großzügig schälen, den Stiel nicht wegschneiden, sondern ebenfalls schälen. Die Herzen längs sechsteln, große sogar achteln. Sofort in mit Zitronensaft versetztes Wasser legen, damit sie schön hell bleiben. In heißem Öl andünsten, dabei salzen und pfeffern. Mit Wein ablöschen und zugedeckt 20 Minuten schmurgeln. Reichlich gehackte Petersilie einrühren. Die gedünsteten Artischocken schmecken übrigens auch kalt!

1

2

3

PAN D'UVA CON CREMA DI RICOTTA

TRAUBENBROT MIT QUARKSAHNE

Ein duftig-lockerer Hefeteig, den eingeweichte Rosinen besonders saftig halten.

Für sechs bis acht Personen:
500 g Mehl, 1 EL Zucker, 1 Würfel Hefe (42 g) oder 1 Tütchen Trockenhefe, 3/8 l Milch, 3 Eier, 1 Prise Salz, 120 g Butter, 100 g Rosinen, 4 EL Vin Santo
Quarksahne:
250 g Ricotta, 3 EL Zucker, abgeriebene Schale einer Zitrone, 2 Blatt Gelatine, 1/4 l Sahne

Das Mehl in die Rührschüssel der Küchenmaschine häufen, in einer Vertiefung in der Mitte folgende Mischung schütten: Zucker, Hefe und 1/8 l lauwarme Milch verrühren, mit etwas Mehl vom Rand vermischen. Zugedeckt eine Viertelstunde gehen lassen. Dann die restlichen Zutaten zufügen, den Mixer einschalten, die restliche Milch jedoch erst in die laufende Maschine gießen – soviel, bis der Teig geschmeidig ist und sich glatt vom Schüsselrand löst. Auf höchster Geschwindigkeit eine Minute durcharbeiten, dann in einer mit Mehl ausgestreuten Schüssel zugedeckt zwei Stunden gehen lassen. In der Zwischenzeit die Rosinen in Vin Santo einweichen. Nach dem Gehen in den Teig einarbeiten. Einen länglichen Laib daraus formen und zugedeckt ein zweites Mal, etwa eine halbe Stunde, gehen lassen. Mit Milch einpinseln und auf einem mit Backpapier belegten Blech bei 200 Grad etwa eine Stunde backen.
Das Traubenbrot auskühlen lassen, quer in drei gleich dicke Scheiben schneiden und füllen: dafür Ricotta mit Zucker und Zitronenschale glatt rühren. Eingeweichte Gelatine in etwas Sahne auflösen und zusammen mit der restlichen, steifgeschlagenen Sahne unterheben. Zwei der drei Traubenbrotscheiben damit bestreichen, sie wieder zum Laib zusammensetzen und fest werden lassen. Zum Servieren wie einen Brotlaib quer in Scheiben schneiden und auf Desserttellern anrichten.

3

Vorn der Laden mit Verkaufsvitrine und einfachen Holztischen für den kleinen Imbiß. An der Stirnwand das imposante Weinregal. Der Blick reicht bis zum Ende eines langen Ganges, vorbei an Küche und Toilette, wo der eigentliche Gastraum liegt. Hier entdeckt man erst die kleine Terrasse, der ein Plastikdach Schutz vor Regentropfen bietet. Die einzeln speisenden Herren haben fast alle eine Zeitung vor der Nase. Für sie ist das zentral gelegene Restaurant eine lieb gewordene Kantine. Der Käse nach dem Dessert: stammt von Meister Gelpke (siehe nächste Seite).

Der Stadtplaner, der lieber Käse macht

Erst war es der für alle Nordländer ganz normale Drang nach Süden, der den Schweizer Architekten und Stadtplaner Wendelin Gelpke in die Toskana führte. Italien hatte er schon als Kind geliebt. Ende der sechziger Jahre kaufte er sich in Florenz ein Haus als Zweitwohnsitz – sein Büro blieb natürlich in Zürich.
Und dann lernte er den Grafen Niccolini kennen, der sich um sein Gut Corzano in San Pancrazio südwestlich von Florenz Sorgen machte. Landwirtschaft ließ sich nicht mehr kostendeckend betreiben, seit der Strukturwandel der Nachkriegsjahre das bisher funktionierende Halbpachtsystem, die Mezzadria, aufgelöst hatte. Die Bauern, denen ja das Land nicht gehörte, wanderten ab in die Industrie, wo sie mehr zu verdienen hofften. Die Felder wurden nicht mehr bewirtschaftet und verwilderten, die Gebäude verfielen. Viele Güter wurden aufgeteilt und an Ausländer als Feriendomizil verkauft. Auch Graf Niccolini wollte die Fattoria mit ihren zehn Bauernhäusern gewinnträchtig portionieren. Eine Vorstellung, die den Stadtplaner Gelpke entsetzte. Die gewachsene Struktur einer solchen Gutsanlage, die mit ihren verschiedenen Bauernhäusern ein eigener, in sich geschlossener Kosmos war, durfte man doch nicht zerschlagen. Heute ist der Graf froh, daß er auf Gelpke eingegangen war, der das Gut nur im Ganzen haben wollte. Auch wenn er dafür seinen Palazzo in Florenz hat einsetzen müssen, so hat es dem Grafen natürlich wesentlich weniger gebracht, als wenn er das Land stückchenweise veräußert hätte. Heute ist daraus ein blühendes Unternehmen geworden, in dem drei Generationen der Gelpkes leben und arbeiten: 200 Hektar – es kam noch das angrenzende Gut der Grafen Rangoni-Machiavelli hinzu – mit Oliven, Wein und Weidefläche für 500 Schafe. Die ehemaligen, fast verfallenen Bauernhäuser hat der Architekt behutsam renoviert, entzückende Ferienwohnungen daraus gemacht, mit angenehmem Komfort und so geschmackvoll eingerichtet, daß man sich gern auch länger darin aufhalten mag. Das Architektur- und Stadtplanungsbüro in Zürich hat er irgendwann aufgegeben. Sechs seiner sieben Kinder wuchsen hier auf und alle in diesen Betrieb hinein. Dessen Mittelpunkt ist und bleibt der Käse. Begonnen hatte Gelpke damit, weil er gern Käse aß, aber keinen fand, der ihm schmeckte – seine ersten Produkte gefielen ihm übrigens auch nicht. Aber er hat so lange herumgetüftelt, bis er zufrieden war. Und heute kann er nicht annähernd soviel produzieren, wie seine begeisterte Kundschaft fordert.

Auf dem Brett nur eine kleine Auswahl der Schafskäse, die Wendelin Gelpkes Tochter Arianna produziert. Sie hat inzwischen die Verantwortung für die Käserei übernommen. Für den Teller wurden die Käse in Stücke geschnitten (dort im Uhrzeigersinn von oben): Der Blù, *ein Blauschimmelkäse, ähnelt mehr einem englischen Stilton als einem Gorgonzola, er ist dicht und kraftvoll. Der* Pecorino erbolino *wird mit Petersilie, roter Chilischote und Knoblauch gewürzt. Der* Rocco, *ein junger, nur zwei Wochen gereifter Käse mit natürlichem weißem Edelschimmel, schmeckt eher mild. Im* Pecorino normale *schließlich stecken die Düfte und Aromen der Wiesen, auf denen die Schafe weiden dürfen – die auf dem Bild unten frisch geschoren und mit einem roten Tupfen gekennzeichnet sind. In den Bechern auf dem Holzbrett ist noch* Raveggiolo *zu sehen, ein zarter, aus der warm gestockten Milch gewonnener, sehr milder Frischkäse (siehe auch Seite 127), und* Ricotta, *die italienische Version des Quarks.*

Tönerne Kunst: Terracotta

Am Anfang war die Erde: Die von Impruneta, südlich von Florenz, ist grauer, eisenhaltiger Ton, der sich besonders gut zum Brennen eignet. Er wird durch eine hohe Brenntemperatur ziemlich stoß- und frostfest und bekommt dabei eine herrliche rote Farbe – am begehrtesten ist eine bläulich-violette Tönung mit silbergrauem Schimmer. Aus Impruneta kommen seit Jahrhunderten die schönsten Vasen, Blumentöpfe und Brunnentröge sowie Figuren und dekorativen Stücke, etwa üppige Fruchtkörbe oder Pi-

nienzapfen für Torpfosten. Man produziert heute wie vor hundert Jahren nach traditionellen Vorbildern und alten Formen handwerklich beste Qualität. Die süßlich-dummen Nackedeis, die weltweit in den Gartencentern grinsen, überläßt man der industriellen Fertigung. Freilich sind die Terrecotte von Impruneta nicht billig. Aber die Toskaner gaben schon immer für den Schmuck ihrer Villen und Gärten ein Vermögen aus – wissend, daß die guten Stücke dann auch Jahrhunderte überdauern!
Man kann hier die Überlegung anstellen, ob sich die Toskana nicht besser als wir auf das neue Jahrtausend vorbereitet hat, denn man hat begriffen, daß im teuer produzierenden Europa – in unserer individualistisch ausgerichteten Gesellschaft zumal – die Herstellung edler, handwerklich hervorragender Produkte sinnvoller ist als die von anonymer Massenware, die man aus Billiglohnländern heranschaffen kann. Nicht von ungefähr kennt die italienische Sprache die im Deutschen manifestierte Trennung von Handwerk und Kunst nicht: Das handwerkliche Können, *artigianato,* wird als selbstverständliche Voraussetzung für alle Kunst, *arte,* angesehen!

Manetti & Fontodi = Terracotta & Wein

Die Familie Manetti ist alteingesessen in der Toskana: Seit dem 18. Jahrhundert produziert sie in Ferrone, unterhalb Impruneta im Tal der Greve gelegen, einige der wichtigsten Materialien der toskanischen Kultur und Baukunst: Ziegel und Bodenfliesen aus *terracotta*. Früher, bis in die fünfziger Jahre hinein, stellten sie auch Töpfe und die großen Olivenöl-Behälter her, die *orci* – die Vase unten hat Giovanni Manetti (auf dem Bild links, mit Vater Dino und Sohn Giovanni) erst vor kurzem auf einem Bauernhof entdeckt und zurückgekauft; selbst hatten sie keine zurückbehalten! Demnächst soll die Produktion wieder neu aufgenommen werden – Marco, der Bruder des jungen Giovanni, wird sich darum kümmern. Die Terrecotte der Firma Gusmano Manetti genießen höchsten Ruf: Ihre Fliesen liegen in Florenz im Dom und in den Uffizien. Diese edlen, seltenen Ziegel werden wie seit Jahrhunderten handwerklich hergestellt, also nicht wie die üblichen von einer Maschine geformt, sondern per Hand gestrichen.

Daher weisen sie jene leichten Unregelmäßigkeiten auf, die sie so warm und lebendig machen, und bekommen jene glatte Oberfläche, die durch regelmäßige Pflege mit Lein- oder Olivenöl so unvergleichlich seidig glänzt.
Wie alle toskanischen Familien hatten auch die Manetti einen Weinberg. Aber die lehmige, eisenhaltige Erde von Ferrone liefert zwar gute Cotti, jedoch keinen guten Wein. So kauften sich die Brüder Dino und Domiziano im Jahre 1968, als die Landflucht in der Toskana ihren Höhepunkt erreichte, bei Panzano in Chianti ein stattliches Weingut für nicht mehr, als man heute für eine Garage ausgeben muß: Fontodi. Das Gut war völlig heruntergewirtschaftet, aber eine erstklassige Investition. Die nach Süden und Westen gerichteten Weinberge verfügen über beste Böden sowie eine hervorragende Wasserversorgung: Fontodi leitet sich ab von *fonte de oro,* Goldquelle, also einem wasserreichen Platz. Inzwischen haben die Manetti weitere Spitzenlagen hinzugekauft: Die akkurat angelegten Weinberge unten auf dem Bild gehören ebenso zum Gut wie die Neuanlage auf der linken Seite (mit Traktor), die Häusergruppe unten – wo die jüngste Generation wohnt und auch einige traumhaft schöne Ferienwohnungen eingerichtet sind – sowie der Bauernhof oberhalb der Weinberge (mit Kran), der gerade zu Ferienwohnungen umgebaut wird. Um deren Betrieb und Vermarktung kümmert sich Tochter Giovanna.
Insgesamt umfaßt der Besitz jetzt 65 Hektar Weinberge (dazu Wald und Olivenhaine), die zu den besten Lagen des Chianti gehören: Nicht umsonst heißt

der Talkessel unterhalb von Panzano *La Conca d'oro*, goldene Muschel...

Fontodi gilt heute als eines der absoluten Spitzengüter des Chianti Classico. Es war ein langer, steiniger Weg dorthin. Zunächst wurden die Gutsgebäude in Ordnung gebracht und die Rebberge neu bepflanzt. Man setzte auf moderne Kellertechnik, ohne die traditionellen Methoden des Chianti Classico zu verleugnen. Entscheidend aber war das Engagement eines studierten Weinberaters, des jungen Önologen Franco Bernabei. Seine Ideen ergänzten sich ideal mit den Vorstellungen des damals jungen Giovanni Manetti, der 1980 die Leitung des Gutes übernommen hatte. Man begann mit rigoroser Ertragsbegrenzung, setzte voll auf die unterschiedlichen Charaktere der Lagen, wählte für jeden Weinberg die passenden Unterlagen und Klone aus, kontrollierte die Gärtemperatur, begann die Spitzenweine in kleinen Holzfässern, Barriques, auszubauen und gab der Produktlinie eine vorbildliche Struktur – man machte sich einen auch im Chianti eher seltenen Grundsatz zu eigen, daß man als Weingut nur einen guten Ruf haben kann, wenn alle, auch die Alltagsweine, Spitzenklasse sind.

Allmählich platzten die alten Kellergebäude aus allen Nähten, außerdem hatte die technologische Entwicklung enorme Fortschritte gemacht – die Manetti entschlossen sich zur großen Lösung, einem Neubau: Die Einweihung am 1. September 1998 war eine Sensation im Chianti! Die aufwendigen Bauten vereinigen Funktionalität und Ästhetik in bisher nicht geahnter Vollendung – wie auf der nächsten Doppelseite zu sehen ist! Gleichzeitig übernahm jetzt Giovanni junior die Leitung des Betriebes.

Bis zu zwölf Meter tief im Hang unter einem Weinberg liegen die Keller, die daher nicht klimatisiert werden müssen – es herrschen ganzjährig 17 Grad. Die Luft zirkuliert, um Schimmelbildung zu verhindern. Die Temperatur in den Gärtanks aus Edelstahl wird über heißes oder kaltes Wasser kontrolliert, bei der Gärung entstehende Wärme gewinnt man zurück. Der Most wird nicht mehr über die bei der Gärung aufsteigenden Schalen gepumpt: Große Stampfer drücken die Häute immer wieder nach unten, damit Farbe und Aromen ausgezogen werden – mit dieser schonenden Methode werden die Kerne nicht verletzt und nur die weichen Gerbstoffe (Tannine) gelöst, so daß die Weine runder und fruchtiger ausfallen.

Die Hanglage in mehreren Etagen erlaubt es, vollkommen auf das Umpumpen zu verzichten: Von der Presse im obersten Stockwerk läuft der Saft in die Gärtanks, wird später zur Klärung in die Etage darunter abgezogen und läuft schließlich durch das natürliche Gefälle hinunter zum Reifelager in die Barriques. Das erspart den empfindlichen Aromen der Rotweine den sogenannten Pumpstreß. In die Barriques – teilweise aus Frankreich, teilweise in Italien aus Eichenholz unterschiedlicher Herkunft hergestellt – kommen natürlich nur die kräftigen *riserve* und die mächtigen Lagenweine: Der *Flaccianello*, ausschließlich aus der klassischen Chiantirebe Sangiovese gekeltert, machte gleich mit dem ersten Jahrgang, 1981, Furore. Er kam damals als Tafelwein auf den Markt, denn zu jener Zeit mußte eine Chianti Classico riserva neben Sangiovese einen Teil Weißwein (Malvasia, Trebbiano) enthalten, und die Reifung im Barrique war absolut untypisch. Der *Flaccianello* gehörte sofort zu jenen Weinen, die den Weltruf der Super-Tuscans begründeten. Heute sind die Regeln längst geändert: Auch Chianti-Classico-Weine dürfen im Barrique reifen und ausschließlich aus roten Trauben gekeltert werden – sogar mit einem Anteil Cabernet Sauvignon, etwa der *Vigna del Sorbo*. Im Barrique durchlaufen die Weine auch die malolaktische Gärung, bei der die harte Apfel- in die wesentlich weichere Milchsäure umgewandelt wird.

Auf dem etwas kühler gelegenen Weinberg »Casa Via« stehen Pinot Nero (Spätburgunder) und aus dem Rhônegebiet stammende Syrahreben. Boden und Mikroklima scheinen ideal, so daß nach den vielversprechenden Anfangserfolgen hier noch Großes zu erwarten ist, wenn die Reben älter sind und gehaltvollere Trauben liefern werden. Außerdem gibt es den weißen *Meriggio* – Pinot bianco mit Sauvignon –, der kurz im Barrique reift, und den spät gelesenen *Solstizio* mit Restsüße.

Die Neuanlage von Weinbergen ist eine aufwendige, teure Sache: Zwei bis vier Meter tief wurde der Poggio (auf der vorhergehenden Seite links) regelrecht umgedreht, dabei wurde der *galestro* – der für das Chianti typische, lehmig versteinerte Mergel – aufgebrochen, so daß er seinen Reichtum an Mineralien freigibt – man kann das auf dem Bild oben gut erkennen. Der Poggio (wörtlich Bergkuppe) grenzt an die hervorragenden Lagen des Castello dei Rampolla, ist schön nach Süden gerichtet, entwässert trotz der lehmigen, die Feuchtigkeit speichernden Einschlüsse bestens, ist gut durchlüftet und dadurch kaum anfällig für Rebkrankheiten. Er wurde im Frühsommer 1999 mit ausgewählten Klonen von Sangiovese bepflanzt. 6000 Pflanzen kommen auf einen Hektar! So eng gesetzt, liefern sie zwar weniger Ertrag, aber die Weine werden dichter. Heute pflanzt man die Jungreben (Bild oben rechts – in der Hand ein Keimling aus einem in den Kies gefallenen Traubenkern) mit Ballen, um bis in den Juni hinein arbeiten zu können; Stecklinge müßten bis Ende April im Boden sein. Außerdem können sie von einer lasergesteuerten Maschine gesetzt werden – die Technik arbeitet exakter als der Mensch, die Reihen werden absolut gerade!

Die Mauern des neuen Kellers wurden aus den beim Aushub gewonnenen Steinen errichtet, die Böden sind natürlich aus Terracotta: unten Ziegel, oben größere Fliesen. Überall Abflußrinnen zum leichten Sauberhalten. Hinterläßt der Rotwein nicht unschöne Flecken, frißt seine Säure nicht den Cotto an? Nein – nach vielfältigem Experimentieren mit modernen Versiegelungsmethoden, Wachsen, Harzen und Silikon, ist man zur Tradition zurückgekehrt: Heute wird Terracotta wieder mit Leinöl imprägniert und hält allen Belastungen bestens stand …
Die Dimensionen des Reifekellers sind gewaltig: 900 Barriques liegen hier, weitere 2000 haben Platz. Das Gut wird weiter wachsen, an Menge wie an Qualität: Auch der Sohn Giovanni will ganz oben an der Spitze bleiben. Da spricht nichts dagegen, denn das Konzept, die Technik und die Qualität der Weinberge stimmen!

Villa Kunterbunt: »La Bottega del Trenta«

Wie ein Puppenhäuschen duckt es sich neben die Straße, der dekorative Bauernkarren davor verdeckt es fast. Es ist das letzte (oder, wenn man will: erste!) Haus von Villa a Sesta, einem winzigen Weiler, der zu San Gusmé bei Castelnuovo Berardenga gehört. Gegenüber steht das prächtige, überlebensgroße Bronzepferd, das ein dankbarer Sohn seinem Heimatort gestiftet hat, und blickt die Straße in Richtung Gaiole und zum Castello di Brolio hinauf.

Ein normalgroß gewachsener Mensch zieht unwillkürlich den Kopf ein, wenn er hier eintritt. Drinnen bieten zwei Puppenzimmer kaum zehn Tischen Platz: Der Name »La Bottega del Trenta« stimmt: »Laden für dreißig«. Dabei sitzen die dreißig Gäste ganz schön eng. Im Sommer übrigens draußen, im entzückenden Innenhof, aus dem heraus man nur durch ein halbmondförmiges Fenster einen winzigen Ausschnitt der idyllischen Landschaft sieht.

Es herrscht ein fröhliches Durcheinander in den beiden gemütlichen Stuben. Natursteinwände mit ihrem warmen Farbton, viele Bilder, alles voller Zeitungsausschnitte, Familienphotos. Auf Fenstersimsen, Borden und Schrankkonsolen jede Menge alter und neuer Antiquitäten, eine bunte Mischung der unterschiedlichsten Erinnerungsstücke. Die Atmosphäre ist herzlich, der Gast bekommt sofort ein Gläschen zur Erfrischung eingeschenkt.

Wer nicht ausdrücklich darauf besteht, braucht keine Speisekarte zu studieren: Franco, der Hausherr, erzählt sowieso lieber, was Hélène sich als besonderes Menü ausgedacht hat. Dann hat er Gelegenheit, die Gäste einzuschätzen, welcher Wein wohl zu ihnen paßt. Es macht ihm Spaß, gezielt aus seinem umfangreichen Keller auszuwählen und vor allem, wenn es verwöhnte Gäste sind, sie zu verblüffen. »Die Deutschen«, sagt der ehemalige Goldschmied voll Respekt, »kennen sich gut aus!«

Es war der liebe Zufall, der ihn vor mittlerweile fast zwanzig Jahren mit Hélène zusammenführte. Die junge Französin hatte damals in einem Preisausschreiben einen halbjährigen Sprachkurs in Siena gewonnen. Sie blieb…

Als sie eine gemeinsame Zukunft planten, hatte Franco die Idee, ein Restaurant zu eröffnen. Und weil sie immer schon gern gegessen und gekocht hatte, wenn auch nie professionell gelernt, ergab es sich von selbst, daß er den Service und sie den Kochlöffel übernahm. Ihre Küche, eine Mischung von italienischer Leichtigkeit und französischer Gourmandise, gewann sofort die Herzen der Gäste. Die kamen von Anfang an gern und zahlreich, der Michelin überreichte schon bald einen Stern, und eine Kochschule ist besonders bei kulinarisch interessierten Amerikanerinnen beliebt.

Vor dem kleinen Haus am Dorfrand mit Blick auf Weinberge und Landschaft ist auf einem antiken Bauernkarren eine stattliche Sammlung bildschöner Korbflaschen aufgebaut, sogenannte damigiani. *Uralte Exemplare sind darunter, aus bläulich-grünem, mundgeblasenem Glas, mit dem typischen Kordelrand am Hals. »Sie wurden damals weggeworfen«, lacht Hélène Stoquelet (auf dem Photo linke Seite), »und wir haben sie aufgehoben. Seit wir einige beisammen haben, beneidet man uns darum.« Die Wirtin, Köchin, Seele und Herz des Hauses, führt den Betrieb, zu dem auch eine kleine Kochschule mit zehn puppenstubenhaften Arbeitsplätzen (Bild diese Seite links) gehört, mit Franco Camelia, ihrem Mann. Beider Tochter Linda betreibt ein kleines, fröhliches Café im Ortszentrum, wo man frühstücken und tagsüber einen frugalen Imbiß nehmen kann.*

1

2

1

CROSTINO DI POMODORI FRESCHI

CROSTINO MIT FRISCHER TOMATE

Schnell gemacht, um den ersten Hunger zu stillen, und damit der Aperitif nicht in den Kopf steigt.

Für vier Personen:
4 Scheiben Toskanabrot oder 8 Scheiben Baguette, 2–3 reife, festfleischige Tomaten, Salz, Pfeffer, Olivenöl, Petersilie oder Basilikum

Die Brotscheiben rösten – im Toaster oder, bequemer, auf einem Blech im Backofen. Die Tomaten häuten, entkernen, in kleine Würfel schneiden. Mit Salz, Pfeffer, einigen Tropfen Olivenöl und fein gehackter Petersilie oder Basilikum würzen. Auf die noch warmen Brotscheiben häufen und servieren. Schmeckt sehr erfrischend!

2

TORTINO DI MELANZANE

MELANZANETÖRTCHEN

Für sechs Personen:
2 mittelgroße Auberginen, 3 EL Olivenöl, Salz, Pfeffer, 1 große Zwiebel, 3–4 Knoblauchzehen, 1 Zucchino, 1 Paprikaschote, 1/2 TL Origano, 1 Fleischtomate, 2 Eier, 80 g geriebener Parmesan

Die Auberginen auf dem Gemüsehobel oder der Aufschnittmaschine längs in dünne Scheiben schneiden. So viele, wie man braucht, um die Souffléförmchen auszulegen. Mit Öl einpinseln und auf dem Grill braten – wichtig ist, daß die Grillstäbe ein hübsches Muster zeichnen. Salzen, pfeffern und schließlich mit Öl ausgepinselte Förmchen damit so auskleiden, daß man später die Scheiben über der Füllung zusammenschlagen kann.
Die restlichen Auberginenscheiben in Würfel schneiden, Zwiebel, Knoblauch, Zucchino und Paprika ebenso klein würfeln. In heißem Öl anbraten, zehn Minuten gardünsten, mit Salz, Pfeffer und Origano würzen. Zum Schluß die gehäutete, entkernte und gewürfelte Tomate zufügen. Unter diese Gemüsemasse Eigelb und Käse rühren, dann den mit einer Salzprise steifgeschlagenen Eischnee unterziehen. In die Förmchen verteilen, die überstehenden Scheiben darüber zusammenklappen. Im Wasserbad bei 180 Grad eine halbe Stunde stocken lassen. Auf frischer Tomatensauce servieren (Rezept Seite 98).

3

MALFATTI DI SPINACI

SPINATKLÖSSCHEN

Für sechs Personen:
500 g Spinat, Salz, 1 Zwiebel, 1 EL Butter, 200 g Ricotta (oder abgetropfter Schichtkäse), 100 g Mehl, 2 Eigelb, 100 g Parmesan, Muskat, Pfeffer

Den Spinat verlesen, gründlich waschen, die Stiele abknipsen. In Salzwasser werfen, einmal aufwallen lassen, dann abgießen, in eiskaltem Wasser abkühlen, damit die Farbe erhalten bleibt. Gut ausdrücken, mit einem großen Messer fein hacken, mit der feingewürfelten, in Butter weich gedünsteten Zwiebel mischen. Abkühlen lassen, Ricotta oder gründlich abgetropften Schichtkäse, Mehl, Eigelb und Parmesan unterrühren. Die Masse mit Salz, Muskat und Pfeffer würzen, eine halbe Stunde quellen lassen. Mit angefeuchteten Handflächen walnußkleine Bällchen daraus formen, in Mehl wälzen, bis sie hauchdünn davon überzogen sind.
Zum Servieren in reichlich kochendem Salzwasser vier bis fünf Minuten ziehen lassen – wenn die Knödelchen oben schwimmen, sind sie gar. Heiß auf vorgewärmten Tellern anrichten, zum Beispiel mit einer sanften Käsesauce (Salsa di Robbiola, Rezept Seite 69) und ein paar Scheibchen Frühlingstrüffel. Hélène dekoriert den Teller zusätzlich mit Fliederblüten.

4

SPAGHETTI CON BACCELLI

SPAGHETTI MIT PUFFBOHNEN

Bei uns kennt man die zarten Puffbohnen unter dem derberen Namen Saubohnen – vielleicht, weil man sie leider bei uns oft so groß werden läßt, daß sie tatsächlich nur noch als Schweinefutter…? Jedenfalls sind die jungen Bohnenkerne, die nicht nur aus der dicken Schale, sondern auch aus der dünnen Haut gelöst sind, ein großer Genuß!

Für vier Personen:
300 g dünne Eierspaghetti (im Idealfall selbstgemacht, Nudelteig siehe Seite 30), Salz, 2–3 festfleischige Tomaten, 200 g Puffbohnenkerne, Pfeffer, 1 EL Weißweinessig, 4 EL Olivenöl, 2 EL gehackte Petersilie, 80 g junger, frisch geriebener Parmesan

Die Nudeln in reichlich Salzwasser bißfest kochen. Inzwischen die Tomaten häuten (zuvor in den Nudeltopf tauchen), entkernen und würfeln. Zusammen mit den Bohnenkernen in einer Schüssel mit den übrigen Zutaten mischen und marinieren, bis die Nudeln gar sind. Abgießen, nur kurz abtropfen und mit den Zutaten mischen. Sofort servieren!

1

CONIGLIO FARCITO CON ASPARAGI

MIT SPARGEL GEFÜLLTES KANINCHEN

Läßt sich prima vorbereiten und auch wunderbar kalt servieren – ein hübscher Glanzpunkt auf einem kalten Büffet.

Für vier Personen:
1 Kaninchenrücken, Salz, Pfeffer,
20 Rosmarinnadeln, 2 Eier,
2 EL Olivenöl, 500 g grüner Spargel,
1 Gläschen Weißwein,
knapp 1/4 l Kalbs- oder Kaninchenfond

Den Kaninchenrücken entbeinen, ihn auf der Arbeitsfläche so ausbreiten, daß die Innenseite nach oben schaut; die Bauchlappen nicht wegschneiden! Das Fleisch mit Salz, Pfeffer und feingehackten Rosmarinnadeln würzen. Die Eier verquirlen, ebenfalls salzen und pfeffern. In einer beschichteten Pfanne in wenig Öl hauchdünne Pfannkuchen daraus backen. Auf der Kaninchenfläche ausbreiten. Darauf die Spargel betten: zuvor geschält, in Salzwasser drei Minuten blanchiert und eiskalt abgeschreckt – wegen der schönen Farbe.

Den Kaninchenrücken zu einer Rolle wickeln, die Bauchlappen als Hülle nehmen, darauf achten, daß die Spargel ordentlich beieinanderliegen. Die Rolle gut verschnüren. Zunächst im heißen Öl kräftig und geduldig rundum anbraten, mit Wein ablöschen und schließlich den Fond angießen. Zugedeckt etwa 30 Minuten sanft schmurgeln lassen.

Zum Warmessen den Rücken in gut fingerdicke Scheiben schneiden und die Sauce mit Butter aufmixen; zum Kaltessen den Braten auf der Aufschnittmaschine in dünne Scheiben schneiden. Für eine Sauce den Bratenjus mit Olivenöl aufmixen.

2

PETTO D'ANATRA AL BALSAMICO

ENTENBRUST MIT BALSAMICO

Für zwei bis drei Personen:
2 ausgelöste Entenbrüste, 2 EL Olivenöl,
je 1 Thymian- und Rosmarinzweig,
2 Knoblauchzehen, Salz, Pfeffer,
2 Wacholderbeeren, 1 Glas Rotwein,
1/8 l Kalbs- oder Geflügelfond,
2 EL Balsamico, 1 EL Butter

Die Entenbrüste auf der Hautseite mit einem scharfen Messer mit engen, nebeneinandersitzenden Schnitten einritzen, damit das Fett schön herausbraten kann. Zuerst mit der Hautseite nach unten im heißen Öl braten, dabei die Kräuterzweige und die mit dem Fleischklopfer zerquetschten Knoblauchzehen und Wacholderbeeren mitbraten. Sobald die Haut schön knusprig geworden ist, die Brüste wenden, den Bratensatz mit Wein ablöschen und verkochen lassen. Fond und Balsamico angießen, darauf achten, daß die Hautoberseite davon nicht erreicht wird. Die Pfanne in den 160 Grad heißen Ofen stellen, die Entenbrüste dort langsam eine halbe Stunde weich schmoren. Das Fleisch in halbzentimeterdünne Scheiben schneiden, die Sauce dicklich einkochen, mit etwas Butter aufschlagen, bis sie glänzt, und daneben gießen. Mit dem jungen Grün vom Wildfenchel garnieren.

3

MOUSSE DI CIOCCOLATA BIANCA

MOUSSE AUS WEISSER SCHOKOLADE

Für sechs Personen:
2 Eigelb, 2 EL Zucker,
200 g weiße Schokolade, 2 EL Milch,
1 Blatt Gelatine, 200 g Sahne
Hippenteig:
100 g weiche Butter, 100 g Puderzucker,
1 Tütchen Vanillezucker, 3 Eiweiß,
1 winzige Prise Salz, 75 g Mehl

Eigelb mit Zucker dick rühren, die geschmolzene Schokolade sowie die in der Milch aufgelöste Gelatine einarbeiten. Unter die abgekühlte Masse die steifgeschlagene Sahne ziehen. Mindestens zwei Stunden kalt stellen und fest werden lassen.

Die Mousse wird in Hippenschälchen angerichtet: Die Butter mit Puderzucker und Vanillezucker schaumig rühren und mit dem halb steif geschlagenen Eiweiß vermischen, Salzprise und das Mehl einarbeiten! Von dieser Masse Kreise von etwa zehn Zentimetern auf ein mit Backpapier belegtes Blech setzen – hilfreich ist dabei eine Schablone: eine Papp- oder Plastikplatte mit einem entsprechend großen Loch, das man auf das Blech legt und mit der Hippenmasse ausfüllt. Die Hippen im 180 Grad heißen Ofen etwa sechs bis acht Minuten backen, bis sie sanft gebräunt sind. Noch warm vom Papier lösen und über umgestülpte Tassen breiten, damit sie ihre Form annehmen und zum Schälchen werden.

1
2
3

Ein erworbenes Paradies

In Mailand sein Geld machen, in der Toskana leben – das ist der Traum, aus dem nicht wenige reale Paradiese entstanden sind! Eines davon ist »Canonica a Cerreto«, zwölf Kilometer nördlich von Siena gelegen. Es war der Landsitz des Bischofs von Siena, ein komplexes Anwesen mit Herrenhaus, Kirche und Wirtschaftsgebäuden. Eines jener vielen, ziemlich heruntergekommenen Güter, die langsam verfielen. Unverkäuflich, weil mit hohen Auflagen des Denkmalschutzes verbunden – in diesem Fall verlangte das Episkopat auch noch die Renovierung der Kirche und ihre Öffnung für die Gemeinde.

Brianna und Egidio Lorenzi wagten es dennoch, kauften das Gut für relativ billiges Geld, aber mit der Gewißheit, daß es sie teuer zu stehen kommen würde. Sie waren manchmal – vor allem, wenn die Behörden sich mal wieder völlig unbeweglich zeigten – am Verzweifeln, haben es aber nie bereut! Er war Bankmanager, sie hatte ein Antiquitätengeschäft. Es wurde sozusagen mit seinem Geld das Anwesen restauriert, von ihr exquisit ausgestattet. Alles geschah einfühlsam, mit Sinn für die Geschichte des Hauses, mit Geschmack – und so entstand ein Kleinod voller Museumsstücke, in dem man sich sogar einmieten kann: Die drei Ferienwohnungen, komplett eingerichtet mit allem Luxus, sind so schön und praktisch, daß man nie wieder ausziehen mag…
Zu einem solchen Gut gehören natürlich Ländereien. Und so produziert man ein wunderbares Olivenöl und zusammen mit dem Önologen Maurizio Castelli moderne, dichte, fruchtbetonte Weine: Der Chianti Classico mundet schon jung, die *Riserva* darf im Barrique-Keller reifen – der ehemaligen Krypta.

»Vignale«: Relais und Restaurant

Chianti Classico, so denkt man heute, liegt südlich von Florenz. Das sogenannte *Chianti Storico* jedoch, die Region mit den seit dem 13. Jahrhundert anerkannt besten Rotweinlagen, befindet sich südlicher, zwischen Castellina und Gaiole. Genau in der Mitte liegt Radda. Vom mittelalterlichen, auf einem Sporn hingestreckten Städtchen hat

man rundum grandiose Ausblicke auf einige der berühmtesten Weingüter der Region: Montevertine, Castello di Volpaia, Terrabianca. Am Ortsrand ein imposantes Gutsgebäude aus dem 18. Jahrhundert, die Fattoria Vignale. Hier wurde 1924 der legendäre »Schwarze Hahn« geboren, *Gallo nero*, Schutzmarke des Chianti Classico. Leider haben Vignale-Chef Baldassare Pianigiani und seine Mitstreiter, 33 Weinproduzenten, die damals das »Consorzio Vino Chianti Classico« gründeten, es versäumt, sich den Begriff schützen zu lassen. Weshalb nun die Winzerfamilie Gallo aus Kalifornien den Namen nutzen darf – den Chiantigiani ist der Gockel im Etikett geblieben ...
Im Gutshaus befindet sich heute das »Relais Vignale«, ein angenehmes, elegantes Landhotel, mit schönen Zimmern, gepflegten Salons, einer von Glyzinien beschatteten Terrasse und einem Pool mit traumhaftem Blick. Hundert Meter weiter, im Ortszentrum, im gleichnamigen Ristorante eine der besten Küchen des Landes: Fausto Sabatini, der früher bei Fabio Picchi im »Cibrèo« in Florenz und bei »Arnolfo« in Colle Val d'Elsa gearbeitet hat, verknüpft Bodenständigkeit mit Phantasie und überrascht dabei immer wieder mit pfiffigen Ideen.

Nur ein Teil der Restaurantmannschaft schaut hier aus dem Fenster: Rechts Küchenchef und Patron Fausto Sabatini. Seine Frau Monika fehlt heute. Sie betreut sonst mit Maître Giacomo Tardelli den Service, der zwischen Kellnerin Dorina und den Küchenfrauen Yolanda und Loredana hervorlugt.

AFFETTATI CON SUI CROSTINI

WURST UND SCHINKEN MIT DEN PASSENDEN CROSTINI

Eine originelle Idee, die typisch toskanische Vorspeisenplatte zu variieren: Zu jeder Wurst- und Schinkensorte hat Fausto einen passenden Crostino entwickelt. (Von rechts unten im Uhrzeigersinn)
Zur Finocchiona, der typisch toskanischen Fenchelwurst, bestreicht er die gerösteten Weißbrotscheiben mit einer

Fenchelcreme

Dafür wird Gemüsefenchel weich gekocht und mit einem Schuß Olivenöl, Salz und Pfeffer cremig gemixt.
Zur Blutwurst gibt es

Crostino con crema forte:

Dafür werden Zwiebeln in Butter weich gedünstet, dann mit etwas Kakaopulver, Salz, Pfeffer und einem Schuß Essig zu streichfähiger Paste gemixt.
Zum luftgetrockneten, dünn aufgeschnittenen Schweinehals (capo collo) serviert er

Crostino con burro d'arance

(Orangenbutter). Dafür wird Butter mit der ganzen Orange mitsamt Schale und Saft im Mixer püriert, dabei mit Salz und Pfeffer abgeschmeckt.
Zur toskanischen Salami bestreicht er den Crostino mit

Crema di fichi e noci

mit Feigen-Nuß-Creme: Dafür werden in Vin Santo eingeweichte Trockenfeigen (ersatzweise Rosinen) mit Walnüssen und einem guten Schuß Olivenöl gemixt.
Zum rohen Schinken gibt es

Crostino con burro al melone

mit Melonenbutter: Dafür wird Butter mit Honigmelone gemixt, mit Salz und Pfeffer gewürzt.
Zum Schweinskopf passen die

Crostini mit Crema di lardo

(gemixter, rosmarinwürziger Rückenspeck) von Dario Cecchini in Panzano (siehe ab Seite 230) und zur Wildschweinwurst

Marmellata di pomodori verdi

für acht Gläser à 225 g:
2 kg grüne, also unreife Tomaten,
1,5 kg Zucker, 3 Nelken, 1 Zimtstange,
Schale und Saft einer Zitrone

Die Tomaten vierteln, quer in Scheiben schneiden, mit dem Zucker vermischen und über Nacht Saft ziehen lassen. Diesen Saft abgießen, in einem Kupfer- oder Messingkessel um ein Drittel einkochen. Die Tomaten zufügen, ebenso die Gewürze, die hauchdünn abgeschnittene Zitronenschale sowie den Zitronensaft. Etwa zehn bis zwanzig Minuten leise köcheln lassen, bis die Gelierprobe (einen Tropfen auf einen gekühlten Teller geben und rasch abkühlen lassen) die richtige Konsistenz anzeigt. Heiß in Schraubgläser abfüllen. So hält die Marmelade monatelang.

1

2

3

1

TIMBALLO DI PASTA AGLI ASPARAGI

SPARGEL IN DER NUDELTASCHE

Ein elegantes Gericht für Gäste: man kann es nämlich fast fix und fertig vorbereiten und braucht es dann vor dem Servieren nur noch kurz im Ofen zu überbacken.

Für sechs Personen:
1 Portion Nudelteig (Rezept Seite 30)
Spargelfüllung:
1 kg grüner Spargel, Salz, Zucker,
2 EL Butter,
1 EL Mehl, 1/8 l Sahne, Pfeffer, Olivenöl

Den Teig nudeldünn ausrollen, dann sechs Platten zuschneiden, die groß genug sind, die vorgesehenen Portionsförmchen (à 10 cm Durchmesser) auszulegen und nach dem Füllen auch großzügig zuzudecken. Die Teigblätter in Salzwasser je eine Minute kochen, kalt abschrecken und jeweils in mit Öl ausgestrichene, flache, feuerfeste Förmchen breiten.

Spargel schälen, die Spitzen abschneiden und beiseite legen, die Stiele in wenig Salzwasser (Zuckerprise zufügen!) weich kochen, herausheben und in den Mixer geben. Zu feinem Püree mixen, dabei die Kräuter und Butter mitmixen. Die Sauce abschmekken, wenn nötig mit Spargelsud verdünnen. Die Spargelspitzen im restlichen Sud drei Minuten bißfest kochen.

Eine dicke Béchamelsauce aus Butter, Mehl und Sahne kochen, mit nur wenig Spargelsud verdünnen und mit Salz, Pfeffer und Muskat würzen. Die Spargelspitzen einrühren und auf die Teigblätter in die Förmchen verteilen. Den Teig darüber zusammenschlagen und mit Milch einpinseln. Die Förmchen in die mit Wasser gefüllte tiefe Pfanne des Backofens stellen, bei 180 Grad 40 Minuten garen. Vor dem Servieren schließlich im heißen Rohr bei 220 Grad 10 Minuten überbacken. Auf Tellern anrichten, die heiße Spargelsauce daneben setzen und mit einem feinen Ölfaden dekorieren.

2

GNOCCHI GRATINATI

ÜBERBACKENE GNOCCHI

Auf diese Weise kann man die empfindlichen Gnocchi gut für Gäste vorbereiten: Sie sind fertig gekocht, werden vor dem Servieren nur noch in vorgebackene Portionstarteletten gefüllt, mit Käsecreme übergossen und schließlich im Ofen aufgebacken. Ein Tomatenklecks sorgt für Farbe.

Für sechs Personen:
Gnocchi:
1 kg mehlige Kartoffeln, 100 g Mehl,
1 Eigelb, Salz, Muskat
Salziger Mürbteig:
250 g Mehl, 100 g Butter, Salz, 1 Ei
Außerdem:
1 Portion Robbiolasauce (Rezept Seite 69),
2 Tomaten

Die Kartoffeln in der Schale weich kochen, noch heiß pellen und durch eine Presse drücken. Auf der Arbeitsfläche ausbreiten, damit Dampf entweichen kann, das Mehl darüber verteilen, ebenso Salz und Eigelb zufügen, Salz, Pfeffer und Muskat, alles rasch mit den Händen zusammenmischen. Nicht zu lange kneten, sonst wird der Teig klebrig! Abkühlen lassen, erst dann Gnocchi formen: Rollen vom Durchmesser eines Zweimarkstücks modellieren, knapp zentimeterdicke Scheiben abschneiden und mit dem Gabelrücken Rillen einprägen. Die Gnocchi rundum in Mehl wenden, damit sie nicht kleben. Schließlich in reichlich Salzwasser etwa drei Minuten kochen.

Auch die Zutaten für den Mürbteig schnell zusammenkneten. In Folie gehüllt eine halbe Stunde ruhen und sich entspannen lassen. Den Teig dann dünn ausrollen, gebutterte Tartelettеförmchen damit auskleiden. Sie jeweils mit Papier belegen, mit Hülsenfrüchten beschweren und bei 180 Grad etwa 20 Minuten hellbraun backen.

Zum Servieren die abgetropften Gnocchi und frische Tomatenwürfel in den gebackenen Törtchen verteilen, mit Käsecreme übergießen und im Backofen 10 Minuten golden überbacken.

3

FAGOTTO DI CONIGLIO

GEFÜLLTES KANINCHEN

Eine Variante zum Kaninchen von Seite 46, hier jedoch statt mit Spargel mit den Innereien des Kaninchens gefüllt. Wieder in ein Omelett gehüllt, statt in die klassische Speckscheibe, was das Gericht leichter und bekömmlicher macht.

Für sechs Personen:
1 Kaninchen von ca. 1800 g mit Innereien,
1 Kaninchen- oder Schweinsnetz, 2 Eier,
1 EL geriebener Parmesan, Salz, Pfeffer,
1 EL Butter, 4 große Mangoldblätter,
Zitronenschale, Rosmarin, 2 EL Olivenöl,
1 Bund Suppengrün, 2 Rosmarin- und Thymianzweige, 1 Glas Weißwein,
1/4 l Kalbs- oder Kaninchenfond,
1 gehäufter TL Olivenpaste

Das Kaninchen entbeinen, auch die Keulen – dabei in sechs Portionsstücke teilen und auf der Arbeitsfläche ausbreiten. Jeweils ein ausreichend großes Stück Schweins- oder Kaninchennetz darunterlegen. Die Innereien säubern, Lebern häuten, Nieren und Herz entsehnen.

Die Eier mit Käse, Salz und Pfeffer verquirlen, in der heißen Butter drei Omeletts daraus backen, halbieren und auf den Kaninchenstücken ausbreiten. Die blanchierten Mangoldblätter auf den Omeletts anordnen, die Stiele in feine Scheibchen schneiden, ebenfalls blanchieren und mit den Innereien gleichmäßig darauf verteilen. Alles mit sehr feingeschnittener Zitronenschale und feingehackten Rosmarinnadeln, Salz und Pfeffer würzen. Schließlich zusammenrollen, dabei jeweils in das Netz einwickeln und rundum gut verschließen. Diese Päckchen in heißem Öl rundum kräftig anbraten, salzen, pfeffern, klein gewürfeltes Suppengrün und Kräuter mitrösten, schließlich mit Wein und Fond ablöschen. Zugedeckt eine halbe Stunde sanft schmurgeln. Den Schmorsud schließlich durch ein Sieb passieren und mit der Olivenpaste aufmixen.

Im Ristorante Vignale – unten ein Blick in den gemütlichen Speiseraum – schneidet man die Päckchen auf und serviert dazu Kartoffelpüree, Püree aus frischen Erbsen und weiße Bohnen.

1

1

TERRINA DI SORBETTI DI FRUTTA

TERRINE VON FRUCHTSORBETS

Endlich mal eine pfiffige Idee, den zwar köstlichen und fruchtig-leichten, aber immer gleichen Sorbets eine neue Seite abzugewinnen! Die verschiedenen Sorbets aus Früchten der Saison werden übereinander in eine Kastenform geschichtet – dabei darauf achten, daß die Schichten nicht zu gleichmäßig geraten! – und noch einmal für kurze Zeit in den Gefrierer gestellt. Dann lassen sich Scheiben abschneiden und höchst dekorativ auf einem Teller anrichten. Dazu eine passende Fruchtsauce – fertig ist ein leichtes und dennoch pfiffiges Dessert!

Grundrezept Fruchtsorbet für 6–8 Personen:
4 x 500 g Früchte, ca. 120 g Zucker (abhängig von der Süße und dem Reifegrad der Früchte), Zitronensaft und Obstschnäpse zum Abschmecken

Das Obst putzen, waschen, entstielen und häuten, wo nötig. Mit dem Zucker vermischen und entweder roh pürieren (Zartes wie Him- oder Erdbeeren, Heidelbeeren, auch Melonen) oder erhitzen (schwarze Johannisbeeren, Aprikosen, Pfirsiche etc.), durch ein Sieb streichen, mit Zucker und Zitronensaft, eventuell mit einem passenden Schnaps oder Likör parfümieren und in der Eismaschine zum Sorbet gefrieren. Die fertigen Sorbets in eine mit Klarsichtfolie ausgekleidete Kastenform füllen und eine Stunde im Gefrierer fest werden lassen.

2

3

2

TORTA DI MELE RUSTICA

BÄUERLICHER APFELKUCHEN

Ein wunderbar fruchtiger Apfelkuchen – »bäuerlich«, weil der Deckel keine ordentliche, glatte Oberfläche bildet.

Für eine Springform von 24 cm Durchmesser:
Süßer Mürbteig:
100 g Butter, 100 g Zucker, 200 g Mehl, 1 Prise Salz, 1 Eigelb
Füllung:
750 g Äpfel, Zitronensaft, 1 Eiweiß, 50 g Zucker, feingehackter Rosmarin, nach Belieben Mandelstifte, 100 g in Vin Santo eingeweichte Rosinen
Streuseldecke:
100 g Butter, 100 g Zucker, 100 g Mehl

Die Zutaten für den Teig rasch zusammenkneten und in Folie gehüllt eine halbe Stunde kalt stellen. Dann dünn ausrollen und eine eingefettete Springform damit ausschlagen.
Die Äpfel schälen, vierteln, vom Kerngehäuse befreien und in feine Scheibchen schneiden. In einer Schüssel mit Zitronensaft mischen, damit sie schön hell bleiben. Eiweiß und Zucker miteinander verkleppern, mit dem Rosmarin, den Mandelstiften und Rosinen unter die Äpfel mischen. Auf dem Teigboden verteilen. Für 25 Minuten im 200 Grad heißen Backofen bei Unterhitze vorbacken. Währenddessen den Streuselteig zubereiten: Butter, Zucker und Mehl verkneten und zwischen zwei Klarsichtfolienblättern ausrollen. Auf den Äpfeln als Deckel ausbreiten, dabei darf er ruhig zerbröckeln, jetzt den Kuchen bei Oberhitze (oder Umluft) weitere 25 Minuten backen, bis er goldbraun und knusprig ist.

3

SEMIFREDDO DI CANTUCCINI

HALBGEFRORENES VOM MANDELGEBÄCK

Für sechs Personen:
200 g Cantuccini (Rezept Seite 93), 50 g Schokolade, 2 Eigelb, 50 g Zucker, 1/4 l Sahne

Mandelplätzchen und Schokolade im Zerhacker nicht zu fein zerkleinern. Eigelb mit Zucker cremig schlagen. Mandelplätzchen, Schokolade und steifgeschlagene Sahne unterziehen. In eine Kastenform füllen, die mit Klarsichtfolie ausgekleidet ist. Im Gefrierer fest werden lassen. Zum Servieren stürzen und in Scheiben schneiden. Dazu eine **Schokoladensauce:** Bittere Schokolade in der doppelten Menge Sahne schmelzen, mit Minz- oder Orangenlikör würzen.

»Castelletto di Montebenichi«: Im kultivierten Ambiente wie bei Freunden zu Gast

Auch Montebenichi ist eines der mittelalterlichen Wehrdörfer, die in vorderster Frontlinie entweder Siena oder Florenz verteidigen sollten, je nachdem, wem sie gerade zugehörten. Die Wehrhaftigkeit sieht man dem winzigen Weiler, etwa auf halber Strecke zwischen Arezzo und Siena im Südosten des Chianti wunderschön auf einer

Anhöhe gelegen, heute noch an: Von Ferne wirken die trutzigen, nahezu fensterlosen Wände der fast ringförmig geschlossenen Anlage wie eine Schutzwand; erst im Innern wird die liebliche Schönheit des entzückenden, völlig intakten Dorfkernes deutlich. Kein Wunder, daß der Kinderarzt Marco Gasparino und sein Freund Arnoldo Soriani, ein ehemaliger Baumeister, ihr Herz daran verloren und sofort zugriffen, als das kleine Schlößchen in der Ortsmitte zu kaufen war. Sie hatten immer schon ein Faible für Antiquitäten, haben römische, griechische und etruskische Ausgrabungsgegenstände gesammelt, Kunst aus allen Epochen und schöne alte Möbel sowieso. Irgendwann war für all die Schätze mehr Platz nötig, als in einer normalen Wohnung zur Verfügung steht. Hinzu kam, daß der Krebsspezialist die Tragödien, die er in seiner Praxis täglich miterleben mußte, nur noch schwer ertragen konnte.
Es war mutig, die Karriere an den Nagel zu hängen und statt dessen unter die Hoteliers zu gehen. Das Schloß wurde gründlich renoviert, mit ebensoviel Sachverstand wie Geschmack und Geld! Neun elegante Zimmer wurden eingerichtet, mit allem Komfort und feinsten Bädern. Hier fanden endlich alle Kunstgegenstände Platz! Es entstand ein angenehmes, kultiviertes Haus mit einer sympathischen, entspannten Atmosphäre. Die kostbare Bibliothek, mit einer kleinen Handzeichnung von Goethe an der Wand, steht allen Gästen zur Verfügung, man kann Musik hören, im Garten spazieren, den Pool mit seinem traumhaften Blick genießen oder sich ungestört auf der Dachterrasse der Sonne präsentieren. Wer einen Drink braucht oder ein Glas Wein, bedient sich selbst aus der erlesen bestückten Bar. Morgens wird ein üppiges Frühstück serviert, ein Restaurant jedoch gibt es nicht. So hat man Gelegenheit, die großen und kleinen Ristorante der Umgebung auszuprobieren, mal feinere, mal schlichtere Trattorien – die Padroni wissen sehr gut, wo es am besten schmeckt, und verraten es gern!

Osteria und Fattoria di Rendola – zwei Betriebe, die sich wunderbar ergänzen

»Rendola« ist ein typisch toskanisches Landgut im weiten Arnotal, zu Füßen des weniger touristischen Osthangs der Chiantiberge: Die Villa, in der eine Reitschule untergebracht ist, enthält Wohnungen, in den Wirtschaftsgebäuden befinden sich das Restaurant und die Kellerei, und in den umliegenden ehemaligen Bauernhöfen kann man Ferienwohnungen mieten. Alle Unternehmen werden getrennt geführt. Der Besitzer, der nicht in Erscheinung treten will, wohnt im nahen Hauptort, in Montevarchi – dort, wo *Prada* und *Gucci* produzieren und *fashion victims* im eleganten *factory outlet* relativ günstig ihrer Sucht frönen können. Und noch eine Attraktion hat Rendola zu bieten: Der einzige international zugelassene Moto-Cross-Parcours Italiens ist hier – um die Mittagszeit herrscht jedoch noch paradiesische Stille. Später wird ein hektisches Gesumme die Luft erfüllen, als tummle sich dort ein Schwarm wild gewordener Wespen …

Die Mitte der neunziger Jahre eröffnete Osteria ist keine schlichte Weinstube, wie der Name behauptet, sondern ein hübsches, stilvolles Landgasthaus. Rund 60 Plätze, ein Saal für Veranstaltungen und eine kleine Terrasse, wo unter den weißen Schirmen die Touristen gerne sitzen – die Einheimischen essen, vor allem wenn es heiß ist, lieber drinnen.

Restaurantchef Alberto Fusini und Küchenchef Francesco Berardinelli, die beiden Pächter, haben mit ihrem Konzept sofort die Zuneigung der Gäste wie der Journalisten errungen. Gleich von Anfang an wurde ihr Tun mit Interesse verfolgt, in allen Führern lobend erwähnt, und der Laden brummt! Die Atmosphäre ist entspannt und heiter. Die Küche ist gradlinig, fast puristisch, dabei aber schwelgerisch in der Ausgestaltung und Präsentation. Es werden internatio-

Fortsetzung auf Seite 64

PRUGNE CON RIGATINO

PFLAUMEN IM SPECKMANTEL

Eine hübsche Vorspeise, vor allem, wenn man sie so übereinandergestapelt anrichtet, wie auf dem Bild zu sehen.

Für vier Personen:
12 getrocknete Pflaumen, 12 Mandeln, 12 Salbeiblätter, 12 hauchdünne Scheiben luftgetrockneter Speck, 1 Händchen voll Walnüsse, 2 EL Pinienkerne, 3 große Handvoll bunt gemischter Salatblätter, 2 EL Weinessig, Salz, Pfeffer, 4 EL Olivenöl, 5 EL Balsamessig (von der preiswerten Sorte), 5 EL Rotwein

Die Pflaumen entsteinen, statt dessen mit einer Mandel füllen. Jede Pflaume mit einem Salbeiblatt belegen und in eine Speckscheibe wickeln. Die so präparierten Pflaumen in einer Pfanne rundum langsam knusprig braten. Auf Küchenpapier abtropfen lassen. Im verbliebenen Bratfett die Walnüsse und Pinienkerne golden rösten. Die Salatblätter mit einer Marinade aus Essig, Salz, Pfeffer und Olivenöl anmachen. Den Balsamessig mit dem Rotwein so lange einkochen, bis ein süßaromatischer Sirup daraus geworden ist. Und schließlich vier hauchdünne Weißbrotscheiben auf beiden Seiten knusprig braten. Zum Servieren die Salatblätter als Häufchen in die Tellermitte setzen, darauf die knusprigen Brotscheiben und schließlich obenauf die gebratenen Pflaumen betten. Den dunklen Balsamicosirup dekorativ rundherum auf die weiße Tellerfläche klecksen.

1

CARPACCIO DI PESCATRICE

CARPACCIO VOM SEETEUFEL

Natürlich braucht man dafür absolut frischen Fisch, der sauber und verführerisch nach Meer duftet, selbstverständlich kein bißchen müffeln darf …

Für vier Personen:
ca. 400 g Seeteufelfilet, Olivenöl, Salz, 1 Kartoffel, 8 grüne Spargel, 2 reife Tomaten, Pfeffer, Schnittlauch, Basilikum

Das Fischfilet schräg in möglichst dünne Scheiben schneiden. Einzeln zwischen zwei Klarsichtfolienblättern mit dem Fleischklopfer flach klopfen. Auf Tellern anrichten, die dick mit Olivenöl eingepinselt sind, gleichmäßig mit Salz bestreuen.
Die Kartoffel schälen, in dünne Scheiben hobeln, exakte Rauten ausschneiden und in Salzwasser gar kochen. Spargel schälen, bißfest kochen. Die Tomaten häuten, entkernen und zentimeterklein würfeln. Diese Bestandteile mit Olivenöl, Salz und Pfeffer würzen und wie auf dem Photo zu sehen dekorativ auf dem Fischfilet anrichten. Schnittlauchröllchen und zerzupfte Basilikumblätter darüber verteilen.

2

RISOTTO CON FUNGHI PORCINI E GAMBERI

STEINPILZRISOTTO MIT GARNELEN

Für vier Personen:
250 g frische Steinpilze, 1 weiße Zwiebel, 2 EL Olivenöl, Petersilie, 2 Knoblauchzehen, 200 g Risottoreis (z. B. Carnaroli), 1 Glas Weißwein, ca. 1 1/4 l Gemüsebrühe, Salz, Pfeffer, 250 g Garnelen, 1/2 TL Speisestärke, Zitronensaft, je 50 g Butter und frisch geriebener Parmesan

Die Pilze putzen, in Scheibchen schneiden. Die Zwiebel sehr fein würfeln und im heißen Öl andünsten, dabei die Hälfte der Petersilie, fein gehackt, und den Knoblauch durch die Presse zufügen. Den Reis hinzuschütten, dünsten, bis er überall vor Fett glänzt. Mit Wein ablöschen. Sobald dieser völlig verdampft ist, kellenweise die heiße Brühe zufügen, dabei alles ständig leise köcheln lassen. Mit Salz und Pfeffer würzen. Kurz bevor der Reis die richtige Konsistenz erreicht hat, nämlich weich ist, aber noch einen winzigen Kern enthält, die sorgfältig geputzten, also entdärmten Garnelen, die gründlich mit Stärke einmassiert wurden, zufügen. Immer darauf achten, daß der Risotto genügend feucht ist und nicht zu trocken wird. Zum Schluß die restliche fein gehackte Petersilie, die Butter und den Käse einrühren. In tiefen Tellern servieren.

1

2

3

4

3

TORTELLONI DI PATATE

KARTOFFELTASCHEN

Eier von glücklichen Hühnern haben ein besonders intensiv gefärbtes Eigelb, das den Nudelteig tatsächlich gelber macht als sonst. In Italien erzielt man dies auch durch besonderes Futter. Ein Hauch von Kurkuma, das man dem Teig zusetzt, ist nicht zu schmecken, erfüllt aber denselben Zweck und verstärkt die schöne Farbe …

Für vier bis sechs Personen:
Gelber Nudelteig:
300 g Mehl, 4 Eigelb, 1 ganzes Ei, Salz, 1/2 TL Kurkuma, 1 EL Olivenöl
Kartoffelfüllung:
300 g Kartoffeln, 1 Zwiebel, 1 EL Olivenöl, 2 Knoblauchzehen, 100 g Quark, Salz, Pfeffer, Muskat, je 1 Bund Basilikum und glatte Petersilie, ca. 1/4 l Olivenöl

Für den Teig die Zutaten zuerst mit einer Gabel, dann mit den Händen mischen, den geschmeidigen, nicht mehr klebrigen Teig eine halbe Stunde ruhen lassen.
Für die Füllung die Kartoffeln in der Schale weich kochen, ausdampfen lassen, durch die Presse drücken und mit der weich gedünsteten Zwiebel, dem durchgepreßten Knoblauch und dem Quark vermischen. Mit Salz, Pfeffer und Muskat abschmecken. Die Basilikum- und Petersilienblätter mit dem Olivenöl und etwas Salz mixen. Zwei Eßlöffel davon unter die Füllung mischen.
Den Teig hauchdünn ausrollen, Quadrate ausschneiden, je einen Eßlöffel Füllung in eine Ecke setzen, die andere Teighälfte darüberklappen und rundum gut festdrücken. In reichlich Salzwasser zwei Minuten garziehen lassen. In tiefen Tellern anrichten, das restliche Kräuteröl als Sauce darüber verteilen.

4

QUAGLIA ALLA SALVIA

SALBEI-WACHTEL

Für vier Personen:
4 Wachteln, Salz, Pfeffer, eine Handvoll Salbeiblätter, 3 EL Olivenöl

Die Wachteln innen und außen salzen und pfeffern, jeweils mit Salbeiblättern füllen und mit Olivenöl einreiben. In eine Bratenform setzen und im 270 Grad vorgeheizten Backofen 15 Minuten braten, dabei immer wieder ein Stück weiter drehen. Den Ofen schließlich ausschalten und die Wachteln in der nachlassenden Hitze noch weitere 20 Minuten nachziehen lassen.
Zum Servieren die Vögelchen tranchieren: die Keulen ablösen und die Brust mitsamt den Flügeln sauber zuschneiden. In der Osteria »La Rendola« richtet man die Wachteln auf geschmortem Chicorée an und serviert dazu Küchlein aus Kichererbsenmehl.

ZUPPA DI CILIEGE CON GELATO DI LIMONCELLO

KIRSCHSUPPE MIT LIMONCELLO-EIS

Für vier bis sechs Personen:
1 kg Kirschen, 100 g Zucker,
1 Stück Zitronenschale, 1 Zimtstange,
2 Nelken
Limoncello-Eis:
1/4 l Sahne, 1/4 l Milch,
1 frischer Zweig Limoncello
(Verveine oder Eisenkraut) oder
2 EL getrocknete Limoncelloblätter,
4 EL Zucker, 4 Eigelb, 2 EL Limoncino
(Zitronenlikör)

Die Kirschen entstielen, nicht entsteinen. Den Zucker mit 0,1 l Wasser, Zitronenschale, Zimt und Nelken aufkochen, die Kirschen einlegen und nach dem erneuten Aufkochen vom Feuer nehmen. Neben dem Herd zugedeckt eine halbe Stunde ziehen lassen. Die Kirschen dann abseihen und in eine Schüssel geben. Den Sud um die Hälfte einkochen und über die Kirschen gießen. Für das Eis Sahne und Milch aufkochen, den Kräuterzweig oder die getrockneten Blätter darin etwa zehn Minuten ziehen lassen. Durch ein Sieb filtern, den Zucker darin auflösen und erneut aufkochen. Schließlich die Eigelb mit Limoncino glatt quirlen und in die heiße Milch rühren. Unter ständigem Rühren heiß werden, aber auf keinen Fall kochen lassen. Abkühlen und in der Eismaschine gefrieren.

Vahé Keushguerian, Armenier aus New York – seit er sich um die Weine von »La Rendola« kümmert, fühlt er sich, wie er lächelnd meint, wie ein richtiger Toscano.

Bisher umfaßt die Angebotspalette zwei Weiße, Chardonnay und Bianco di Toscana, und drei Rote: Chianti Classico, ein einfacher Rosso, ein Merlot. Und natürlich Olivenöl!

Fortsetzung von Seite 60

nale Ideen mit dem Schatz der toskanischen Hausfrauenküche verknüpft, manchmal ein klassisches Gericht nur pfiffiger angerichtet – und schon präsentiert es sich absolut neu und ungewöhnlich. Dabei vertraut man ganz auf die exzellente Qualität der Zutaten, läßt die Aromen sich voll entfalten und spielt vor allem virtuos mit gegensätzlichen Texturen auf dem Teller und der Bißfestigkeit der verschiedenen Elemente – wahrhaft eine moderne, zeitgemäße Küche. Das findet der junge japanische Koch, der für ein paar Schnupperwochen mitarbeitet, auch.

Im langgestreckten Nebengebäude, das wie ein Zwilling parallel zum Gasthaus steht, befindet sich die Kellerei. Das Weingut umfaßt neben 19 Hektar Rebfläche auch 10 Hektar Olivenhaine. Seit 1994 wird es unter dem Namen »Poggio Il Pino« von Pegasus Vineyards bewirtschaftet – einem Unternehmen, das in Amerika, in Armenien, vor allem aber in Italien eine ganze Reihe von Gütern verwaltet. An der Spitze der umtriebige Armenier Vahé Keushguerian, der sich an seinem Hauptwohnsitz New York um die internationale Vermarktung kümmert. Die Italiener Luca Toscano und Luca D'Attoma sind für Kundenkontakte beziehungsweise die Weinerzeugung zuständig. Ihr Ziel: Jeweils die typischen Rebsorten der Region zu pflegen – so traditionell wie möglich, aber nach modernsten Gesichtspunkten. Auf Sardinien ist das beispielsweise der Vermentino, in Apulien der Primitivo, in Armenien die Arenirebe.

Auf »La Rendola« bemüht man sich natürlich besonders um den Sangiovese, die wichtigste Rebsorte der Toskana – die Grenze des Chianti-Classico-Gebietes geht allerdings mitten durch das Gut, so daß nur ein Teil der Produktion das Recht hat, als Chianti Classico bezeichnet zu werden. Auf den außerhalb liegenden Weinbergen wachsen fruchtige Weißweine sowie Merlot, der – wenn die eng gepflanzten Rebstöcke ein paar Jahre älter sind – einmal einer der begehrten Super-Tuscans, also ein besonders edler Tafelwein werden soll.

Im Jahr 1996 wurde das Gut von Grund auf modernisiert. Dabei wurde der alte Weinkeller sorgfältig renoviert, denn er wird selbstverständlich weiterhin benutzt: Im konstanten, guten Klima des Natursteinkellers reifen die Weine in kleinen Fässern – je nach Typ in neuen, ein- oder mehrmals gebrauchten.

Sogna: Der Traum vom Leben in der Stille

Sogno heißt auf italienisch: Traum – für die Bewohner des abgelegenen Dörfchens Sogna mag es eher ein Alptraum gewesen sein: Ursprünglich ein Wehrdorf, das den Besitz der Ubertini sicherte, einer Adelsfamilie aus Arezzo, wurde es unter den Medici geschliffen und versank dann in absolute Bedeutungslosigkeit. Es gab nichts zu verdienen, keine Flächen für Landwirtschaft, die Menschen wanderten ab, das Unkraut überwucherte die zerfallenden Häuser. Durch Zufall wurde die pittoreske Idylle entdeckt. Heute sieht man die einsame Lage als Gewinn. Eine Gruppe von Architekten und Künstlern ergriff die Initiative. Sie restaurierten die Häuser, behutsam, damit der Eindruck des alten Dorfes bewahrt blieb, und sorgten dafür, daß die Käufer der Ferienwohnungen den Erhalt des neuen Paradieses als Herzensangelegenheit betrachten.

Um ständiges Leben im Feriendorf zu sichern, wurde ein Restaurant angesiedelt. Ein Glück für die Interlandos, eine Gastronomenfamilie, die gerade aus Sizilien, der Heimat von Vater Vincenzo, zurückkehrte, um in der Toskana, wo Mutter Loretta geboren war, neu zu beginnen. Als sie die fürs Restaurant vorgesehenen Räume sahen, war es Liebe auf den ersten Blick: ein ehemaliger Stall mit steinernen Futtertrögen entlang der Wände. Sie richteten ihn mit modernen Möbeln ein, dazwischen ein paar schöne alte Stücke. Viele Bilder von befreundeten Künstlern an den Wänden. Sie wechseln regelmäßig; man kann sie sogar kaufen. Vincenzo macht mit Tochter Simona den Service, der kleine Mattia darf, bevor er ins Bett muß, die Gäste unterhalten. Loretta regiert die Küche. Sie tut es mit einer Freude, die auf den Tellern sichtbar wird. Dabei spielt sie virtuos mit Geschmäckern und Aromen, mixt sizilianische Ideen mit toskanischen Traditionen, würzt hier mit einer Prise französischer Phantasie, dort mit asiatischen Düften und entwickelt so eine sehr persönliche Küche, die nicht nur wegen ihrer Originalität, sondern auch durch perfekte Zubereitung verblüfft. Wer will, kann in einer der Ferienwohnungen übernachten und in der märchenhaften Stille Sognas von »Antiche Sere« träumen (so heißt das Restaurant), von schönen Abenden in einer traditionsreichen, geschichtsträchtigen Umgebung!

1

2

3

4

1

CARPACCIO DI MANZO MARINATO

MARINIERTES RINDFLEISCH

Das Fleisch wird zwei Tage mit Kräutern eingelegt – es schmeckt danach, hauchdünn aufgeschnitten, umwerfend gut!

Für sechs Personen:
800 g makellos parierte, also von Sehnen und Häuten befreite Rinderlende (Roastbeef),
insgesamt 2 Tassen Salbeiblätter,
Rosmarinnadeln,
Thymian und Estragon,
eine Handvoll grobes Meersalz

Das Fleisch mit den fein gehackten Kräutern dick panieren. Erst dann im Meersalz wälzen. Fest in eine Folie packen und zwei Tage sehr kalt stellen (2 Grad!).
Zum Servieren auf der Maschine sehr dünn aufschneiden und auf ein Bett von bunten Salatblättern, die mit einer würzigen Vinaigrette angemacht sind, drapieren. Einen dünnen Olivenölfaden darüber ziehen.

2

CREMA DI FEGATO SENZA FEGATO

LEBERCREME OHNE LEBER

Klingt kurios und schmeckt köstlich: eine zarte Creme aus Schweinefleisch, die wundervoll nach Trüffeln duftet.

Für sechs Personen:
400 g Schweineschulter, 2 EL Olivenöl, je 2 Thymian- und Rosmarinzweige, Salz, Pfeffer, 1/8 l Weißwein, 100 g Trüffelbutter (Rezept Seite 92)

Das Fleisch im heißen Öl rundum anbraten, dabei die Kräuterzweige zufügen, salzen und pfeffern. Mit Weißwein ablöschen, zugedeckt etwa 90 Minuten sanft schmurgeln lassen. Das Fleisch schließlich abkühlen, in große Würfel schneiden und im Mixer fein pürieren, dabei den Bratenjus sowie die eiskalte Trüffelbutter untermixen. Die Creme kalt stellen. Mit gerösteten Weißbrotscheiben servieren.

3

TORTELLONI CON RUCOLA E SALSA DI ROBBIOLA

TEIGTASCHEN MIT RAUKE UND ROBBIOLASAUCE

Für sechs Personen:
1 Portion gelber Nudelteig (Rezept Seite 63)
Füllung:
250 g Ricotta (oder Schichtkäse), 1 Eigelb, 50 g frisch geriebener Parmesan, Salz, Pfeffer, 200 g Rucola (Rauke), Cayennepfeffer
Robbiolasauce:
2 Schalotten, 2 EL Butter, 200 g Robbiola (milder Weißschimmelkäse), 1/8 l Sahne, Salz, Pfeffer, abgeriebene Zitronenschale
Außerdem:
Mohnsamen

Den Nudelteig hauchdünn ausrollen und in Quadrate schneiden. Jeweils einen Teelöffel Füllung in die Mitte setzen, den Teig zunächst zum Dreieck zusammenfalten, dann die Seiten unterhalb der Füllung zum Krönchen zusammenziehen.
Für die Füllung den gut abgetropften Quark mit Eigelb, Salz und Pfeffer glattrühren, den Käse zufügen sowie die sehr fein gehackte Rauke. Die Füllung mit etwas Cayennepfeffer gut abschmecken.
Für die Sauce die feingehackten Schalotten in der Butter andünsten, Käse zufügen, mit Sahne auffüllen. Köcheln, bis sich alles gut verbunden hat. Mit Salz, Pfeffer und Zitronenschale würzen. Mit dem Mixstab aufschlagen. Zum Servieren einen Spiegel von Robbiolasauce in den Teller geben, die in Salzwasser gargekochten Tortelloni darauf anrichten. Mit Mohnsamen bestreuen und sofort servieren.

4

PASTA CON LE SARDE

PASTA MIT SARDINEN

Ein typisch sizilianisches Rezept – falls Vincenzo doch mal Heimweh bekommt …

Für vier Personen:
1 Zwiebel, 3 EL Olivenöl, 3 Knoblauchzehen, 4 Sardellen (Anchovis), 2 EL gehackte Mandeln, 2 EL Korinthen (Passolini), 2 EL Pinienkerne, einige Safranfäden, 300 g Spaghetti, Salz, 1 Handvoll frisches Fenchelgrün, 3–4 EL Semmelbrösel (siehe Anmerkung), 4–6 makellos frische Sardinen

Die Zwiebel fein würfeln und im heißen Öl andünsten, dabei den Knoblauch durch die Presse zufügen und die Anchovis darin schmelzen. Die Mandeln, Korinthen und Pinienkerne mitrösten, die Safranfäden unterrühren. Die Pfanne beiseite stellen.
Inzwischen die Spaghetti in reichlich Salzwasser bißfest kochen, das Fenchelgrün für eine knappe Minute hineintauchen, damit es weich wird und dem Wasser seine Würze mitteilt. Die Spaghetti tropfnaß zu dem Zwiebel-Anchovis-Gemisch in die Pfanne geben, den gehackten Fenchel zufügen und alles gründlich mischen. In Teller verteilen. Mit Semmelbröseln bestreuen und zum Schluß die Sardinen, die nur jeweils einige Sekunden lang im rauchendheißen Olivenöl gewendet wurden, obenauf betten.
Anmerkung: Semmelbrösel werden in Sizilien stets frisch gemahlen, aus dem dort üblichen Hartweizenbrot, und dann in Olivenöl mit Chili geröstet. Sie geben Biß und Geschmack. Loretta nimmt dafür die Kruste vom salzlosen Toskanabrot, zerkleinert sie zusammen mit etwas Rosmarin und röstet sie in Lardo collonatese an (siehe dazu Seite 220). So bekommt die sizilianische Spezialität ein typisch toskanisches Aroma …

1

2

1

SEMIFREDDO D'ARANCE

HALBGEFRORENES ORANGENEIS

Für sechs Personen:
1 Orange, 1/4 l Milch,
250 g Zucker, 4 Eier

Die Orange sorgfältig rundum abreiben, die Schale in der Milch auffangen. Zum Kochen bringen, den Zucker darin auflösen. Die verquirlten Eigelb einrühren. Erneut erhitzen, einmal aufwallen, aber nicht kochen lassen. Abkühlen und den Eischnee unterziehen. In Portionsförmchen verteilen und gefrieren. Zum Servieren aus den Förmchen lösen und stürzen. Mit hauchdünnen Orangenscheiben garniert servieren.

2

TORTA DI MANDORLA E LIMONE

ZITRONENDUFTENDER MANDELKUCHEN

Für eine Springform von 24 cm Durchmesser:
3 ungespritzte Zitronen, 6 Eigelb,
250 g Zucker, 300 g Mandeln,
1 TL Backpulver, 1 Prise Salz, 6 Eischnee

Die Zitronen knapp mit Wasser bedeckt absolut weich kochen – etwa eine dreiviertel Stunde lang. Halbieren, mit der Messerspitze die Kerne herauslösen, die Hälften mitsamt der Schale im Mixer pürieren.
Die Eigelb mit der Hälfte des Zuckers zu einer dicken, hellen Creme schlagen, die geriebenen, ungeschälten Mandeln sowie das Zitronenpüree und das Backpulver einarbeiten. Schließlich den mit dem restlichen Zucker und der Salzprise steifgeschlagenen Schnee unterziehen. In eine gebutterte Form füllen, bei 170 Grad etwa 50 Minuten backen.

San Gimignano – Weltkulturerbe und ein schöner Aufenthalt

Man sollte San Gimignano von Süden her über den schattigen, akkurat angelegten Platz durch das mächtige Stadttor betreten, die Porta San Giovanni – am besten morgens vor zehn Uhr, denn danach stauen sich davor schon die von den Bussen ausgespuckten Touristengruppen. Nachdem San Gimignano von der UNESCO als Weltkulturerbe eingestuft und mit Fördergeldern aufwendig restauriert worden war, drohte es vor ein paar Jahren ein reines Freilichtmuseum zu werden – über zwei Millionen Gäste besuchen alljährlich die nur 5000 Einwohner zählende Gemeinde! Daß es dennoch ein lebendiger, funktionierender Ort geblieben ist – der sich dank der sanierten Bausubstanz wohl nicht so schnell verändern wird –, grenzt an ein Wunder. Aber an solche ist San Gimignano gewöhnt: Nur hier blieben die Geschlechtertürme erhalten, die in anderen Städten längst abgerissen wurden – Siena, Florenz und Pisa besaßen jeweils über hundert!

Im ausgehenden Mittelalter war San Gimignano durch den Anbau und Handel mit Safran reich geworden. Mit Safran, den Staubgefäßen einer Krokusart, wurde damals die berühmte Seide von Lucca gefärbt. Als diese ihre Bedeutung verlor, sank auch die Safrankultur dahin. Inzwischen baut man wieder Safran an, in den örtlichen Restaurants bekommt man safrangelbe und -würzige Speisen. Die im Mittelalter wichtigste Nord-Süd-Verbindung, der Frankenweg, durchquert San Gimignano und seine Plätze. Hier, vorbei an Eisdielen, Pizzerien, Andenkenläden, Kunsthandwerk und Lebensmitteln, wogt die Menge. Erstaunlicherweise bekommt man heute, anders als früher, neben Massenware auch gute Qualität: handwerklich hergestelltes Eis, schöne Gebrauchsgegenstände aus Olivenholz, sauber gemachte Gutsweine, erstklassige Würste und Käse. Verläßt man diese Achse, wird man von der Beschaulichkeit eines Landstädtchens umfangen, lockt höchstens eine kleine Trattoria – in manchen ißt man gar nicht schlecht.

Das wahre Wunder aber ist ein Hotelrestaurant: Im »Bel Soggiorno« – das heißt: »schöner Aufenthalt« –, an dem sich der Touristenstrom von der Porta San Giovanni her vorbeiwälzt, speist man vorzüglich; ein paar schöne, ruhige Zimmer mit Blick aufs Land gibt es übrigens auch. Hier arbeitet die Familie Gigli, der auch das Landhotel mit Weingut »Pescille« gehört, ein paar Kilometer weiter südlich gelegen, mit Blick auf San Gimignano. Onkel und Tanten helfen mit, in der Küche steht ein Schwager. Bis vor einigen Jahren servierte man die üblichen toskanischen Gerichte. Aber damit konnte man sich natürlich nicht profilieren und war dem allgemeinen Preisdruck ausgesetzt. Heute gibt es eine interessante, witzige, phantasievoll zusammengestellte kleine Karte, und es wird sorgfältig gekocht. »So macht auch uns die Arbeit wesentlich mehr Spaß!« lacht der Küchenchef. Das wissen vor allem die ortsansässigen Geschäftsleute zu schätzen, die hier mittags bei weitem in der Überzahl sind. Unbedingt sollte man sich einen Tisch an der Fensterfront reservieren, denn der weite Blick über die arkadische Hügellandschaft mit Olivenbäumen und Weinbergen ist einfach traumhaft. Dort gedeiht der örtliche Weißwein, Vernaccia di San Gimignano, der hauseigene von »Pescille« ist durchaus zu empfehlen! Und man vergißt völlig, daß vor dem Haus der Fremdenverkehr braust …

AR Le Torri
GELATERIA
Kodak

1

2

3

4

5

1

ZUPPA DI PATATE CON ZAFFERANO SOTTO PANE

KARTOFFELSUPPE MIT SAFRAN UNTER BROTTEIGHAUBE

Eine ebenso kluge wie hübsche Idee, Safran zu verwenden, die wiederentdeckte Spezialität der Region – siehe dazu auch Seite 72.

Für vier bis sechs Personen:
300 g Kartoffeln, 1 Zwiebel,
2 Lauchstangen, 2 EL Olivenöl,
1 Döschen Safran,
3/4 l Geflügel- oder Gemüsebrühe,
2 Petersilienzweige, 1 Thymianzweig, Salz,
Pfeffer, 1 Ei, 200 g Brot- oder Pizzateig
(Rezept Seite 163)

Die Kartoffeln schälen, würfeln und mit der gehackten Zwiebel und dem ebenfalls kleingeschnittenen Weiß des Lauchs im heißen Öl andünsten. Safran zufügen, alles gut damit mischen, Brühe angießen und aufkochen. Petersilienstiele – Blätter abzupfen und beiseite legen – und Thymian zufügen, salzen und pfeffern. Zugedeckt eine halbe Stunde köcheln, bis die Kartoffeln weich sind.
Von der Brühe zwei Eßlöffel abnehmen und mit dem Eigelb verquirlen. Die Suppe selbst abschmecken, fein gehackte Petersilie unterrühren und in Portionsschüsselchen verteilen. Nach Belieben zusätzliche Einlagen in die Schüsseln verteilen: Pilze, in Streifen geschnittener Lauch, Tomatenwürfel etc.
Den Brotteig dünn ausrollen, Kreise groß genug ausschneiden, damit sie die Schüsselchen nicht nur abdecken, sondern den halben Rand hinabreichen. Diesen Schüsselrand außen rundum mit Eiweiß einpinseln, die Teigdeckel auflegen und überall gut festdrücken. Im 200 Grad heißen Ofen 15 Minuten backen, bis der Teigdeckel hochgewölbt und goldbraun ist.

2

PETTO DI PICCIONE E PURE DI CECI

TÄUBCHENBRUST AUF KICHERERBSENPÜREE

Für vier bis sechs Personen:
die ausgelösten Brüste von 3 Täubchen,
Salz, Pfeffer, 1 EL Olivenöl,
2 Tassen Räuchermehl
Kichererbsenpüree:
100 g gekochte Kichererbsen, 1/4 l Brühe,
2–3 EL Olivenöl, Aceto Balsamico,
junges Fenchelgrün

Die Taubenbrüste salzen und pfeffern, auf einem eingeölten Gitter in einem Topf über das Räuchermehl setzen, zugedeckt erhitzen und im Rauch zwanzig Minuten garen. In Folie wickeln und abkühlen lassen.
Die Kichererbsen zu Püree mixen, dabei soviel heiße Brühe zufügen, bis die Sauce die gewünschte Konsistenz erreicht. Olivenöl mitmixen, damit die Sauce glänzt, mit Salz, Pfeffer und Balsamico abschmecken.
Zum Servieren die Taubenbrüste quer in sehr dünne Scheiben schneiden, auf einem Spiegel von Kichererbsenpüree anrichten. Hübsch sind als Dekoration ein halbiertes, gekochtes Wachtelei und Möhrenperlen, die man mit einem entsprechenden Ausstecher formt und in Salzwasser bißfest kocht.

3

TAGLIATELLE NERE CON SEPPIE E ASPARAGI

SCHWARZE BANDNUDELN MIT TINTENFISCH UND SPARGEL

Für vier Personen:
300 g schwarze Bandnudeln, Salz,
250 g Sepia (Tintenfisch), 2 EL Olivenöl,
2–3 Knoblauchzehen, Petersilie, Salz,
Pfeffer, 350 g grüner Spargel,
2–3 EL Kalbs- oder Fischfond

Die Nudeln bißfest kochen. Inzwischen die Sepia gründlich putzen: die äußere, lila Haut abstreifen, den Innenknochen entfernen, auch die harten Kauwerkzeuge im Zentrum der Tentakel. Den Tintenfischbeutel in Streifen schneiden, die Tentakel in Stücke, beides in Olivenöl braten.
Den Spargel schälen, die Stangen quer in dünne Scheibchen schneiden und mitbraten. Die Spitzen zwei Minuten später zufügen und mitdünsten, jetzt auch gehackten Knoblauch und etwas Petersilie unterrühren sowie salzen und pfeffern. Mit Fond ablöschen. Zuletzt mit den Nudeln gründlich mischen.

4

PETTO DI POLLO FARCITO

GEFÜLLTE HÜHNERBRUST

Bemerkenswert wird dieses Gericht durch die Beilagen: Rotweinzwiebeln und ein erdig schmeckendes Rote-Bete-Püree.

Für vier Personen:
4 ausgelöste Hähnchenbrüste, Pfeffer, Salz,
2 halbzentimeterdicke Scheiben Käse,
3 EL Olivenöl
Rotweinzwiebeln:
300 g Zwiebeln, 2 EL Olivenöl,
1 EL Zucker, 1/4 l Rotwein, 1 Stück
Zitronenschale, je 2 Thymian- und
Rosmarinzweige, 2–3 zerdrückte
Knoblauchzehen
Rote-Bete-Püree:
2 mittelgroße rote Bete, Salz,
je 1 Messerspitze gemahlene Nelke, Piment
und Pfeffer, 1 mittelgroße Kartoffel

In die Hähnchenbrüste quer eine Tasche schneiden, dort hinein den in Pfeffer gewälzten Käse stecken, die Öffnung mit einem Zahnstocher zustecken. Das Fleisch mit Salz einreiben und langsam in heißem Olivenöl rundum knusprig braten.
Die Zwiebeln schälen und in feine Ringe hobeln. In Öl andünsten, mit Zucker bestreuen und sanft karamelisieren. Mit Rotwein ablöschen, Kräuter und Knoblauch zufügen, salzen und pfeffern. Ohne Deckel leise köcheln, bis die Flüssigkeit nahezu verkocht ist.
Für das Püree die rote Bete zusammen mit der Kartoffel in der Schale weichkochen, pellen und im Mixer pürieren, dabei mit Salz, Nelke, Piment und Pfeffer würzen.

5

CREMA CARAMELLA

KARAMELCREME

Für vier bis sechs Personen:
1/2 l Milch, 100 g Zucker, 1/2 Vanillestange,
2 ganze Eier, 4 Eigelb, Mandelöl
für die Förmchen

Die Milch mit 50 g Zucker aufkochen, die Vanillestange darin ziehen lassen, das Mark herauskratzen und in die Milch rühren.
Die ganzen Eier mit den Eigelb verquirlen, durch ein Sieb streichen, um Hagelstränge aufzufangen, und mit der Milch mischen.
Den restlichen Zucker mit 2 EL Wasser in einem Töpfchen zu dunklem Karamel kochen – er soll von tiefdunklem Gold sein. Souffléförmchen oder Tassen mit Mandelöl auspinseln, den Karamel gleichmäßig darin verteilen, die Förmchen schwenken, bis sie davon gleichmäßig überzogen sind. Die Eiermilch einfüllen. Die Förmchen im Wasserbad, am besten in einer Bratenform, in den 160 Grad heißen Ofen stellen. Die Creme etwa 30 Minuten stocken lassen. Sie ist gar, wenn sie auf Fingerdruck Widerstand bietet. Im Ofen abkühlen lassen. Dann kalt stellen. Erst am nächsten Tag servieren, wenn der Karamel sich zu einem leuchtend goldenen Sirup gelöst hat. Auf Dessertteller stürzen, mit Früchten der Saison servieren, zum Beispiel mit einem Kranz von in Scheiben geschnittenen Erdbeeren.

Im Papstpalast: »La Suvera«

Ein majestätischer Palast mit drei Loggien übereinander und mit zum Fuß hin weit ausgreifenden Mauern. Im Schloßhof eine gewaltige Voliere, penibel geschnittene Buchsbaumkugeln in klassischen Terracottavasen, der Kies säuberlich geharkt. An der Nordseite die Kapelle und das Gutshaus, jenseits des Eisenportals, in der ehemaligen Ölmühle, das Restaurant. Hinter den früheren Stallungen ein verwunschener Park, der sich in Terrassen bis ins Tal hinunterstuft. Ein kleiner Teich, auf dem Schwäne hoheitsvoll ihre Runde ziehen. Auf der Westseite das abgezirkelte Parterre eines Renaissancegartens, mit Zitronenbäumen, Marmorvasen, Statuen und Obelisken: eine Kulisse, wie ein Hollywood-Regisseur sie nicht perfekter inszenieren könnte. Treten Sie ein, willkommen, Sie befinden sich in einem der elegantesten, schönsten Hotels Italiens! Kein gewöhnliches Hotel, natürlich, es handelt sich um den Landsitz des Grafen Ricci Paracciani Bergamini und seiner Frau, der Prinzessin Eleonora Massimo aus dem Haus Savoyen, die irgendwann beschlossen hatten, daß sie allein die großartige Schloßanlage kaum nutzen konnten. Die prachtvolle Villa, wie man einen solchen Palazzo bescheiden auf italienisch nennt, wurde für Papst Julius II. von Baldassare Peruzzi gebaut, einem der berühmtesten Architekten des beginnenden 16. Jahrhunderts. Seine Handschrift erkennt man vor allem in den prachtvollen Repräsentationsräumen mit reich dekorierten Kaminen und Gewölben sowie üppigen Deckengemälden. Diese Säle werden von den Gästen des »Relais La Suvera« gemeinsam benutzt, wenn sie es nicht vorziehen, sich in ihre phantastische Suite zurückzuziehen und sie voll auszukosten! 35 Zimmer, darunter ganze Zimmerfluchten, bietet das exquisite Landhotel in seinen verschiedenen Gebäuden. Die riesigen Suiten im Palast kosten natürlich ein kleines Vermögen, aber es gibt auch kleine Zimmer, in den

früheren Stallgebäuden untergebracht, zu erschwinglichem Preis. Alle sind mit erlesenem Geschmack und mit Möbeln, Bildern und Kunstgegenständen eingerichtet, wie man sie sonst nur im Museum zu sehen bekommt – hier darf man sie ganz selbstverständlich benutzen. Der Graf selbst hat die Innenausstattung entworfen: mit modernstem Komfort, traumhaften Bädern und superbequemen Betten. Dazu konnte er aus einem schier unerschöpflichen Fundus schöpfen – die Dachböden der verschiedenen Schlösser der Familie waren offenbar voll mit erlesenstem Mobiliar. Und es ist durchaus keine kalte Pracht daraus geworden, sondern ein ganz persönliches, einmaliges Haus, höchst lebendig, trotz des Luxus sehr entspannt und deshalb jede Lira mehr als wert!

Dekorativ: Flaschen mit duftendem Öl

Barock: der Enoteca-Wirt

Idyllisch: Jung und Alt

Ernte: Obst und Gemüse aus dem Garten

Geruhsam: Siesta nach dem Mittagessen

Sommersymbol: Leuchtende Sonnenblumen

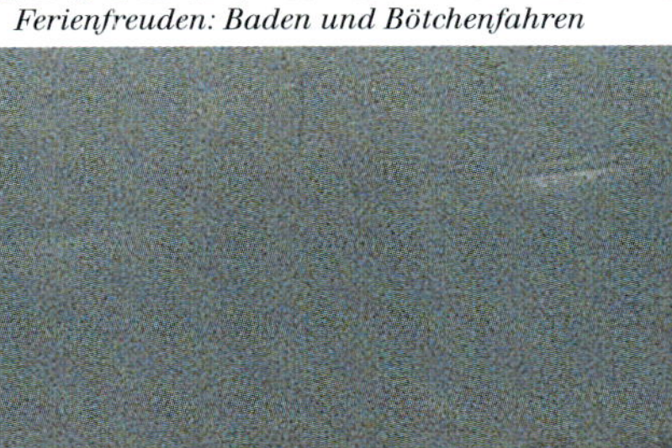

Ferienfreuden: Baden und Bötchenfahren

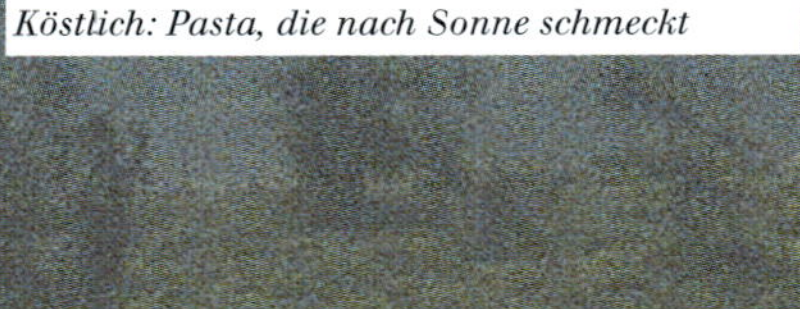

Köstlich: Pasta, die nach Sonne schmeckt

SOMMER

Flirrende Weizenfelder und
sonnengleißendes Meer
Käse, Früchte, Fischgenüsse

Volterra: Wo die Toskana rauh, erhaben und ganz und gar nicht lieblich ist

Zwischen den sanften, weinträchtigen Hügeln des Chianti und dem fruchtbaren Küstenstreifen mit seinem milden Klima erstreckt sich in langen Wellen ein den Straßen mannigfache Kurven aufzwingendes Bergland, rauh und von Winden gezaust. Hier gedeihen weder Wein noch Oliven, auf den schier endlos die Hänge überziehenden Feldern stehen Weizen oder Luzerne.

In manchen Jahren regnet es hier zwischen Juni und September überhaupt nicht, in anderen beginnt die lehmige Erde, vollgesogen vom Wasser prasselnder Regenstürze, zu fließen, und ganze Bergflanken geraten ins Rutschen.

Auf der höchsten Kuppe liegt Volterra, schon in etruskischer Zeit eine bedeutende Stadt, wie die heute noch größtenteils erhaltene, sieben Kilometer lange und bis zu elf Meter hohe Verteidigungsmauer beweist. Auch unter den Römern und im Mittelalter verlor sie nie an Geltung. Weit blickt man von hier hinaus ins Land und übers Tyrrhenische Meer bis nach Korsika – die Lage symbolisiert geradezu den Unabhängigkeitsdrang der Bewohner. Das Fort der Medici, damals die größte und perfekteste Verteidigungsanlage Europas, thront nicht umsonst so beherrschend über der Stadt (großes Bild); der Rundturm heißt in drastischer Deutlichkeit *Il Maschio*, der Männliche, ein Innenturm in Form einer halben Ellipse entsprechend *La Femmina*. Die als Gefängnis genutzte Bastion ist – verständlich – nicht zu besichtigen.

Dafür gibt es in der Stadt um so mehr zu entdecken: Kraftvolle mittelalterliche Gebäude, bewegte Dachlandschaften, Andenkenläden mit allen möglichen Gegenständen aus weißem Alabaster, einer feinkörnigen, durchscheinenden Varietät des ordinären Minerals Gips. Dieses weiche Material wird seit dem Altertum zu meist kitschigen, selten schönen Objekten verarbeitet.

Volterra ist kein Ort für Massen, sondern ein Dorado für Individualisten. Es macht Spaß, durch die engen Gassen zu schlendern, die bedeutenden Bauten des Mittelalters zu erkunden, Museen und Alabasterläden zu durchstreifen und die Ausblicke auf die Landschaft zu genießen. In der Umgebung gibt es viele kleine Trattorien und Bauernhöfe, auf denen man Ferien machen kann.

»Venzano«: Paradies für Würzkräuter und Duftpflanzen

Manchmal begegnet man einem Ort, der eine besondere Bestimmung zu haben scheint. »Giardini Venzano« ist so ein magisches Plätzchen: Donald G. Leevers, in Sidney geboren und aufgewachsen, studierter Geologe und Gärtner aus Leidenschaft, reiste um die ganze Welt, um einen idealen Platz für sich und seine Passion zu suchen. Hier, wo die Vegetationszeit zehn Monate dauert, hat er ihn gefunden – im ehemaligen Obst- und Gemüsehof des Augustinerklosters von Volterra! In verwunschener Stille liegt das Gut am Ende einer drei Kilometer langen *strada bianca*, einer Schotterstraße, unterhalb von Mazzolla (siehe nächste Seite). Wer Ruhe sucht, kann sich in einem von drei schönen Ferienappartements einmieten. Freilich: Als Leevers die Gebäude, die 25 Jahre nicht bewohnt gewesen waren, 1989 für wenig Geld erstand, war es keine romantische Idylle! Jahre hat er gebraucht, bis die ursprüngliche Anlage wieder sichtbar, die Gebäude einigermaßen instand gesetzt waren. Es bleibt noch viel zu tun – zumal Don immer neue Schaugärten anlegt, um den Italienern, die gerade erst die Gartenkunst wiederentdecken, zu zeigen, was alles möglich ist; etwa ein Garten, der auch bei größter Trockenheit nie gewässert zu werden braucht.

Für die meisten Pflanzen allerdings ist Wasser lebensnotwendig: Zum Glück verfügt er über eine eigene, ständig

spendende Quelle – wohl ein römisches Heiligtum, vermutet Leevers, denn bei Tag-und-Nacht-Gleiche leuchtet die sinkende Sonne 25 Meter weit in ihre

Höhle aus Gimigneser Kalkstein hinein. Don Leevers hat sich ganz auf Würz- und Duftpflanzen spezialisiert und damit eine lukrative Lücke gefunden. Was kann man bei ihm nicht alles entdecken! 50 Sorten Rosmarin, von denen fast das ganze Jahr über immer eine blüht – in Weiß, Grau, Hellblau, Violett oder Rosa! Mit breiten Nadeln die einen, mit pinienartigen die anderen, diese kriechend, jene strack gereckt, hier buschig, dort wie Korkenzieher sich windend. Die beiden Kugelbüsche unten auf dem Bild sind auch Rosmarine, gestutzt wie Buchs. Apropos Buchs: 15 Varietäten kann man bei Leevers kaufen, 40 Sorten Thymian, ebensoviel Lavendel, 20 Sorten Basilikum …

Besonders stolz ist er auf seine Jasmine, darunter den äußerst seltenen »Großherzog der Toskana«, den Cosimo II. aus Goa hatte bringen lassen und in einem versteckten Garten geheimhielt – nur der berühmte Bimbi durfte ihn malen, auf daß die Welt neidisch werde!

Im Schatten von Pinien und 300 Jahre alten chinesischen Datteln aus der Klosterzeit trocknen die Topfpflanzen nicht aus und bilden doch Blüten, wie der Kugelbleiwurz.

Duftende, gegen Trockenheit unempfindliche Lilien liebt Don Leevers – auch, weil sie vielerlei Insekten anziehen. Allerdings ebenso die äußerst gefräßigen Stachelschweine …

Trattoria »Albana«: einfach, freundlich, gut!

Eine Zypressenallee führt zu dem kleinen Ort, der auf dem Hügel thront: eine Handvoll Häuser, die sich wie um eine Glucke rund um die bescheidene Villa ducken, die nur im Kontrast zu ihrer schlichten Umgebung erhaben wirkt. In den schmalen Vorgärten blühen wenig Blumen, es gedeihen mehr Salatköpfe und, ein wenig schüchtern, auch Basilikum. Im Ortskern, dem Herrenhaus gegenüber, liegt die Bar mit Trattoria, Herz und Seele von Mazzolla, einem typischen toskanischen Dörfchen, das in der weiten Landschaft südlich von Volterra wie eine Oase in der Wüste liegt. Wer würde sich jemals hierher verirren, gäbe es nicht die riesigen Schilder an der Hauptstraße, die anständige Hausmannskost verheißen? Die Schilder sind neu, erst seit kurzem haben zwei junge Männer den Laden übernommen: Giacomo Nencini (auf dem Photo rechte Seite unten), der bislang in Volterra als Kellner gearbeitet hat, und Giacomo Gabelieri, der zur See gefahren ist. Klugerweise haben sie Annamaria Franchi, die schon seit Jahren hier kocht, übernommen. So ist beides gesichert: in der Küche Kontinuität, für die Führung des Geschäfts neue Ideen. Und alle, auch die Dorfbewohner, sind zufrieden.

Wer eintritt, muß unter der niedrigen Tür den Kopf einziehen, links die – pardon! – Klotür, geradeaus der Tresen, wo die Espressomaschine schnaubt. Zwei gemütliche Sessel sind vor den riesigen Fernseher gerückt. Ein Putzeimer steht

im Weg, und aus der Küche tönt Geschirrgeklapper. Annamaria ist noch bei ihren Vorbereitungen. Der Speiseraum ist winzig, die Tischdecken kariert. Man kann auch draußen, unter dem Vordach, Platz nehmen. Ein Teller mit bunten Crostini steht alsbald auf dem Tisch. Wer mag, darf von der köstlichen Zucchinifrittata probieren, die Annamaria gerade aus der Pfanne gehoben hat. Die Karte ist klein, die Speisen einfach. Aber alles ist frisch gekocht, herzhaft gewürzt, appetitlich angerichtet und kostet nicht die Welt.

Am Nebentisch hat eine Familie auf der Durchreise Platz genommen. »Das Schild an der Straße«, freut sich Giacomo, »nützt!«. Das ist gut so; natürlich brauchen sie Gäste aus der Fremde, »denn«, er hebt bedauernd die Hand, »von den Leuten hier im Dorf allein können wir nicht leben.« Aber keine Angst: Hierher werden die Gäste immer wieder gerne kommen!

1

2

3

4

1

CROSTINI VARII

VERSCHIEDENE CROSTINI

Es ist eine appetitliche und hübsche Auswahl von Crostini, die in der Trattoria »Albana« serviert wird. Rote mit frischer Tomate (Rezept Seite 44), schwarze mit Olivencreme (fertig gekauft), braune mit Lebercreme (Rezept Seite 29), dann gibt es grüne Crostini mit würzigem Pesto und schließlich solche mit gedünsteten frischen Pilzen:

Pesto:
Für sechs bis acht Personen:
50 g Basilikumblätter,
50 g Knoblauch, 50 g Pinienkerne,
50 g Pecorino, Salz,
ca. 0,2 l Olivenöl

Basilikum, Knoblauch, Pinienkerne und Pecorino mit etwas Salz in den Mixer füllen, einen guten Schuß Öl zufügen und alles gründlich zerkleinern. Erst dann langsam das restliche Öl hinzufließen lassen und so lange mixen, bis sich alles gut verbunden hat. Der Pesto hält sich in einem Schraubglas im Kühlschrank wochenlang frisch, wenn immer ein Ölfilm darüber steht. Natürlich kann man ihn auch mit frisch gekochten Nudeln vermischen, er schmeckt auch als Sauce zu gekochten Kartoffeln oder zum Steak.

Gedünstete Pilze:
Für vier bis sechs Personen:
1 kleine Zwiebel, 2 Knoblauchzehen,
2 EL Olivenöl, 1 Chilischote,
2 EL Petersilie, 300 g Champignons
oder Waldpilze – ganz nach Saison
und Marktlage,
Salz, Pfeffer,
ein Schuß Vin Santo

Feingewürfelte Zwiebel und Knoblauch im Olivenöl andünsten. Die sehr fein gehackte Chilischote und die Hälfte der Petersilie zufügen. Die Pilze putzen, in Scheibchen schneiden und so lange mitdünsten, bis nahezu aller Saft, der ausgetreten war, verdampft ist. Salzen, pfeffern. Zum Schluß mit Vin Santo würzen und die restliche Petersilie unterrühren. Lauwarm auf frisch geröstete Weißbrotscheiben häufen.

2

ORECCHIETTE AL SUGO DEL'ORTO

ÖHRCHENNUDELN MIT GEMÜSE

Jede andere Art von geformten Nudeln ist geeignet, auch Penne, Schleifen- oder Muschelnudeln. Wichtig ist, daß ihre Höhlungen viel Sugo aufnehmen und zum Mund transportieren können.

Für vier Personen:
1 Zwiebel, 2 Knoblauchzehen,
3 EL Olivenöl, 1 Lauchstange, 1 Möhre,
1 kleine Aubergine, 1 Zucchino,
je 1/2 rote und gelbe Paprikaschote,
1 Tomate, Salz, Pfeffer, Petersilie,
300 g Öhrchennudeln

Zwiebel und Knoblauch sehr fein würfeln und im Öl andünsten. Den Lauch in feine Ringe schneiden, die Möhren winzig würfeln, Aubergine und Zucchino zentimetergroß würfeln und zufügen. Die Paprika vor dem Würfeln mit einem Sparschäler häuten. Auch die Tomate häuten: dafür kurz ins kochende Nudelwasser tauchen und kalt abschrecken. Alles miteinander 20 Minuten schmurgeln lassen, dabei salzen und pfeffern. Zum Schluß die bißfest gekochte Pasta untermischen und noch einige Minuten mitköcheln.

3

FAGIOLI CON SALSICCIA

WEISSE BOHNEN MIT WURST

Bohnenkerne sind in der Toskana heißgeliebtes Grundnahrungsmittel. Man bevorzugt die schlanken Cannelinibohnen, die butterzart werden, wenn man sie richtig gekocht hat: Sie dürfen nämlich stets nur knapp unter dem Siedepunkt garziehen. Heftiges Kochen nehmen die Bohnenkerne wegen ihres hohen Eiweißgehalts übel: sie bleiben dann steinhart.

Für sechs Personen:
300 g weiße Bohnenkerne, Salz,
10 Salbeiblätter,
5 Knoblauchzehen, 6 dicke, gut gewürzte,
rohe, grobe Schweinsbratwürste

Die Bohnenkerne über Nacht einweichen, dann mit frischem Wasser gut bedeckt aufsetzen, Salz, Salbei und geschälte Knoblauchzehen zufügen, einmal aufwallen, dann ganz sanft garziehen lassen.
Die Würste in der heißen Pfanne ohne weitere Fettzugabe scharf auf beiden Seiten braten – damit sie nicht platzen, zuvor mit einer Gabel mehrmals einstechen.
Zum Servieren die Bohnen abtropfen und anrichten, mit etwas Olivenöl beträufeln. Die gebratenen Würste obenauf betten.

4

PETTO DI POLLO AI CAPPERI

HÄHNCHENBRUST IN KAPERNSAUCE

Für vier Personen:
4 Hähnchenbrüste, Salz, Pfeffer, Muskat,
Mehl zum Wenden, Olivenöl zum Braten,
1/8 l Weißwein, 1/8 l Geflügelfond,
2 EL Crème fraîche, 3 EL Kapern,
Cayenne, Zitrone

Die ausgelösten Hähnchenbrüste salzen, pfeffern und mit Muskatnuß würzen. In Mehl wenden und im heißen Öl rundum anbraten. Herausheben und warm stellen. Den Bratensatz mit Wein ablöschen und bis auf ein paar Eßlöffel einkochen. Den Fond angießen, die Crème fraîche einrühren und erneut einkochen. Die Kapern zufügen, die Sauce mit Cayennepfeffer und Zitronensaft abschmecken, die Hähnchenbrüste darin einige Minuten ziehen lassen.

»Terriccio«: Ein neuer Stern am Weinhimmel

Das Gut »Terriccio«, mit 1700 Hektar eines der größten in der Toskana, erstreckt sich an der nördlichsten Spitze der Pisaner Maremma. Die wenig schmuckvollen Hauptgebäude liegen ziemlich genau in der Mitte des Areals, dessen nördlicher Teil mit lehmigen Böden sich ausgezeichnet zum Anbau von Hartweizen und Futtergetreiden eignet. Durum-Weizen braucht im Winter reichlich, im Sommer aber keinen Niederschlag – der lehmige Boden speichert genügend Feuchtigkeit, damit die Pflanzen dann gut gedeihen. Den östlichen, in die Berge reichenden Teil, einst reich an Erzen, bedecken Wälder voller Wildschweine und Rehe – die Jagd, auch nach Fasanen, die in den Feldern leben, wird jedes Jahr neu verpachtet. Mittendrin ein Stausee zur Bewässerung. Im Westen, dem Meer zugewandt, stehen Olivenbäume, der südliche Teil eignet sich für Weinbau.

Der jetzige Eigner, Gian Annibale Rossi di Medelana, Conte Serafini Ferri, war leidenschaftlicher Reiter, bis ihn 1979 ein Unfall auf dem Parcours von Siena in den Rollstuhl zwang. Doch mit enormer Energie begann er 1985, nach einem Besuch in Bordeaux, mit dem Umbau des Gutes: Auf den mineralstoffreichen, eisenhaltigen, gleichzeitig sandigen und tiefgründigen, mit Steinen, auch lehmigen Einschlüssen durchsetzten Böden wurden Weingärten mit hochwertigen Rebsorten angelegt – Cabernet Sauvignon, Merlot und Sangiovese, Chardonnay und Sauvignon blanc. 40 Hektar stehen inzwischen im Ertrag, noch mal so viel werden bald folgen. Beraten von zwei ausgezeichneten Önologen – Graziana Grassini für die Weißen, Carlo Ferrini für die Rotweine –, gelang auf Anhieb ein vielbeachteter Erfolg: Und

Schon die zweijährigen Reben tragen reichlich und müssen kräftig beschnitten werden. Im Keller des Gutsgebäudes (auf dem Dach wird der Weizen getrocknet, im zweiten Stock gelagert, im ersten Stock Trauben gepreßt und der Most vergoren, im Keller der Wein gereift) garantieren moderne Technik und klassische Barriques Spitzenqualität. Die Sonne auf den Etiketten ist Symbol für kraftvolle Weine.

seit dem ersten Jahrgang, 1993, verbessert sich die Qualität stetig.
Heute arbeiten 35 Leute auf dem Gut. In seiner Blütezeit, den Jahren zwischen den beiden Weltkriegen, lebten in den verschiedenen, über das Gelände verstreuten Bauernhäusern 60 Familien, also etwa 600 Menschen. Die Gutsherren kümmerten sich um die Unterhaltung der Gebäude und die Gerätschaften, die Bauern arbeiteten für die Hälfte dessen, was sie erzeugten – die andere Hälfte ging an die Gutsherren: Mit diesem Prinzip der Halbpacht kam man damals gut zurecht. Seit den fünfziger Jahren aber funktionierte das nicht mehr – sowohl

Gutsherren als auch Pächter konnten von den erzeugten Gütern nicht mehr leben, vor allem blieb nichts für Investitionen übrig. Es lösten sich die Strukturen auf, die Bauern zogen in die Städte. Das Land wurde nicht mehr bestellt, die Bauernhäuser verfielen.
Bis in die achtziger Jahre war diese Entwicklung typisch für die Toskana, erst langsam wagten die Risikofreudigeren einen Neuanfang, nachdem kapitalstarke Neu-Toskaner vorgemacht hatten, wie es gehen könnte. Die alteingesessenen Eigentümer, oft hoch verschuldet, konnten sich nur mit kleinen Schritten an die Erneuerung wagen.
Für »Terriccio« ist der Wein heute zur wichtigsten Einnahmequelle geworden – noch vor dem Getreide und der Pferdezucht. Denn auch der Unfall konnte dem Grafen seine Liebe zu den edlen

Tieren nicht rauben. So züchtet und trainiert man hier Turnier- und Springpferde von großer Klasse. Immer gewinnträchtiger wird das Olivenöl von den 12000 Olivenbäumen – bisher wurde es an die örtliche Bevölkerung in 5-Liter-Kanistern verkauft, jetzt füllt man es in schöne Flaschen und exportiert in die USA. Amerikaner sind es auch, für die in einigen Häusern luxuriöse Ferienwohnungen mit Pool gebaut werden: Sie wollen nicht auf Komfort verzichten, während den Europäern noch das schlichte Landleben genügt.

Die Produktlinie für die Weine ist klar bestimmt – sie heißen nicht nach Lagen,

sondern tragen die alten Namen der Bauernhöfe des Gutes: der *Con Vento* (wo die Rentner lebten, versorgt vom Gut) ist ein reiner, in Edelstahl ausgebauter, feinfruchtiger Sauvignon; der *Rondinaia* setzt sich aus 60 % Chardonnay und 40 % Sauvignon zusammen und wird ebenfalls im Stahltank ausgebaut; *Saluccio* nennt sich ein reiner, mächtiger, im Barrique gereifter Chardonnay; der fruchtige, intensiv rote *Tassinaia* (der Hof heißt *Sassinaia,* aber das hätte zu ähnlich wie der Kultwein Sassicaia geklungen) aus 50 % Cabernet Sauvignon, 40 % Sangiovese und 10 % Merlot wird zwölf Monate in gebrauchten Barriques gelagert; und der *Lupicaia,* das Spitzenprodukt des Gutes, 90 % Cabernet und 10 % Merlot, reift 18 Monate in neuen Barriques und ist so dicht, daß man ihn beißen kann …

ANTIPASTO COME FACIAMO NOI

UNSERE VORSPEISEN

Eine nicht enden wollende Folge von verschiedenen Platten werden dem Gast hier vorgesetzt, wenn er Antipasti bestellt. Sie kommen wahrlich im Plural. Und zwar je nach Vorratslage immer wieder anders. Zum Beispiel:

Peperonata

Über offener Glut oder an der Gasflamme geröstete Paprika, gehäutet, in Streifen geschnitten, mit Salz und Pfeffer gewürzt, in Weinessig gebadet und mit Olivenöl mariniert. Dazu in mit getrocknetem Origano und Thymian gewürztem Öl eingelegte Oliven.

Fagioli verdi con funghi porcini

Grüne, also noch nicht ausgereifte Bohnenkerne, gekocht, mit gehackter Petersilie, Salz, Pfeffer und Olivenöl angemacht und mit in Scheiben geschnittenen rohen Steinpilzen vermischt.

Panzanella

Der Klassiker unter den toskanischen Sommerantipasti: ein erfrischender Salat aus altbackenem, eingeweichtem Brot. Mit viel frischen Zutaten: junge, rote Zwiebel, Gurke, Tomaten, Petersilie, mit reichlich Zitronensaft und Olivenöl.

Außerdem (nicht zu sehen auf dem Bild):

Peperoncini farciti e formaggio sotto miele

Eingelegtes: Mit Sardellen und Kapern gefüllte Kirschpeperoncini, die zuerst in Essig mariniert, dann in Olivenöl bedeckt wurden. Außerdem: frischer Ziegenkäse, in Olivenöl mariniert; auf dem Teller wird er mit jungem, flüssigem Honig beträufelt.

Hochgenuß im Katzenstall

»La Gattaiola« heißt die gemütliche Trattoria in Faúglia, einem stillen Städtchen in den Hügeln südöstlich von Pisa. »Na, was wohl«, erklärt Patrizio Marini, Patron und Küchenchef grinsend, ein kleiner, drahtiger Mann im schwarzen Unterhemd, wenn jemand wissen will, was eine *gattaiola* ist, »ein Ort, an dem es viele Katzen gibt: gekocht, zum Beispiel, gebraten oder fritiert …« Ein bißchen wie im Katzenstall sieht es ja auf der großen Terrasse aus, von der man in einen verwilderten Gemüsegarten blickt. Die Sonnenschirme sind ergraut, die Tische stehen durcheinander, und erst wenn man sich setzt, sorgt jemand für ein Gedeck. Einfach, aber hübsch: mit Sets aus braunem Packpapier, Gläsern und Besteck. Bald steht eine Wasserflasche, ein Korb mit Brot und Kringeln auf dem Tisch, wird auch der Wein entkorkt. Eine Speisekarte gibt es nicht, die trägt Patrizio höchstpersönlich vor oder sie

wird von Francesco Betró dekliniert, dem Kompagnon, der sich sonst mehr um den Wein und die Beschaffung der Zutaten kümmert. Sie wird so fix heruntergerattert, daß man kaum folgen kann. »Beginnen Sie doch einfach mit den Vorspeisen«, rät Patrizio, der immer wieder aus der Küche guckt und mit großer Geste die Gäste unterhält. »Und anschließend essen Sie Trüffelnudeln.« Die völlige Verständnislosigkeit auf die Frage, ob diese ihren Duft jenem scheußlich-penetranten, synthetischen – übrigens höchst ungesunden – Trüffelöl verdanken, wie es zur Zeit Mode ist, zeigt, daß er keine Ahnung hat, wovon die Rede ist. Es wäre viel zu teuer: Trüffelöl müßte er kaufen – Trüffel, die er selber findet, kosten schließlich nichts. Sein Trick für feinste Trüffelnudeln steht im Rezept auf der nächsten Seite.

1

TAGLIOLINI AL TARTUFO

FEINE NUDELN MIT TRÜFFELDUFT

Sommertrüffel sind ja nur ein schöner Schein: sie sehen aus wie Trüffel, aber sie riechen kaum danach und schmecken eigentlich nach nichts. In der Trattoria »La Gattaiola« kommt dieses Gericht trotzdem umwerfend nach Trüffeln duftend auf den Tisch. Das Geheimnis: Trüffelbutter, die Patrizio Marini immer dann selber herstellt, wenn es Trüffel reichlich und dementsprechend billig gibt. Sie hält eingefroren das ganze Jahr und verhilft den schwachbrüstigen Sommertrüffeln zum großen Auftritt.

Für vier Personen:
300 g hausgemachte feinste Bandnudeln,
Salz, 75 g Trüffelbutter (siehe Tip)

Die Nudeln in reichlich Salzwasser bißfest kochen, abgießen, nicht abtropfen lassen, sondern sehr naß zurück in den Topf schütten und sofort mit der Trüffelbutter vermischen. Einmal aufkochen und unverzüglich servieren.

Tip: Für die Trüffelbutter einen schönen, etwa walnußgroßen weißen Trüffel mit einem halben Pfund zimmerwarmer Butter fein pürieren und glatt mixen. Portionsweise, etwa in Eiswürfelgröße, einfrieren.

2

PENNE RUCOLA E POMODORI

PENNE MIT RAUKE UND TOMATEN

Schnell gemacht, bildschön anzusehen und ein köstlicher Genuß. Ein rundum perfektes Sommeressen!

Für vier Personen:
1 junge Zwiebel, 2–3 Knoblauchzehen,
4 EL Olivenöl, 250 g Kirschtomaten,
100 g Frischkäse (z. B. junger Mozzarella),
300 g Penne, Salz, Pfeffer,
1 Bund Rucola (Rauke),
mittelalter Pecorino

Die Zwiebel fein würfeln und mit dem feingehackten Knoblauch in zwei Eßlöffeln Olivenöl andünsten, die halbierten (nach Belieben auch gehäuteten) Tomätchen sowie den zerbröckelten Frischkäse oder in Würfel geschnittene Mozzarella zufügen. Die in Salzwasser bißfest gekochte Pasta mitsamt einem guten Schuß Nudelkochwasser untermischen. Einmal aufkochen, alles gut mischen und mit Salz und Pfeffer abschmecken. Zum Schluß das restliche Olivenöl und hauchdünne Scheibchen Pecorino untermischen und sofort servieren.

3

AGNELLO AL CARTOCCIO
LAMM IM FOLIENMANTEL

Eine Superidee, auf Vorrat zu kochen: Der Lammrücken wird gebraten, wie gewohnt, das Fleisch dann ausgelöst, in Scheiben oder große Würfel geschnitten. So kann man den Braten erst einmal vorbereiten. Zum Servieren packt man das Fleisch portionsweise in Alufolie, fügt einen Schuß Bratenjus und grünen Pfeffer hinzu – statt des raren frischen kann man den gefriergetrockneten (lyophilisiert) verwenden, der beim Aufwärmen im Backofen wieder die ursprüngliche Frische bekommt.

Für sechs Personen:
1 Lammrücken von ca. 1500 g,
Salz, Pfeffer, 3 EL Olivenöl, 1 Zwiebel,
1 Möhre, 1 Lauchstange,
2–3 Knoblauchzehen,
2 Selleriestengel, 1/4 l Weißwein,
ca. 1/2 l Brühe oder Wasser,
3–4 EL gefriergetrockneter grüner Pfeffer

Den Lammrücken rundum mit Salz, Pfeffer und Olivenöl einreiben, zusammen mit dem kleingeschnittenen Wurzelwerk in einen Bräter setzen und in den 250 Grad heißen Ofen schieben. Nach 15 Minuten den Wein darüber gießen, die Hitze auf 120 Grad herunterschalten. Nach weiteren 15 Minuten den Ofen ausschalten. Den Bratensatz mit Brühe oder Wasser ablöschen. Schließlich den Braten warm stellen, den Jus durch ein Sieb filtern und abschmecken.
Zum Servieren den Braten in Scheiben schneiden, wie oben beschrieben mit Pfefferbeeren, etwas Bratenjus in Alufolie packen. So verschließen, daß nichts herauslaufen kann, und im Backofen etwa 15 Minuten durchwärmen. Dazu schmecken Ofenkartoffeln (siehe Seite 218).

4

CREMINO AL LIMONE
ZITRONENCREME

Eine Variation zur geliebten Panna cotta, dem toskanischen Sahnedessert.

Für sechs Personen:
1/2 l Sahne, 4 gehäufte EL Zucker,
Schale und Saft von zwei ungespritzten
Zitronen, 2 Blatt Gelatine

Sahne und Zucker aufkochen, dabei die Zitronenschale hineinreiben. Zehn Minuten ziehen lassen, dann durch ein Sieb filtern, den Zitronensaft zufügen und die eingeweichte Gelatine darin auflösen. In Portionsförmchen füllen. Mindestens sechs Stunden kalt stellen und fest werden lassen. Zum Servieren aus den Förmchen stürzen.

5

CANTUCCINI
MANDELGEBÄCK

Sie schmecken warm herrlich, frisch aus dem Ofen, halten sich jedoch in einer gut schließenden Blechdose monatelang. Daß sie dabei sehr trocken werden, ist völlig normal. Der echte Toskaner tunkt sie dann mit Vorliebe in seinen Vin Santo, um sie aufzuweichen. Allerdings: der ist dann kein Genuß mehr, denn das Eiweiß geht mit dem Wein eine unangenehm riechende Verbindung ein.

Für 1 Backblech:
300 g Zucker, 3 Eigelb, 3 ganze Eier,
1 EL Orangenblütenessenz, 500 g Mehl,
1 TL Backpulver, 1 Prise Salz,
300 g ganze, ungeschälte Mandeln

Zucker, Eigelb und zwei ganze Eier so lange mit dem Handrührer schlagen, bis eine helle dicke Creme entstanden ist. Mit Orangenblütenessenz parfümieren, das Mehl zusammen mit dem Backpulver und der Salzprise einarbeiten. Es soll ein formbarer Teig entstehen.
Die unterdessen auf einem Blech im Backofen oder in einer trockenen Pfanne gerösteten Mandeln unter den Teig arbeiten. Drei fünfmarkstückgroße Rollen aus diesem Teig formen, sie parallel nebeneinander auf ein mit Backpapier belegtes Blech setzen – mit Abständen voneinander, damit sie aufgehen können. Die Oberfläche mit dem restlichen, verquirlten Ei einpinseln, dann bei 190 Grad etwa 15 Minuten hellbraun backen. Die Rollen nur wenig auskühlen lassen, dann schräg in knapp zweizentimeterdicke Scheiben schneiden. Sie mit der Schnittfläche nach unten, beziehungsweise nach oben, auf dem Blech verteilen und erneut für gut 10 Minuten in den Ofen schieben.

Livorno: Stein und Beton gewordenes Chaos und eine traumhaft schöne Markthalle

Die von den Medici als befestigter Hafen ausgebaute Stadt ist, schreibt Christoph Hennig, »von einer so monströsen, absurden, faszinierenden Häßlichkeit, daß die Sache schon wieder interessant wird. Alle Epochen haben ihr Bestes gegeben, um die Stadt zu verunstalten ... Immer die furchtbarsten Lösungen.« Wohl wahr – doch zunächst muß man sie überhaupt erreichen: Livorno ist umgeben von einem verwirrenden Gespinst von Autobahnen und Zubringern, die alle in die falsche Richtung zu führen scheinen. Folgt man aber den Schildern, kommt man über verschlungene Wege tatsächlich ans Ziel, zuvor jedoch durch alle nur vorstellbaren urbano-industriellen Höllen. Dicht drängen sich Wohnviertel zwischen stinkende Fabriken. Neue und trotzdem schon unendlich triste Wohnbunker aus Beton neben verfallenden Industrieanlagen der Mussolinizeit. Man versteht, warum Livorno eine Hochburg der Anarchisten und der Kommunisten ist – diese gründeten im Jahre 1921 ihre Partei nicht aus Zufall gerade hier. Vorbei an Containerhalden, Raffinerien, Werften und Stahlwerken geht es durch enge, mit Schlaglöchern übersäte Einbahnstraßen, in der Stadt selbst über holpriges Pflaster. Gesichtslose Plätze und Straßen, mit einzelnen eindrucksvollen Bauten, die beziehungslos herumstehen. Schließlich der Hafen, wo das *Vecchio Castello* mit dramatischem Riß in der Backsteinmauer vor Scham im Hafenbecken versinken zu wollen scheint. Segelschiffe, Fischerboote und Motoryachten allenthalben, dahinter die Fährschiffe zu den toskanischen Inseln, nach Sardinien und Sizilien, Frachter und Luxusliner. Hektische Betriebsamkeit. Doch über den Kanälen flattert idyllisch die Wäsche, Mopeds knattern durch die Straßen, und auf dem Markt schreien Händler sich die Kehle wund – hier überreifes Obst und Gemüse zu Schleuderpreisen, dort ein mobiler Händler, der nichts als Knöpfe im Angebot hat.

Mittendrin die Markthalle, ein herrlicher Bau aus Eisen und Stein, licht und hoch (man ahnt hier, was mit dem Einzug einer Zwischendecke im Florentiner *Mercato Centrale* zerstört wurde!), voller Lebensfreude und der Heiterkeit eines Schlaraffenlandes: Berge von Würsten, Schinken, Fleisch und den berühmten Livorneser Hähnen mit kernigen Brüsten und ihren strotzenden, leuchtendroten Kämmen, die man geschmort als knorpeliges Ragout liebt. Und es gibt in Fülle und makelloser Frische alles, was sich der Fischfan träumen läßt ...

MARE

Haus mit Herz: »Dante e Ivana«

Triglie alla livornese, Rotbarbe in Tomatensauce, ist das bekannteste Fischrezept Italiens – und als Gericht verrufen, weil meist aus tiefgefrorenen Fischen schlampig zubereitet. Fangfrische *triglie* aus sauberem Wasser von den felsigen Küsten der Inseln Elba, Capraia und Giglio allerdings sind ein himmlischer Genuß! Nur solche kauft Dante für Ivana. Und niemals Zuchtfische, nur

»wilde«, wie diese kapitale *Orata*, eine drei Kilogramm schwere Goldbrasse. Dante (welch poetischer Name!) Grassi und Ivana (aus dem kommunistischen Livorno, wo russische Vornamen üblich waren) Lucchesi haben ihr Restaurant in Tirrénia, dem von Mussolini aus dem Sand gestampften Badeort, 1980 eröffnet. Er kam aus der Gastronomie, sie war Hausfrau und kochte exquisit. Weil sie deshalb immer viele Gäste hatten, dachten sie, es wäre klug, mit der Kocherei auch Geld zu verdienen. Es war klug! Die Tische stehen bistro-artig eng; selbstverständlich gibt es feine Tischwäsche, solides Besteck und gute Gläser; weiße Stoffbahnen hängen vor den großen Fenstern, so daß einem niemand auf den Teller schauen kann – man würde nur Köstliches entdecken! Ivana – braun gebrannt, am Handgelenk eine Rolex – kocht in der offen einzusehenden Küche präzise und umsichtig.

TRIGLIE DILISCATE

ENTGRÄTETE ROTBARBENFILETS

Natürlich müssen die Rotbarben dafür von makelloser Frische sein, schließlich werden sie fast roh genossen. Sie werden filiert, sorgfältig entgrätet – vor allem die unangenehmen Y-Gräten aus der Bauchmitte müssen mit einer Pinzette einzeln herausgezupft werden. Dafür mit der Fingerkuppe die Filetinnenseite vom Kopfende Richtung Schwanz entlang fahren, dabei lassen sich die Gräten leicht aufspüren.

Für vier Personen:
6–7 kleine Rotbarben (à ca. 80 bis 100 g),
Salz, Pfeffer, Olivenöl,
einige Spritzer Zitronensaft

Die Fischlein filieren und entgräten, auf Vorspeisentellern anrichten. Mit Salz und Pfeffer würzen, mit Olivenöl beträufeln und mit einigen Zitronenspritzern würzen.

Spezialität ist Languste, frisch aus dem Becken zwischen Gastraum und Küche. Sohn Daniele muß dafür auf die Theke steigen: Hievt er eine heraus, schnalzt die, höchst lebendig, mit dem Schwanz, und es gibt an den umliegenden Tischen eine Dusche – sowie natürlich Gelächter!

Dante, mit Brille und Bart gütig lächelnd das Idealbild eines Wirtes, tritt an den Tisch, um die Bestellung aufzunehmen. Noch während er das Menü aufsagt, schreibt er auf: Er schlägt zwar vor, aber eigentlich diktiert er, wohl wissend, wie man Gäste glücklich macht. Seine Leidenschaft sind gute, die Speisen präzise begleitende Weine – große Klasse zu kleinen Preisen. Die Kisten stapeln sich überall! Und wem er bei der Beratung mit vertrauter Geste die Hand auf die Schulter legt, der darf sich in die frohe Schar der echten Gäste von Dante und Ivana aufgenommen fühlen.

PUREA DI ZUCCHINE CON MAZZANCOLLE

ZUCCHINIPÜREE MIT GARNELEN

Für vier Personen:
1 kleine Zwiebel, 2–3 Knoblauchzehen, 2 EL Olivenöl, 300 g Zucchini, Salz, Pfeffer, ca. 1/8 l Gemüse- oder Geflügelbrühe, Cayennepfeffer, Zitronensaft, 8 schöne Riesengarnelen

Feingewürfelte Zwiebel und Knoblauch im Olivenöl weichdünsten, ohne zu bräunen, die gewürfelten Zucchini zufügen, salzen und pfeffern. Zehn Minuten zugedeckt dünsten, dann im Mixer pürieren, dabei mit einem Schuß Brühe auf die gewünschte Konsistenz verdünnen. Das Zucchinipüree mit Salz, Pfeffer, einem Hauch Cayenne und Zitrone abschmecken.

Die Garnelen waschen, entdärmen und über Dampf behutsam garen. Erst dann mit Salz, etwas Zitrone und Olivenöl würzen.

Das Zucchinipüree als Spiegel auf Tellern verteilen, die Garnelen dekorativ darauf anrichten. Rundum einige Tropfen Olivenöl in das Püree setzen.

1

RAVIOLI DI PESCE

FISCHRAVIOLI

Für vier bis sechs Personen:
Nudelteig:
6 Eier, 500 g Mehl, Salz, 2 EL Olivenöl
Fischfüllung:
300 g gegartes Fischfilet, Salz, Pfeffer, eine Spur Cayenne, gemahlenes Piment, Muskatblüte, Petersilie, etwas abgeriebene Zitronenschale

Aus den Zutaten einen festen Nudelteig kneten, eine halbe Stunde ruhen lassen, dann mit der Nudelmaschine zu hauchdünnen Teigbändern ausrollen. Das Fischfilet mit den Gewürzen, Petersilie und Zitronenschale im Mixer pürieren. Jeweils teelöffelweise Häufchen nebeneinander auf das Teigband setzen, die leere Hälfte darüberklappen und rund um die Füllung gut festdrücken. (Damit die Ravioli auch wirklich zusammenhalten, kann man die Teigbänder mit Eiweiß einpinseln.) Die Ravioli in siedendem Salzwasser garziehen lassen. Ivana serviert sie mit einer **Salsa di aragosta (Hummersauce).** Dafür eine Tasse ausgelöstes Hummerfleisch mit einer fein gewürfelten Zwiebel, zwei Knoblauchzehen und einer scharfen Chilischote in etwas Olivenöl einige Minuten dünsten, eine Tasse gewürfeltes Tomatenfleisch sowie gehackte Petersilie mitschmurgeln lassen. Schließlich mit einem Glas Weißwein ablöschen und einige Minuten köcheln. Mit Salz und Pfeffer abschmecken, die Ravioli damit anrichten.

2

TRIGLIE LIVORNESI

ROTBARBEN AUF LIVORNESER ART

Steht diese Bezeichnung auf der Speisenkarte, weiß jedermann in ganz Italien: der Fisch wird in Tomatensauce gedünstet.

Für vier Personen:
1 weiße Zwiebel, 2 EL Olivenöl, 3 Knoblauchzehen, 3 Petersilienstengel, 800 g reife Tomaten (am besten Flaschen- beziehungsweise Eiertomaten, auch ausgereifte Fleischtomaten), Salz, Pfeffer, 8 Rotbarben (à 150 g)

Die Zwiebel sehr fein würfeln und im heißen Öl andünsten, den durchgepreßten Knoblauch und die feingehackte Petersilie zufügen. Die kleingeschnittenen Tomaten (nach Belieben zuvor häuten und entkernen) mitschmurgeln lassen. Schließlich die geputzten Rotbarben in dieser Sauce etwa 8 bis 10 Minuten garen.

1

2

3

3

BONET DI CIOCCOLATO

SCHOKOLADENFLAN

Ein Rezept aus Ivanas Heimat, dem Piemont.

Für sechs Personen:
4 Eier, 6 EL Zucker,
2 gehäufte EL Kakaopulver,
2 EL Rum, 50 g Amaretti
(Mandelmakronen), 1/2 l Milch

Die Eier mit dem Schneebesen des Handrührers schaumig rühren, dabei vier Eßlöffel Zucker zufügen. Sobald er sich aufgelöst hat, Kakaopulver, Rum, fein zerbröselte Plätzchen und schließlich die Milch unterrühren.

Den restlichen Zucker in einem kleinen Topf schmelzen und zu kaffeebraunem Karamel kochen. In eine kleine Kastenform gießen, diese drehen und wenden, damit Boden und Wände gleichmäßig von Karamel überzogen werden. Die Flanmasse einfüllen und mit Alufolie abdecken. 30 Minuten im Wasserbad im 180 Grad heißen Ofen garen, bis der Flan gestockt ist. Auskühlen lassen. Zum Servieren stürzen und in Scheiben schneiden.

Trattoria »Antica Cécina«: zwanglos, heiter und gemütlich

Wie durch ein Schaufenster schaut man von der Tür in den hübschen Speiseraum, der nicht breiter ist als die gesamte verglaste Front. Die weiß gefliesten Wände deuten darauf hin, daß es einmal ein Laden war, eine Metzgerei? Pippo (Giuseppe) Cassará, der Patron der kleinen Trattoria »Antica Cécina« mitten im unspektakulären Städtchen gleichen Namens an der toskanischen Küste südlich von Livorno, zuckt die Schultern. »Ich weiß es nicht«, lacht er, »ich habe nicht viel ändern müssen, als ich vor zwei Jahren den Laden übernahm.« Es war damals schon eine Trattoria, und es hat ganz offensichtlich einer mit Geschmack gewirkt, mit einfachen Mitteln viel Atmosphäre erzielt: Den weißen Fliesenwänden nimmt ein Terracottafries, der bukolische Szenen zeigt, alles Klinische. Auf den Tischplatten aus hellem, warmtönigem Travertin liegen keine Tischdecken, sondern – wie es sich für eine Trattoria gehört! – Sets aus braunem Packpapier. In den Regalen entlang der Wände sind die Rotweine wie in einem Ladengeschäft aufgestellt, jeweils mit einem Preisschild um den Hals. Die Weißweine ruhen natürlich trinkfertig im Kühlschrank, durch dessen gläserne Tür man sie bequem aussuchen kann.

An der Stirnseite des schmalen Raums ein Bartresen, hinter dem man es aus der Küche klappern hört. Hier prunkt *»l'affettatrice«*, auch nach ihrem Hersteller kurz *»la Berkel«* genannt, eine jener wunderschönen, alten, mit einem riesigen Schwungrad betriebenen Aufschneidemaschinen, die längst Kultstatus erreicht haben und auf Antiquitätenmärkten Höchstpreise erzielen. »Leider darf ich sie nicht mehr benutzen«, bedauert Pippo, »aus hygienischen Gründen verboten, weil das Messer nicht aus rostfreiem Stahl angefertigt ist.« Und man stellt wieder mal kopfschüttelnd fest, daß die Gewerbeaufsichtsbehörden in Italien strengere Auflagen erläßt, als vernünftig ist …

Pippo Cassará, in Sizilien geboren, im Piemont aufgewachsen, hat der Zufall nach Cécina geführt. Im Piemont wollte er nicht bleiben, weil es zu weit vom Meer entfernt liegt, Sizilien schien ihm zu risikoreich (»zuviel Kriminalität!«). Hier, auf halber Strecke zwischen der Hauptstadt Rom und Florenz, »der schönsten aller Städte«, wie Pippo schwärmerisch meint, fühlt er sich endlich wohl: die Küste nah, die Berge vor der Haustür, angenehmes Klima, sympathische Leute, und sicher ist es hier obendrein.

Sie führen das Restaurant zu dritt: Silvia Loreti, die Sommelière, kümmert sich um die Weine, Franca di Grigoli um die Küche. Die Speisenkarte (übernächste Seite) ist klein, wechselt täglich, ganz nach dem Angebot des Marktes, und bietet immer wieder Überraschungen, Schwerpunkt Fisch und Gemüse: Wichtig ist den dreien das gute Produkt, verzichtbar jeglicher pompöse Firlefanz. Heraus kommt eine junge Küche, bunt, schnell, pfiffig; so fetzig, wie die Musik, die den Laden in Stimmung bringt. Von *»antica«* kann keine Rede sein …

1

CARPACCIO DI SPADA E BACCALÀ

CARPACCIO VOM SCHWERT- UND STOCKFISCH

Den in kaltem Rauch gebeizten Schwertfisch beziehungsweise in Essig marinierten Stockfisch kauft Pippo Cassarà bereits fertig beim Fischhändler. Er braucht beides dann nur noch in dünne Scheiben zu schneiden, auf mit Olivenöl eingepinselten Tellern hübsch anzurichten und schließlich mit Pfeffer aus der Mühle, etwas Zitronensaft und Olivenöl zu würzen.

2

ZUPPETTA DI COZZE

MUSCHELSÜPPCHEN

Für vier Personen:
1 Zwiebel, 2 EL Olivenöl, 3 Knoblauchzehen, 3 Petersilienstengel, je 2 Thymian- und Majoranzweige, 500 g Tomaten, Salz, Pfeffer, 2 kg Miesmuscheln

Die Zwiebel fein gewürfelt im Öl andünsten, die gehackten Knoblauchzehen zufügen, ebenso die gehackten Petersilienblätter sowie Thymian- und Majoranzweige. Die gehäuteten, entkernten und gewürfelten Tomaten zufügen, salzen und pfeffern. Etwa zehn Minuten leise köcheln. Die sorgfältig geputzten Muscheln – sicherheitshalber in mehrmals gewechseltem Wasser gründlich durchspülen – zufügen, zugedeckt heftig fünf Minuten kochen, dabei immer wieder den Topf schütteln, damit alle Muscheln gleichmäßig von Hitze erreicht und gar werden können. In tiefen Tellern servieren, geröstete Knoblauchbrotecken dazu reichen.

1

2

1
2
3
4
Carpaccio
Secondi
Totani ripieni

1

SPAGHETTI ALLO SCOGLIO

SPAGHETTI MIT SCHALTIEREN

Für vier Personen:
300 g Spaghetti, Salz, 1 Zwiebel, 2 EL Olivenöl, 3 Knoblauchzehen, 1–2 Chilischoten, 2–3 Petersilienstengel, ca. 500 g Schaltiere Muscheln, Meeresschnecken (auch Garnelen), 1 Glas Weißwein, 250 g Cocktailtomaten

Die Spaghetti in reichlich Salzwasser bißfest kochen. Inzwischen die feingewürfelte Zwiebel im heißen Öl andünsten, gehackten Knoblauch, Chili und Petersilie zufügen, schließlich die gewaschenen Schaltiere. Mit Wein ablöschen, den Topf verschließen und gründlich durchschütteln. Die halbierten Tomätchen zufügen, alles noch einmal drei Minuten aufkochen. Einen Schuß Nudelkochwasser angießen und schließlich die frisch gekochten Spaghetti untermischen. Sofort servieren.

2

TAGLIOLINI AGLI SCAMPI E FIORI DI ZUCCA

FEINE NUDELN MIT SCAMPI UND KÜRBISBLÜTEN

Natürlich sind die Nüdelchen hier hausgemacht, und statt Kürbisblüten kann man ebensogut Zucchiniblüten verwenden.

Für vier Personen:
1 Zwiebel, 3 Knoblauchzehen, einige Basilikumblätter, 1 kleine grüne Chilischote, 2 EL Olivenöl, 1 gute Handvoll Kürbisblüten, 400 g Scampischwänze (oder Garnelen) in ihrer Schale, 1 Glas Weißwein, Salz, Pfeffer, 300 g Cocktailtomaten, 300 g frische, schmale Bandnudeln

Einen *Sofrito* ansetzen, also Zwiebel, Knoblauch, Basilikum und Chili fein hacken und in Öl andünsten. Die Hälfte der Kürbisblüten grob gehackt zufügen, ebenso die Scampi. Kräftig anrösten, dann mit Wein ablöschen. Salzen und pfeffern. Halbierte Cocktailtomaten einige Minuten schmurgeln lassen, falls die Sache zu trocken wirkt, einen Schuß Nudelkochwasser angießen. Die Bandnudeln knapp gar kochen und gründlich untermischen.

3

SARDE GRATINATE

ÜBERBACKENE SARDINEN

Ein Rezept aus Sizilien, Pippos Heimat. Dort gehört eine Portion davon auf jedes Vorspeisenbuffet. Die Brösel sind sehr typisch dafür, sie spielen in vielen sizilianischen Gerichten eine wichtige Rolle. Das ist keine Sparsamkeit, obwohl so altes Brot noch einer sinnvollen Verwendung zugeführt wird – auch, weil die Bröselkruste richtig gut schmeckt!

Für vier Personen:
16 bis 20 frische Sardinen, 150 g Semmelbrösel, 5 Knoblauchzehen, 1 Bund Petersilie, 4 EL Olivenöl, Salz, Pfeffer

Die Sardinen waschen, entgräten – das geht ganz einfach, wenn man sie vom Bauch her aufklappt und mit dem Daumen vom Schwanzende bis zum Kopf fährt, dabei löst sich die Mittelgräte fast von allein. Zwei Drittel der Brösel mit durchgepreßtem Knoblauch und feingehackter Petersilie mischen, dabei mit einem Löffel Olivenöl anfeuchten. Diese Masse auf die Innenseite der Sardinen verteilen, die Fische aufrollen und nebeneinander in eine feuerfeste, flache Form setzen. Mit dem restlichen Öl beträufeln und im 220 Grad heißen Ofen etwa 15 bis 20 Minuten backen, bis die Oberfläche knusprig ist. Mit frischen Tomatenwürfeln umkränzt servieren.

4

PALAMITA IN SALSA PICCANTE

FISCHFILET IN WÜRZIGER SAUCE

Der große Fisch aus der weitläufigen Thunfischfamilie, auf deutsch Pelamide, wird immer als Filet verarbeitet. Selbstverständlich kann man stattdessen auch den bei uns eher üblichen Kabeljau oder Schellfisch verwenden.

Für vier Personen:
4 Portionsstücke Fischfilet, Salz, Pfeffer, 1 Bund Majoran, 3 EL Olivenöl, 1 Zwiebel, 2 Knoblauchzehen, 1 große rote Paprikaschote, 1–2 Chilischoten, 1 Glas Weißwein

Die Fischstücke salzen, pfeffern und in gehacktem Majoran wälzen. In heißem Olivenöl auf beiden Seiten kräftig anbraten, herausheben und beiseite stellen. Im Bratensatz die feingewürfelte Zwiebel, den Knoblauch und die klein gewürfelte Paprikaschote andünsten, auch die gehackten Chilis. Mit dem Weißwein ablöschen. Alles salzen und pfeffern und einige Minuten schmurgeln. Für die letzten fünf Minuten die gebratenen Fischstücke in dieser Sauce mitziehen lassen.

»La Pineta«: Fisch, wie ihn der liebe Gott gemeint hat

Für einen Italiener klingt es durchaus nicht absurd, wenn man ihn auf der Suche nach gutem Essen in ein Strandbad schickt. Für ihn gehört zur Lebensqualität schließlich ein ordentliches Mittagessen – warum sollte er also dort, wo er seinen Urlaub verbringt, darauf verzichten? Deshalb bekommt man in nahezu jedem *Bagno* oder *Lido* – anders als bei uns, wo in Freizeitzentren eher das Mittelmaß triumphiert – zumindest einen anständigen Imbiß serviert. Das Strandbad »La Pineta« bietet jedoch mehr als das. Es ist das beste Fischrestaurant der ganzen Küste südlich von Livorno! Allerdings: man muß es wissen, denn wer kommt schon auf die Idee, in der buchstäblich allerletzten Strandbude nach erstklassiger Küche zu suchen, auch noch ausgerechnet in Marina di Bibbona, einem gesichtslosen Retortenort, dessen trostlose Hotelarchitektur wirklich nicht einladend wirkt!

Es war Allegra Antinori, die uns den Hinweis gab. Eigentlich wollte sie die Adresse ihres Lieblingslokals gar nicht herausrücken, das so nahe bei Bolgheri liegt, wo die Familie ihre Freizeit verbringt – für sie schon seit früher Kindheit ein zweites Zuhause. Sie warnte: »Es ist nicht elegant!« Dabei ist der schlichte Raum in der weißen Holzbude am Strand angenehm: Weiße Tischdecken und Servietten, ordentliche Gläser und Besteck, die blauen Glasteller und die Fensterbänke aus Travertin verraten durchaus Sinn fürs Dekorative.

Luciano Zazzeri, ein liebenswürdiger Mann mit grauem Bart, empfiehlt kein Menü, sondern einfach die Küche machen zu lassen. Dort werkelt Mutter Anna, unterstützt von Mary (auf dem Bild rechts) und Giorgia. Sie verarbeiten Fisch von grandioser Qualität und unvergleichlicher Frische. Woher? Luciano fährt jeden Tag mit Papa Alessandro und dessen Bruder aufs Meer. Aus drei Booten besteht ihre kleine Flotte, mit der sie die größte Fischversteigerung der Region in Piombino beliefern. Aber zuvor, versteht sich, wird das Beste für ihre Küche abgezweigt …

INSALATINA DI CALAMARI

KLEINER TINTENFISCH-SALAT

Es sind die sauber geputzten Beutel der Kalmare, gekocht, noch warm in feine Streifen geschnitten und mit einer Auswahl von bitteren Salatblättern angemacht.

<u>Für vier Personen:</u>
2 mittelgroße Kalmare, Salz, je eine gute Handvoll Blätter von Radicchio, Kopfsalat, Rauke, Endivie und Poussepiere (Meerböhnchen oder Queller), Pfeffer, 3–4 EL Olivenöl

Die Kalmare gründlich waschen, die dünne Haut abziehen, in leise siedendes, gut gesalzenes Wasser geben und zehn Minuten leise köcheln lassen. Dann quer in feine Streifen schneiden und unter den mittlerweile fertiggestellten Salat mischen. Dafür die Blätter zerzupfen oder sogar, wie die Endivie, in feine Streifen schneiden. Die Meerböhnchen zuvor in Salzwasser blanchieren. Den Salat mit Salz, Pfeffer und Olivenöl anmachen – kein Essig! Wichtig ist, daß er deutlich salzig schmeckt.

FIORI DI ZUCCA FARCITI
GEFÜLLTE KÜRBISBLÜTEN

Wie immer können auch hier die Kürbisblüten durch die ein wenig kleineren Zucchiniblüten ersetzt werden.

Für vier Personen:
4 Zucchini- oder Kürbisblüten,
200 g frische kleine Tintenfischchen (Kalmare), 150 g Ricotta oder Magerquark, Salz, Pfeffer, etwas Zitronenschale, Öl zum Fritieren
Für den Ausbackteig:
100 g Mehl, 1/4 l eiskaltes Wasser, Salz

Die Blüten ausschütteln und den wattigen Blütenstempel vorsichtig herauslösen.
Für die Füllung die Kalmare putzen und roh feinhacken, mit der Ricotta (dem Quark) mischen, mit Salz, Pfeffer und abgeriebener Zitronenschale würzen. In die Blüten füllen, sie rund um die Füllung sanft zusammendrücken.
Mehl und eiskaltes Wasser verquirlen, die Blüten eintauchen und schwimmend in heißem Öl goldbraun backen.

SEPPIE CON FUNGHI PORCINI
SEPIA MIT STEINPILZEN

Sepia (englisch cuttlefish) sind jene Tintenfische, deren dickfleischiger Körperbeutel den weißen, festen, flachen Knochen enthält, den man den Vögeln in den Käfig hängt, damit sie ihren Schnabel daran wetzen können. Sie produzieren übrigens auch jene schwarze Tinte, mit der man gerne Risotti oder Pasta einfärbt.

Für vier Personen:
400 g Sepia, 3 EL Olivenöl,
1 junge Zwiebel, 2 Knoblauchzehen,
Petersilie, Salz, Pfeffer,
300 g festfleischige Steinpilze,
2 EL Pinienkerne,
einige Tropfen Balsamico

Die Tintenfische putzen, gründlich waschen, in Streifen schneiden. Im heißen Olivenöl andünsten. Zwiebel und Knoblauch sehr fein hacken und zufügen, ebenso die Hälfte der feingehackten Petersilie. Salzen, pfeffern. Die geputzten, in Scheibchen geschnittenen Pilze sowie die Pinienkerne zufügen. So lange dünsten, bis der ausgetretene Saft wieder zur Hälfte eingekocht ist. Mit Balsamico abschmecken und die restliche Petersilie unterrühren.

1

INVOLTINI DI MELANZANE CON LARDO E BACCALÀ

AUBERGINENRÖLLCHEN MIT SPECK UND STOCKFISCH

Natürlich ist es ein besonderer Speck, nämlich der aus Colonnata (siehe Seite 220/221), der hier Verwendung findet. Er paßt verblüffend gut zum Stockfisch, der schön milde schmeckt, wenn er lange genug, also mindestens zwei Tage, gewässert wurde.

Für vier Personen:
1 mittelgroße Aubergine, 8 hauchdünne Scheiben Lardo Colonnatese, 300 g gründlich gewässerter Stockfisch, Pfeffer, Salz, stabile Schnittlauchhalme, Olivenöl zum Beträufeln, 2 reife Tomaten

Die Auberginen längs in sehr dünne Scheiben hobeln. Auf einem Blech zehn Minuten im 220 Grad heißen Ofen backen. Jede Scheibe mit einer Speckscheibe belegen, ein Stück Stockfisch darauf betten. Mit Pfeffer großzügig, mit Salz jedoch sparsam würzen. Die Auberginenscheiben aufrollen, mit einem Schnittlauchhalm zuschnüren. Die Röllchen nebeneinander in eine feuerfeste Form setzen, mit etwas Öl beträufeln und weitere zehn Minuten im Ofen backen.
Auf Vorspeisentellern anrichten. Die Tomaten häuten, entkernen, würfeln. Mit Salz, Pfeffer und Olivenöl würzen und dekorativ rund um die Röllchen verteilen.

2

MOSCARDINI LIVORNESE

KLEINE TINTENFISCHCHEN IN TOMATENSAUCE

Moscardini sind höchstens fingerlange Tintenfischchen mit rosa beziehungsweise lila Haut. Ihre Tentakel sitzen als dichter Kranz um den kleinen Körperbeutel. In den Sommermonaten von Juni bis August sind die Moscardini noch ganz jung, sehr klein und besonders zart!

Für vier Personen:
1 Zwiebel, 3–4 Knoblauchzehen, 3 EL Olivenöl, 3 EL gehackte Petersilie, 800 g Tomaten, Salz, Pfeffer, 1 kg Moscardini

Zwiebel und Knoblauch fein würfeln und im heißen Öl andünsten, dabei die Hälfte der Petersilie mitschwitzen lassen. Die Tomaten überbrühen, häuten und in zentimetergroße Würfel schneiden. Einige Minuten mitdünsten, alles salzen und großzügig pfeffern. Schließlich die gewaschenen und geputzten Moscardini zufügen. Etwa zehn Minuten leise köcheln. Zum Schluß die restliche Petersilie unterrühren.

1

2

3

4

3

BACCALÀ ALLA LIVORNESE

STOCKFISCH LIVORNESER ART

Man unterscheidet zwei Arten getrockneten Kabeljaus: den gesalzenen Baccalà und den luftgetrockneten Stoccafisso. Wir sagen ungenau zu beidem Stockfisch – zumal es ohnehin beides bei uns selten gibt. In jedem Fall muß der Stock- oder Klippfisch vor der Zubereitung mindestens zwei, besser drei Tage lang in immer wieder frischem Wasser eingeweicht werden. Auf Livorneser Art wird der Stockfisch drei bis vier Stunden sanft geköchelt – dadurch bekommt er eine ganz eigene Konsistenz und einen besonderen Geschmack.

Für vier Personen:
1 kg Stockfisch, 2 Zwiebeln, 3 EL Olivenöl, 1 EL frisches Tomatenmark, 1 Lorbeerblatt, Petersilie, Salz, Pfeffer

Den gesalzenen Fisch geduldig wässern, dann sauber filieren und alles nicht Eßbare, wie Gräten, Knorpel und Haut entfernen. Die Zwiebeln in feine Halbringe hobeln, im heißen Öl in einem passenden Topf anschwitzen, das Tomatenmark unterrühren und die Fischstücke darauf betten. Soviel Wasser angießen, daß der Fisch nicht mehr davon bedeckt ist, das Lorbeerblatt sowie die abgezupften Petersilienstengel zufügen, sparsam salzen, dafür mutig pfeffern. Auf ganz kleiner Hitze den Fisch drei bis vier Stunden sanft schmoren lassen.

Man kann den Stockfisch Livorneser Art heiß, aber auch lauwarm servieren. Dann zum Beispiel, wie hier, in einem Salatblatt angerichtet und mit blanchierten Pousse-pierre (Meerböhnchen oder Queller) garniert.

4

LINGUINE CON MOSCARDINI

PASTA MIT TINTENFISCHCHEN

Für vier Personen:
500 g Moscardini, 3 EL Olivenöl, 5 Knoblauchzehen, 15 Salbeiblätter, 1 kleines Glas Weißwein, 400 g Linguine (schmale Nudeln), Pfeffer, Salz, Petersilie

Die Moscardini waschen, putzen, dann im heißen Olivenöl andünsten, den Knoblauch durch die Presse hinzufügen, auch die zerzupften Salbeiblätter. Fünf Minuten unter Rühren braten, dann mit Wein ablöschen und einige Minuten schmurgeln.

Inzwischen die Pasta bißfest kochen und tropfnaß zu den Moscardini geben. Alles auf starkem Feuer mischen, eine kleine Kelle Nudelkochwasser zufügen, mit Pfeffer und Salz abschmecken. Zum Schluß feingehackte Petersilie unterrühren.

1

GNOCCHI CON ARSELLE

GNOCCHI MIT MÜSCHELCHEN

Arselle, auch Telline, heißen in Frankreich Meeresbohnen – weil sie so klein wie Bohnenkerne sind und auch so köstlich. Man liebt sie roh auf dem Meeresfrüchteteller (siehe auch Seite 210), nimmt sie auch gern schnell gedünstet als Sugo – hier also zu Gnocchi:

Für vier Personen:
1 Portion Gnocchi (Rezept Seite 55),
1 weiße Zwiebel, 3–4 Knoblauchzehen,
2 EL Olivenöl, 1 Bund Petersilie,
500 g Arselle, 2 reife Tomaten, Salz,
Pfeffer, eine gute Handvoll Queller
(auch Meeresböhnchen, auf italienisch asparagi di mare)

Die Gnocchi nach Rezept zubereiten und mit folgendem Sugo servieren: Feingewürfelte Zwiebel und Knoblauch im heißen Öl weich dünsten, ohne zu bräunen. Etwas gehackte Petersilie mitschwitzen. Die gewaschenen Muscheln in ihrer Schale zufügen. Zugedeckt fünf Minuten heftig kochen lassen. Etwas auskühlen lassen, bis man die Muscheln anfassen kann. Das Fleisch auslösen und wieder zurück in die Pfanne geben. Die gewürfelten Tomaten zufügen, nach fünf Minuten auch die Meeresböhnchen. Etwa fünf Minuten dünsten, abschmecken und mit den Gnocchi mischen.

1

2

SCORFANO CON MAIONESE

DRACHENKOPF MIT MAYONNAISE

Es schmeckt ein Fisch einfach am besten, wenn er im ganzen, also an der Gräte, gegart wird. Und es ist auch eine umwerfend einfache Zubereitungsart.

Für drei bis vier Personen:
1 Drachenkopf (Rascasse), ca. 1,2 kg
Salz, je 2 Lauchstangen, Möhren,
Selleriestengel, 4 Frühlingszwiebeln,
2–3 fingerdicke Zucchini
Mayonnaise:
2 Eigelb, 1 TL Senf, 2 Knoblauchzehen,
ca. 0,2 l Olivenöl, 1 EL Zitronensaft,
Salz, Pfeffer

Den Fisch gründlich auswaschen, innen und außen salzen, dann in einen passenden Topf legen. Das geputzte, in zierliche Stücke geschnittene Gemüse darum herum verteilen, ebenfalls salzen. Schließlich mit Wasser knapp bedecken und 20 Minuten heftig kochen lassen – wenn der Fisch fangfrisch ist, verträgt er das; sonst müßte man ihn behutsam knapp unterhalb des Siedepunkts ziehen lassen. Zum Servieren den Fisch mit den Gemüsen auf einer vorgewärmten Platte anrichten.
Für die Mayonnaise die Eigelb in einer Schüssel mit dem Schneebesen dick und cremig rühren, Senf zufügen, den Knoblauch durch die Presse hinzudrücken. Langsam das Öl hinzufließen lassen, dabei unermüdlich rühren. Die helle, dicke Mayonnaise mit Zitronensaft, Salz und Pfeffer kräftig abschmecken.

2

3

3

CREMINA FREDDA CON PROFUMO DI MIELE

HONIGDUFTENDE GEEISTE CREME

Für vier Personen:
2 Eiweiß, 3 EL Honig, 0,2 l Sahne
Mandelplätzchen:
2 Eigelb, 75 g Butter, 50 g Zucker,
150 g geriebene Mandeln, abgeriebene
Schale einer ungespritzten Orange

Eiweiß mit Honig steif schlagen – festen Honig zuvor im Wasserbad auflösen, nicht erhitzen! Die Sahne steif schlagen und unterziehen. In Portionsförmchen füllen und gefrieren lassen.
Für den Mandeldeckel Plätzchen backen. Zuerst den Teig rühren: die Eigelb mit zimmerwarmer Butter und Zucker dick und schaumig rühren, die Mandeln unterziehen, ebenso die Orangenschale. Den Teig ruhen lassen, dann dünn ausrollen und förmchengroße Plätzchen ausstechen. Auf einem mit Backpapier belegten Blech im 200 Grad heißen Backofen knapp zehn Minuten backen. Zum Servieren die geeiste Creme aus den Förmchen lösen und auf Desserttellern anrichten, mit einem Mandelplätzchen bedecken, mit Puderzucker bestäuben und mit Früchten der Saison dekorieren.

Elba: stille Insel, sanfter Tourismus

Hört man Elba, denkt man Napoleon: 1814 war der Kaiser hierher verbannt worden – und so ist man vielleicht versucht, sich diese Insel wie ein Gefängnis vorzustellen, klein und überschaubar. Das Gegenteil ist der Fall! Das zerklüftete Elba bietet eine vielgliedrige, reizvolle Landschaft: Weinberge und Olivenhaine, Macchia, Bergwälder. Der über tausend Meter hohe Monte Capanne

(auf den folgenden Seiten in Wolken) dominiert den schroff abfallenden westlichen Teil der Insel. Im Norden und Süden reihen sich sanfte Buchten mit herrlichen Sandstränden zwischen jähe Felsen und kühne Kaps. Porto Ferráio, die Hauptstadt der Insel, schmiegt sich um einen der schönsten Naturhäfen des Mittelmeeres. Schon die Etrusker verschifften von hier die reichlich vorhandenen Eisenerze – »Elba« entstand aus dem etruskischen Wort *ilva* für Eisen, im Namen des Hafens steckt das lateinische *ferrum*.

Inseln haben ihre eigenen Gesetze, und so verlief die Entwicklung auf Elba glücklicherweise anders als auf dem nur ein paar Kilometer entfernten Festland: Wer hierher kommt, sucht die Ruhe der Natur. Nur im Osten, dem Festland zugewandt, bieten Porto Azzurro und Rio Marina – an einer weiten, harmonischen Bucht das eine, eng an die Felsen geschmiegt das andere – dem Treiben des modernen Tourismus willfährig eine Bühne. Doch sonst herrscht sanfter Tourismus, die Gäste radeln oder wandern in der typisch mediterranen Vegetation mit ihren harzigen, würzigen Düften, den farbenfrohen Blüten und der unendlichen Palette von blau, grau und

FOTO EXPRESS
DESPAR
Andreina
PIZZERIA
FIRST LOVE
IL COTONE

BARBIERE

silber überhauchten Grüntönen. Ankern mit Segelschiff oder Motoryacht in stillen Buchten. Tauchen, fischen, baden im kristallklaren Wasser …
Marciana Marina im Nordwesten ist, obwohl hier gar nicht so wenig Urlauber Platz finden, ein Kleinod: Es geht gemütlich zu, und das Leben der Bevölkerung wurde nicht umgekrempelt. Der Strand ist eng und steinig – der schmale Sandstreifen neben dem Hafen ist nur für Kinder geeignet –, das Meer unendlich blau. Boote aller Art dümpeln in der Bucht, die Beschläge der Segelschiffe klicken. Fischerboote tuckern hin und her. In den weichen Nadeln der Tamarinden entlang des Kais säuselt der Wind. Von sechs Uhr abends bis Mitternacht werden Uferstraße und Piazza zur Promenade: In dieser Zeit gehören sie den Spaziergängern und Flaneuren, müssen sämtliche Autos weg sein, darf niemand mehr fahren – mutig im autoverliebten Italien! Doch alle Hektik weicht, und eine gelassene, kaum mehr gekannte Beschwingtheit liegt über dem Ort.

Lucia Cetti verarbeitet seit 20 Jahren Korallen zu Schmuck – seit der Antike begehrter Schatz der Insel. Sie sind selten geworden, nur tief zu ertauchen, diese roten Kalkskelette von kleinen Hohltieren, die so langsam wachsen und denen man von alters her magische Kräfte zuschreibt. Man kann die Künstlerin im Atelier besuchen und bei der Bearbeitung zuschauen. Nur noch wenige Fischer können von den Fängen leben – mit den kleinen Booten angeln sich gerade mal die Alten ein Zubrot zu ihrer kärglichen Rente. Dennoch ist Fisch die Spezialität aller Restaurants. Einer der modern ausgebauten, fruchtigen, salzigjodigen Inselweine schmeckt hervorragend dazu! Die Touristen aus nördlichen Gegenden beginnen bereits um 19 Uhr zu essen, die Italiener tafeln anschließend!

»Capo Nord«: Sommerlaune und gute Küche

Der Name sagt es schon: Das Ristorante »Capo Nord« in Marciana Marina findet man am äußersten nördlichen Zipfel der Uferpromenade. Es war uns wegen seiner hübschen Lage am Meer empfohlen worden, mehr noch seiner guten Küche wegen. Man sitzt gemütlich auf der kleinen Terrasse, unter weißen Schirmen, der Empfang ist freundlich und der Blick aufs bilderbuchartig blaue Meer wundervoll entspannend. Die Speisekarte jedoch enttäuscht den erwartungsvollen Gast, sie bietet nichts Spektakuläres: *Antipasto di mare,* Miesmuscheln, zweierlei Pasta, *Insalata caprese* (Tomaten, Mozza-

rella, Basilikum), auf den Tischen einfaches Olivenöl – Imbißküche. Aber, wie sich zeigt, alles frisch und appetitlich, anständige Produkte – was will man mehr?
Behutsames Nachfragen liefert des Rätsels Lösung: Das eigentliche Restaurant öffnet nur am Abend. Tags, wenn die Gäste baden wollen und ihnen eine Kleinigkeit genügt, läuft die Küche allenfalls auf halber Kraft. Abends also muß wiederkommen, wer erfahren will, was Padrone und Küchenchef Giorgio Morsiani mit Hilfe seiner Frau Loretta Mazzei auf die Teller zu zaubern vermag. Und dann wird der besondere Ruf des »Capo Nord« schnell verständlich: absolut frischer Fisch, schnörkellos und perfekt zubereitet, phantasievolle Pasta, eine Auswahl der feinsten Olivenöle, großartige Desserts. Und Maître Aldo Allori sowie Sommelier und Mitinhaber Attilio Adriani sorgen mit erfrischender Liebenswürdigkeit dafür, daß sich die Gäste rundum wohl fühlen.

SPAGHETTI CON SUGO DI PESCE

SPAGHETTI MIT FISCHSAUCE

Für vier Personen:
1 Zwiebel, 2 Knoblauchzehen, 1 Bund Petersilie, 2 EL Olivenöl, 1 kleine Dose geschälte Tomaten, 1 TL Origano, Salz, Pfeffer, 200 g Fischfilet oder auch kleine ganze Fische, z. B. Seehecht, 300 g Spaghetti

Zwiebel, Knoblauch, Petersilie fein hacken und im heißen Öl andünsten, die Tomaten samt Saft zufügen. Mit Origano, Salz und Pfeffer würzen. Eine halbe Stunde einköcheln. Erst dann das zerpflückte Fischfilet oder die kleinen Fische zufügen und etwa zehn Minuten mitschmurgeln lassen. Die bißfest gekochten Spaghetti in dieser Sauce gründlich umwenden.

COZZE ALL'AGLIO E PREZZEMOLO

MIESMUSCHELN MIT KNOBLAUCH UND PETERSILIE

Für sechs Personen:
3 kg Miesmuscheln, 1 Zwiebel, 6 Knoblauchzehen, 1 Bund Petersilie, 3 EL Olivenöl, 1 Glas Weißwein

Die Muscheln gründlich in immer wieder frischem Wasser waschen und sich entsanden lassen. Zwiebel, Knoblauch und Petersilie fein hacken und im heißen Öl in einem großen Topf andünsten. Die Muscheln zufügen, den Wein angießen. Auf heftigem Feuer fünf Minuten kräftig kochen, dabei den Topf geschlossen halten und immer wieder rütteln, damit alle Muscheln herumgewirbelt und gleichmäßig erhitzt werden. In tiefen Tellern servieren.

1

FILETTO DI SPIGOLA AI CAPPERI

WOLFSBARSCHFILET MIT KAPERN

Nur wilden, frisch im Meer gefangenen Wolfsbarsch mit seinem würzigen, saftigen Fleisch verwendet Giorgio vom Capo Nord; die überall zu bekommenden kleinen Portionsfische aus der Zucht, die langweilig schmecken und schnell trocken werden, läßt er nicht in seine Küche. Die Zubereitung ist denkbar einfach.

Für zwei Personen:
2 Portionsstücke Wolfsbarschfilet (à ca. 200 g), Salz, Pfeffer, 5 Knoblauchzehen, 3 EL Olivenöl, 2 EL kleine Kapern, Petersilie, 1 Zitrone, 2 Anchovisfilets, 250 g Cocktailtomaten, 100 g Garnelen, 1 kleines Glas Weißwein

Die Fischstücke salzen und pfeffern, auf einen mit Olivenöl eingepinselten Teller betten und über Dampf fünf Minuten garen: Dazu den Teller auf eine umgestülpte Tasse in einen ausreichend großen Topf stellen, in dem dreifingerhoch Wasser kocht. Den Topfdeckel aufsetzen, so kann der Dampf im Topf zirkulieren.
Inzwischen gehackten Knoblauch im Öl andünsten, Kapern und gehackte Petersilie zufügen. Die Zitrone bis auf ihr Fleisch schälen, dabei die weiße Haut vollständig entfernen; mit einem kleinen Messer die Filets aus den Häuten schneiden. Mit den Anchovisfilets zu den Kapern geben. Die halbierten Tomätchen und die Garnelen zufügen. Alles zwei Minuten dünsten, dabei mit etwas Weißwein anfeuchten. Über das Fischfilet geben und sofort servieren.

2

FILETTO DI SPIGOLA AI POMODORI E BASILICO

WOLFSBARSCHFILET MIT TOMATEN UND BASILIKUM

Für zwei Personen:
2 Portionsstücke Wolfsbarschfilet (à ca. 200 g), Salz, Pfeffer, 3 EL Olivenöl, 2 feste Tomaten, 2 Knoblauchzehen, 6 Basilikumblätter, Zitronensaft

Die Fischstücke salzen und pfeffern und auf einem mit Olivenöl eingepinselten Teller über Dampf ca. fünf Minuten garen. Inzwischen die Tomaten würfeln, mit feingehacktem Knoblauch und in Streifen geschnittenem Basilikum, Salz, Pfeffer und Olivenöl würzen. Über die Fischfilets geben und mit Zitronensaft abschmecken.

3

MOUSSE DI LIMONE

ZITRONENMOUSSE

Ein fabelhaftes Rezept, wenn mal viele Eiweiß übriggeblieben sind.

Für sechs bis acht Personen:
5 Eiweiß, 5 gehäufte EL Zucker, eine Prise Salz, die abgeriebene Schale zweier (unbehandelter) Zitronen, 2 EL Zitronensaft, 4 Blatt Gelatine, 2 EL Milch, 50 g Schokoladenpuffreis

Die Eiweiß steif schlagen, dabei den Zucker hinzurieseln lassen, die Salzprise zufügen sowie die Zitronenschale und den Saft. Die Gelatine einweichen, in der heißen Milch auflösen und unter die Eiweiß ziehen. Die Hälfte in eine mit Klarsichtfolie ausgelegte Kastenform füllen. Den zerbröckelten Puffreis auf diesem Bett gleichmäßig verteilen, die restliche Eischneemasse darüberfüllen und glattstreichen. Im Kühlschrank über Nacht fest werden lassen. Zum Servieren stürzen, in Scheiben schneiden und auf Desserttellern anrichten.
Mit einer **Karamelsauce** umgeben: dafür 100 g Zucker schmelzen, dann mit dem Saft einer halben Zitrone und 1/8 l Wasser kochen, bis der Sirup Fäden zieht; falls er dabei zu dunkel wird, einen Spritzer Wasser unterrühren. Zum Schluß mit einem Eßlöffel Grand Marnier würzen.

1

2

3

Crete und Pienza: Landschaft und ideale Stadt

Creta heißt Ton, Lehm: Die weiten Hügel, die sich südlich von Siena bis zum Fuße des alles beherrschenden Monte Amiata hinziehen, bestehen aus lehmigen Böden und werden deshalb *le Crete* genannt. Auf ihren Hängen gedeihen verschiedene Getreidesorten und, wenn die EU dafür gerade Subventionen gibt, auch Ölfrüchte wie Raps oder Sonnenblumen. Das sieht schön aus, zehrt aber am Ackerboden – der ist zwar reich an Mineralien, muß danach aber mit Stickstoff versorgt werden. Früher geschah dies über Fruchtwechsel; dazu säte man Luzerne, eine eiweißreiche Pflanze, die zudem den Vorteil hatte, den Boden gegen Abschwemmung zu sichern. Denn wenn es viel regnet, saugt sich der Lehm regelrecht voll und beginnt zu fließen und zu rutschen: Rauhe Abbrüche an den Rändern der mit Caterpillern tief gepflügten Felder zeugen davon. Um jedes Jahr Getreide anbauen zu können und mehr zu verdienen, brachte man eine Zeitlang nur Kunstdünger ein – und hätte das Land fast ruiniert, denn der Erosion wurde dadurch geradezu nachgeholfen. Inzwischen hat man das Problem erkannt, düngt wieder mit Mist, untergepflügten Grünpflanzen und Stroh, was auch den Boden hält. Man gibt sich mit geringerem Ertrag zufrieden, spart aber dafür das Geld für die teuren Produkte der chemischen Industrie. Und so blühen heute wieder Mohn und Kornblumen, die zu verschwinden drohten: die besten Indikatoren für eine schonende, extensive Landwirtschaft.
Inmitten dieser großartigen, geradezu heroischen Landschaft war einmal ein kleines Dorf. Es hieß Corsignano und dämmerte unbeachtet vor sich hin. Eines Tages wurde der Gemeinde ein Sohn geboren, Enea Silvio Piccolomini, der bedeutend wurde – ein gebildeter,

Wenn der Mohn in den Feldern blüht, leuchten ganze Hänge rot. Er blüht übrigens zweimal – zuerst im Mai, solange das Korn noch grün ist, und später ein zweites Mal in den goldgelben Stoppeln nach der Ernte – aber so üppig nur, wenn es noch einmal geregnet hat!

Abends, wenn die flirrende Hitze des Tages verfliegt, zeichnet das weiche Licht die Crete in samtenen Farben. Wer das Glück hat, in einem zum Ferienhaus umgewandelten Bauernhof inmitten der Felder zu wohnen, kann die Stille der Unendlichkeit geradezu hören …

weitgereister und diplomatisch erfolgreicher Humanist, 1458 zum Papst gewählt und als Pius II. einer der prägenden Männer seiner Zeit. Er beschloß, seinen Geburtsort in eine »ideale Stadt« umzuwandeln, und ließ den Baumeister Bernardo Rosselino Pläne entwerfen. Es sollte eine perfekt geordnete, monumentale Stadt entstehen – sogar die Kardinäle und Gesandten am Heiligen Stuhl sollten in dem abgelegenen Ort einen Palast errichten, doch nur drei kamen diesem Aufruf nach –, rational und im klassischen Sinne so schön und vollkommen, wie es sich ein Machthaber

Heimeliges Pienza: Für ein Schwätzchen ist immer Zeit – ob auf der turbulenten Hauptstraße oder in einer der stillen Seitengassen.

Urbanes Pienza: Die Bauten an der Piazza strahlen Pracht und Würde aus. Das ehemalige Kloster ist heute ein hübsches Hotel.

der Renaissance nur vorstellen konnte. Pius II. erhob den Flecken zur Stadt und zum Bischofssitz und nannte sie sich zu Ehren Pienza. Um die zentrale Bedeutung des Doms (übrigens eine in Italien unbekannte, sich an deutsche Vorbilder anlehnende Hallenkirche) hervorzuheben, stellte der Architekt rechts und links der Piazza den Palazzo Piccolomini und den Bischofspalast jeweils schräg, so daß der Fluchtpunkt nicht vor, sondern hinter dem Betrachter zu liegen scheint – ein Trick, die monumentale Wirkung noch zu steigern. Außer den zentralen Gebäuden wurde jedoch nur noch das Rathaus auf der nördlichen Platzseite fertig – 1464 starben Papst und Baumeister und mit ihnen das Projekt.

Dieses einzigartige städtebauliche Unternehmen erklärt die ungewöhnliche Ausstrahlung von Pienza, das sich so stolz und beherrschend über dem weiten Tal der Orcia erhebt: Von der Terrasse des Palastes hat man eine unvergleichliche Aussicht! Aber die schmalen, malerischen Straßen haben noch etwas Besonderes zu bieten: Nirgendwo sonst findet man die landwirtschaftlichen Produkte der Region in solcher Fülle und Qualität zu kaufen! Was wieder einmal beweist, daß in der Toskana Lebenskunst und kluger Geschäftssinn herrschen: Während man an Deutschlands touristischen Rummelplätzen nur billigen Schrott verkauft, überläßt man hier solches Angebot den Supermärkten – in Pienza verdient man mit erstklassigen Spezialitäten zu Recht gutes Geld!

VICOLO
DELLA
CANONICA

CAPRINI
PECORINO DI PIENZA
SALSE-SUGHI PER PASTA
SALSE-PATE PER CROSTI
₤ 4.500

Pienza und seine Feinkostgeschäfte. Angefangen hatte es mit »La Cornucopia – Club delle Fattorie« (links und oben): Das Geschäft am Haupteingang zum Ort ist tatsächlich ein Füllhorn toskanischer Culinaria! Honige und Konfitüren, Saucen und Pasten, getrocknete und eingelegte Pilze, Käse, Würste und Schinken von Haus- und Wildschweinen, handwerklich hergestellte Nudeln, Kräuter, Essige, Olivenöle, die berühmtesten Weine … Alles, was das Herz eines Feinschmeckers begehrt, wird auch in alle Welt verschickt! In der Hauptstraße, dem Corso Rossellino, reiht sich dann ein Laden an den anderen, fast alle mit dem gleichen Angebot. Herausragend die »Bottega del Naturista«. Dort gibt es die besten Käse und vielerlei Bio-Produkte, Weine und vor allem Pilze: Die Sommertrüffeln vom Monte Amiata sind gerade frisch angekommen! Sie werden uns zum Photographieren in der Sonne präsentiert – da tritt die alte Frau aus dem Milchgeschäft nebenan heraus und fragt: »Was ist denn das?« Trüffeln hat sie noch nie gesehen, nie gerochen, geschweige denn gegessen …

Pecorino: der typische Käse der Region

Schon seit mehr als 35 Jahren produziert die Familie Cugusi an der Straße zwischen Montalcino und Pienza Käse – Giovanna Cugusi betreibt die Käserei ihrer Eltern heute zusammen mit ihrem Mann Paolo Magatelli. Übrigens nicht zu verwechseln mit der Käserei gleichen Namens nur einige hundert Meter weiter, die ihrem Vetter gehört. Den runden *Pecorino,* heute zweifelsohne eine toskanische Spezialität, haben einst Einwanderer aus Sardinien hierher gebracht, die ihre Insel verließen, weil sie in der Toskana bessere Weideflächen fanden. Längst verarbeiten die Cugusi nicht mehr die Milch von eigenen Schafen, sondern bekommen sie von den Bauern der Umgebung angeliefert. Zweimal am Tag, morgens und abends, kommt die Milch bereits gekühlt, mit 4 Grad, täglich etwa 1500 Liter. Zunächst wird die Milch pasteurisiert, ganz kurz, höchstens zwei Minuten, bis 70 Grad erhitzt und anschließend rasch wieder heruntergekühlt – das ist Vorschrift. Für Käse, die länger reifen sollen, genügt es, die Milch dann auf knapp 30 Grad zu erwärmen, bevor das Lab hinzugefügt wird. Für frische Käse muß man sie auf 30 bis 35 Grad erwärmen. Und dann läßt sich daraus *Raveggiolo* produzieren, eine Spezialität der Cugusi, auch *Fior di latte* genannt: ein duftig-zarter Frischkäse, einem stichfesten Joghurt eher als einem Käse ähnlich, den man von der Käsemasse schöpft, bevor das Lab seine volle Wirkung entfaltet hat, also bevor sie richtig stockt. Man läßt ihn kurz in kleinen Förmchen abtropfen und kann ihn dann mit Honig beträufelt süß, aber auch mit Pfeffer und Olivenöl gewürzt als Vorspeise genießen (siehe Seite 191). *Raveggiolo* ist eine Rarität, weil seine typische, perfekte Frische nur ein, zwei Tage zu bewahren und deshalb im Handel kaum zu gewährleisten ist.

Die Käse reifen bei gleichbleibendem Klima von 70 Prozent Luftfeuchtigkeit und 10 bis 12 Grad drei bis vier Monate (fresco/*frisch*). *Ein sechs Monate gereifter* Pecorino *wird als* semistagionato, *halbgereift, bezeichnet.* Stagionato *sagt man, wenn er mehr als acht Monate im Reifekeller war. Eine Reifezeit von mehr als einem Jahr macht ihn zur* Riserva. *Der Schimmelpilz, der sich nach kurzer Zeit auf der Oberfläche bildet, wird regelmäßig abgewaschen. Je nachdem, welchen Geschmack man erzielen will, erfahren die Käse ganz unterschiedliche Behandlung: Sie werden mit zerdrückten Tomaten (Photo unten, ganz links) eingerieben, mit Kaminasche (darunter) oder schwarzem Pfeffer (ganz rechts unten). Nimmt man Olivenöl, bekommt die Oberfläche Glanz (Mitte unten). Die großen, 12 bis 14 Kilo schweren Käse verdanken ihre schöne Rippenstruktur alten, handgearbeiteten Formen. Chilis (Mitte) oder Trüffel in der Käsemasse (rechts oben) geben zusätzlich Geschmack*

Wenn der Pecorino *frisch gegessen werden soll, wird der Bruch mit dem kugeligen Draht geschnitten (Paolo Magatelli hält ihn in seiner linken Hand). Soll er zum* Stagionato *reifen, nimmt man die eckige Käseharfe dafür.*

In die konisch sich verjüngenden Abtropfbehälter schöpft Giovanna (links) mit ihrer Helferin die Masse für Ricotta, *die langsam erhitzt wurde: Molke, Salz und etwas Milch, damit die* Ricotta *geschmeidig wird.*

Die Abtropfbehälter mit den geraden Wänden sind für den Käse: Hierin wird die Masse portioniert, damit die Käse später gleiche Größe und gleiches Gewicht haben. Schon nach wenigen Stunden hat der Käse seine Form.

Auf der Oberfläche hat sich der Siebboden der Form abgezeichnet. Dieser Käse steckt voller schwarzer Trüffelstückchen. Er wird jetzt mit Salz eingerieben und kommt für mindestens drei Monate in den Reifekeller.

Montepulciano und sein Wein

Auf einem schmalen Kamm zwischen zwei Tälern thront, 600 Meter hoch, das entzückende Städtchen Montepulciano. »Poliziani« nennen sich die Bürger, von *mons politianus*, dem Berg, auf den sich die Gründer im 6. Jahrhundert vor den Barbaren retteten. Steil steigt die Hauptstraße bis zur Piazza Grande an, dem Ortszentrum. Ein perfekter Raum der Harmonie, an der Südseite vom Dom begrenzt, mit einer bühnenartig breiten Freitreppe. Die Westflanke bildet der Palazzo Comunale mit seinem majestätischen, eckigen Turm. Zwischen den Palazzi entlang der Hauptstraße bieten Lücken phantastische Ausblicke übers Land. Bemerkenswert ist das Teatro Poliziano, eine Miniausgabe der Mailänder Scala, in dem gleich dem Vorbild die Adelsfamilien ihre feste Loge hatten.

Dem Adel war es damals auch vorbehalten, Wein zu produzieren, daher hat der Vino Nobile di Montepulciano seinen Namen. Es ist wohl der am längsten dokumentierte Wein Italiens. Nicht nur, weil ein berühmter Sohn der Stadt, der Renaissance-Dichter Poliziano, ihn in seinen Versen rühmte – das mag Lokalpatriotismus gewesen sein. Auch Alexandre Dumas, Voltaire, sogar Thomas Jefferson und mancher Papst haben den noblen Montepulciano geschätzt.

Wie für die gesamte Landwirtschaft wurden nach dem Zweiten Weltkrieg auch für den Wein die Zeiten schwierig. Erst in den achtziger Jahren, als die Winzer investieren konnten, um Keller und Technik auf modernen Stand zu bringen, ging es wieder bergauf. Ertragsbeschränkungen, neue Regeln für Ausbau und Reifezeit brachten bessere, gehaltvollere Weine. Und heute sind die noblen Weine längst Kult. Die eleganten, kraftvollen, eher weichen, runden, nie pompösen, großen Vini Nobili di Montepulciano aus den Häusern Avignonesi, Boscarelli, Le Casalte oder Poliziano haben bestes Renommee und sind, in Anbetracht ihrer Qualität, noch erfreulich preiswert. Ähnlich wie beim Chianti handelt es sich um eine Cuvée, überwiegend Prugnolo gentile, einem hiesigen Klon des Sangiovese, etwas Canaiolo und Mammaiolo. Weiße Trauben werden nicht mehr verwendet, Ausbau im Holzfaß ist vorgeschrieben, für Spitzenweine ist das Barrique üblich.

Aus den Trauben jüngerer Rebstöcke und von weniger guten Lagen keltert man den einfacheren Rosso di Montepulciano, und manche Winzer produzieren einen großartigen Vin Santo.

Sehr gemütlich, das Café »Poliziano«, nostalgisch mit Samt, Plüsch und Seide eingerichtet, mit schwellenden Polstersofas, klassischen Kaffeehausstühlen aus Bugholz, runden Marmortischchen und jeder Menge Erinnerungsstücke an der Wand – kaum zu glauben, daß dies fast alles neu ist. Denn das aus dem Jahr 1868 stammende Café war nach wechselhaften Zeiten lange geschlossen, bis es von Grund auf renoviert und 1992 glanzvoll wiedereröffnet wurde. Seither ist es beliebter Treffpunkt, wo man 35 verschiedene Kaffeespezialitäten, Kuchen und Gebäck, Drinks, Cocktails und immer einen kleinen Imbiß zu sich nehmen kann.

Wo Andacht, Weihe und Genuß sich treffen: San Biagio und »La Grotta«

Auf halber Höhe zwischen dem Plateau von Montepulciano und Chianatal sitzt wie auf einem schmalen Balkon die prachtvolle Chiesa della Madonna di San Biagio. Eine eindrucksvolle Zypressenallee führt zu ihr hin (neben jedem Baum eine Tafel mit dem Namen des Stifters); die den Blick auf den großartigen Bau erst freigibt, wenn man an ihrem Ende angekommen ist. Die klare, schlicht gegliederte Fassade aus Travertin leuchtet in der Sonne, seit sie kürzlich restauriert und gereinigt wurde. Die Kirche von San Biagio, 1529 von Papst Clemens VII. eingeweiht, gilt als das Hauptwerk des Baumeisters Antonio Sangallo d. Ä. Man bewundert sie mit ihrer gewaltigen Kuppel über dem Grundriß eines griechischen Kreuzes als vollkommensten Zentralbau der Renaissance. Drinnen weihevolles Halbdunkel, von zahllosen Opferkerzen vor dem Madonnenbild und marmornen Hochaltar feierlich erhellt. Wie jede Wallfahrtskirche ist auch die von San Biagio vielbesucht, auf dem Parkplatz reihen sich die Busse aneinander. Man picknickt am

schönen Brunnen zwischen Kirche und den Loggien der Canonica, dem Wohngebäude für den Klerus.

Daneben »La Grotta«, ein rundum empfehlenswertes Gasthaus. Im angenehmen Speisesaal mit riesigem Kamin sitzen selbst bei schönstem Sonnenschein die italienischen Gäste, die Fremden genießen lieber den kleinen Garten hinter dem Haus. Hier stehen im Schatten großer Kiefern zehn einladend gedeckte Tische. Die Kirchenfassade schaut wie eine Theaterkulisse herüber, man fühlt sich von ihr beschützt. Die grandiose Weinkarte bietet alles, was rund um Montepulciano an Gutem wächst, auch alte Jahrgänge und viele Magnums. Anspruchsvoll! Man kann Weine sogar glasweise bestellen, große Kreszenzen werden nach allen Regeln der Kunst und mit Sachverstand serviert. Das gilt auch fürs Essen: Die Pici, jene traditionellen, dicken, handgerollten Spaghetti – einst typisch für die Gegend, aber heute leider fast nur noch aus der Tüte –, werden von der Chefin höchstpersönlich täglich frisch gemacht, sogar das Brot wird im Haus gebacken. Und die Gerichte auf der stets nach Marktlage wechselnden Speisekarte sind von Idee, Rezept und von den Zutaten her allesamt typisch für die Region!

CROSTINI VERDI

CROSTINI MIT RUCOLA

Auf besonders krumigem selbstgebackenem Brot schmeckt dieser Belag aus reichlich frischer Rucola am besten.

Für vier bis sechs Personen:
200 g Rucola, 2 EL Olivenöl, Salz, Pfeffer, einige Tropfen Weißweinessig, 6 Scheiben Weißbrot

Die Rucola in feine Streifen schneiden. Mit Olivenöl, Salz, Pfeffer und einem Hauch Essig vermischen. Dick auf geröstete Brotscheiben häufen und gut festdrücken.

1

2

3

4

1

PICI CON SALSA D'ANATRA

HANDGEROLLTE NUDELN MIT ENTENSUGO

Pici sind die Spezialität der südlichen Toskana. Man braucht dafür einen sogenannten »armen« Nudelteig, der mit wenig Ei angesetzt wird.

Für sechs Personen:
Pici:
750 g Mehl, Salz, 1 EL Olivenöl, 1 Ei, 1/4 l Wasser, Mehl oder Hartweizengrieß
Entensugo:
2 Entenkeulen, 2 EL Olivenöl, 1 Zwiebel, 3 Knoblauchzehen, 4–5 getrocknete Tomaten, Salz, Pfeffer, 1 Möhre, 1 Lauchstange, 1 Bleichselleriestengel, 2 Petersilienzweige, 1 Glas Rotwein, 200 g Pelati (geschälte Tomaten aus der Dose)

Aus den Zutaten einen festen Teig kneten. Zugedeckt eine halbe Stunde ruhen lassen. Für den Sugo die Entenkeulen im heißen Öl rundum anbraten, herausnehmen und abkühlen lassen. Im Bratfett gehackte Zwiebel, Knoblauch und getrocknete Tomaten sowie das feingewürfelte Wurzelwerk anrösten. Salzen und pfeffern, bevor Rotwein, Tomaten mitsamt ihrem Saft und die abgezupften Petersilienstiele zugefügt werden. Zugedeckt eine halbe Stunde schmurgeln lassen. Das Entenfleisch von den Knochen lösen, fein hacken oder durch den Wolf drehen und mit der Sauce mischen. Den Sugo abschmecken, die Kräuterstiele herausfischen, statt dessen gehackte Petersilie unterrühren.
Für die Pici kleine Portionen vom Teig abnehmen, auf einer mit Mehl oder, besser, mit Grieß bedeckten Fläche mit der flachen Hand zu einem dünnen Würstchen rollen, gleichzeitig zu einer dünnen Nudel ausziehen. Mit der Zeit bekommt man Übung! Die Pici in Salzwasser bißfest kochen und mit Entensugo mischen. Dazu gibt's frisch geriebenen Pecorino.

2

FILETTO DI MAIALE CON SALSA DI PECORINO

SCHWEINEFILET IN PECORINOSAUCE

Eine herrlich cremige, sehr würzige Sauce, die ganz schnell gemacht ist:

Für vier Personen:
500 g Schweinefilet, 2 EL Olivenöl, Salz, Pfeffer, 1 Zwiebel, 3 Knoblauchzehen, 150 g junger Pecorino, 1/4 l Weißwein, Cayennepfeffer

Das Schweinefilet sorgfältig häuten, quer in dreizentimeterdicke Steaks schneiden. In sehr heißem Olivenöl rasch auf beiden Seiten anbraten, dann zwischen zwei vorgewärmten Tellern oder im 50 Grad heißen Backofen warm stellen. Im Bratensatz die feingehackte Zwiebel andünsten, den Knoblauch durch die Presse zufügen, mit Weißwein ablöschen. Den Käse würfeln und in diesem Sud vorsichtig schmelzen. Die Sauce cremig einkochen, mit Salz, Pfeffer und einem Hauch Cayennepfeffer abschmecken. Über die Schweinemedaillons gießen und sofort servieren.

3

POLLO AL VINO ROSSO

HÄHNCHEN IN ROTWEIN

Für vier bis sechs Personen:
1 schönes, gut gemästetes Hähnchen von ca. 1500 g, 3 EL Olivenöl, Salz, Pfeffer, 75 g luftgetrockneter Speck in dünnen Scheiben, 1 große Zwiebel, 2–3 Stengel Bleichsellerie, 3 Knoblauchzehen, je 2 Thymian- und Rosmarinzweige, 1/4 l Weißwein

Das Huhn in acht Portionsstücke teilen und im heißen Olivenöl rundum kräftig anbraten, dabei salzen und pfeffern. Den Speck in feinen Streifen, gehackte Zwiebel, Selleriestengel und Knoblauch zufügen, ebenso die Kräuter. Alles langsam anrösten, dann mit dem Wein ablöschen. Zugedeckt auf mildem Feuer etwa 45 Minuten schmoren. Die Kräuterstiele entfernen, die Hühnerstücke in eine Schüssel füllen, die Sauce pürieren, nochmals abschmecken und über die Hühnerstücke gießen. Dazu passen Ofentomaten (Rezept Seite 205).

4

CLAFOUTIS DI CILIEGE

FRISCHER KIRSCHKUCHEN

Für eine Backform von 24 cm Durchmesser:
3 Eier, 100 g Butter, 150 g Zucker, 1 Prise Salz, 250 g Mandeln, 1 kg Kirschen, Butter für die Form, Puderzucker zum Bestäuben

Die Eigelb mit der zimmerwarmen Butter zu einer hellen Creme schlagen, dabei zwei Drittel vom Zucker hinzurieseln lassen. Die gemahlenen Mandeln unterrühren. Die Eiweiß mit dem restlichen Zucker sowie einer Salzprise steif schlagen und mit den gewaschenen, entstielten Kirschen unterziehen. In einer gebutterten Form bei 200 Grad etwa 40 Minuten backen.

Bagno Vignoni: heißes Wasser gegen Rheuma

Schon die Etrusker und die alten Römer badeten hier, während der Renaissance war es das vornehmste der an Thermalbädern reichen Toskana: Lorenzo de' Medici, der Prächtige, suchte hier Linderung für seine schmerzenden Gelenke. Er wohnte standesgemäß im Palazzo Piccolomini, dem heutigen Hotel »Le Terme«, das – vor einigen Jahren renoviert – wieder ein angenehmes Haus wurde. Es steht unmittelbar an dem mit Kalksteinquadern gefaßten Becken der elf Quellen, das an Stelle einer Piazza die Mitte des kleinen Ortes bildet – siehe kleines Bild. Heute ist es berechtigterweise verboten, hier zu baden, des Denkmalschutzes wegen. So kann man die einzigartige Atmosphäre des lange Zeit vergessenen, deshalb so unverbauten und naturnahen Ortes genießen.
Mit beachtlichen 52 Grad sprudelt die Quelle an die Oberfläche und wird sofort abgeleitet. Wer die Heilwirkung des

leicht schwefelhaltigen Wassers – das längst nicht so penetrant stinkt wie das von Saturnia – ausprobieren will, muß sich in das nahegelegene Hotel »Posta Marcucci« begeben: Mit 45 Grad schießt der Wasserschwall in die modernen, angenehm großen Becken. Man braucht nicht im Hotel zu wohnen – es ist ein nüchterner Betonbau von typisch italienischer »Gemütlichkeit«, in dem die heutigen Römer gerne kuren –, denn es werden auch Tagesbesucher hereingelassen. Der stattliche Eintrittspreis lohnt sich, nicht nur der Gesundheit wegen: Von hier aus genießt man einen traumhaften Blick in die gepflegte Landschaft um die Burg Rocca und das Städtchen Castiglione d'Orcia!

San Galgano

Ruinen haben immer einen eigenen Reiz – und Kirchenruinen mit ihrer erstaunlich eindrucksvoll zu empfindenden Höhe, den mächtigen Pfeilern, die nun nichts mehr tragen müssen, und den unnütz gewordenen Fenstern einen ganz besonderen: Weil sie so unglaublich erfüllt sind von Licht! San Galgano, im Mittelalter eine bedeutende Zisterzienserabtei, ist die größte Kirchenruine der Toskana, einsam gelegen zwischen Siena und Massa Marittima. Im Sommer finden hier Konzerte statt, an lauen Abenden einfach umwerfend schön. Allerdings ist dann der Boden der Kirche, eine herrliche Wiese, nicht zu sehen: deren leuchtendes Grün wirkt bei Sonnenschein geradezu surreal!
Oberhalb der Kirchenruine auf einer Hügelkuppe das romanische Oratorio di San Galgano, Grabkirche des heiligen Einsiedlers Galgano Guidotti: ein von der Grabarchitektur der Antike beeinflußter Rundbau, dessen gestreifte Außenmauer im Inneren in einer großartigen, ebenfalls in Streifen von hellen und dunklen Steinen gemauerten Kuppel ihr Gegenstück findet. Dazu gehört ein kleiner Laden mit Andenken und allerlei Culinaria, betreut von einer alten Frau, wahrscheinlich einer Hexe, die ständig schimpft. Aufzuheitern ist sie nur, wenn man ihre entzückenden Blumenbeete vor der Haustüre lobt!

»Slitti«: Kaffee und Schokolade

Am Anfang war der Kaffee. Luciano Slitti, Oberkellner in Monsummano, erfüllte sich einen lang gehegten Traum und gründete 1969 sein eigenes kleines Unternehmen, eine Espressobar. Da gab es morgens den typischen Cappuccino, den ganzen Tag über erstklassigen Espresso, dazu feine Süßigkeiten. So wuchsen seine Söhne Andrea und Daniele mit dem Duft von Kaffee in der Nase auf – und geradewegs in ihren Beruf hinein. Andrea liebte mehr die Schokolade, Daniele den Kaffee. Und beides gehört nun mal zusammen. »Denn«, sagt Andrea, »guter Kaffee muß immer ein wenig nach Schokolade schmecken!« Jeder lernte erst einmal die Theorie. Und als die kleine Bar in elegantere, größere Räume umzog, wurde für Daniele eine Rösterei installiert, Andrea bekam seine Schokoladenküche. Der Röstofen, klimatisierte Werkstatt, die nötigen Maschinen – eine

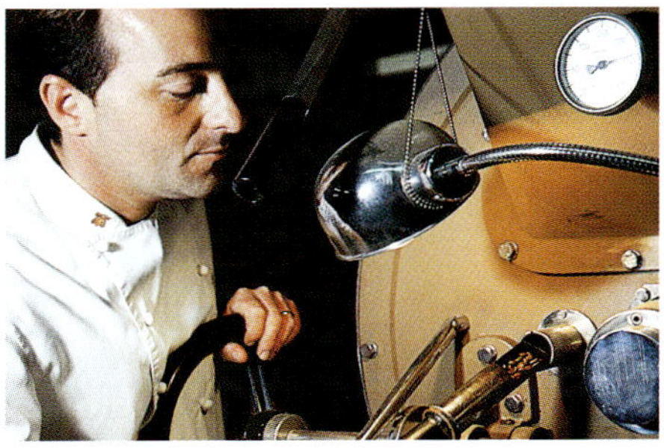

enorme Investition! Aber beide waren von Anfang an so begeistert und voll Leidenschaft dabei, daß der Erfolg nicht lange auf sich warten ließ.
Danieles Kaffee ist weithin geschätzt. Nur allerbeste Rohkaffees, hauptsächlich Arabica – »ein wenig Robusta ist aber nötig für den Geschmack!« schwört er –, prägen seine Mischung. Der Cappuccino in der Bar »Slitti« und seine dichte Milchschaumschicht mit Herz bedarf einiger Übung und ist legendär.
Andreas Pralinen sind hochbegehrt. Vor allem vor Festtagen, Ostern oder Weihnachten, stehen die Leute im Laden Schlange. Bei internationalen Wettbewerben räumt er einen Preis nach dem anderen ab. Dauernd tüftelt er über seinen Rezepturen, entwickelt immer neue Süßigkeiten und Pralinen. Sein letzter Gag: Espressolöffel aus Schokolade!

Slitti
CAFFE

Andrea Slitti beim Dekorieren von Pralinen. Dazu gehört nicht nur eine sichere Hand, sondern auch Geschmack. Seine Rezepturen hat er sich selber ausgetüftelt. Davor hat er sich natürlich mit Fachlektüre Informationen verschafft und großen Kollegen über die Schulter geschaut. Wie beispielsweise für das originelle Werkzeug aus Schokolade.

Dem gibt Bruder Daniele hier mit seinen Mitarbeiterinnen den letzten Schliff. Zuerst werden dafür Rohlinge gegossen. Die Formen muß man jedoch nicht mühsam schnitzen, es sind die Werkzeugstücke (oder Schlüssel) selbst: Sie hinterlassen in einem Bett aus Puderzucker ihren eigenen Abdruck, der dann nur noch mit Schokolade zu füllen ist.

Den zusätzlichen Trick, den man dafür wissen muß, verrät uns Andrea natürlich nicht. Die Idee dazu stammt übrigens von Roberto Catinari, dem berühmten Chocolatier in Agliana, über den wir ausführlich in unserem ersten Toskanaband berichtet haben. Andrea empfindet dieses Schokoladenwerkzeug als Hommage an den großen Kollegen.

Wie verrostet sehen die dick von Kakaopulver umhüllten Schlüssel oder Werkzeugstücke aus. Sie werden so lange darin gedreht und gewendet, bis genügend an ihrer Oberfläche haften geblieben ist. Danach darf man sie nicht mehr anfassen, damit keine Fingerabdrücke sichtbar bleiben. In Klarsichtfolie verpackt sind sie ein originelles Geschenk.

Andrea kauft die Schokolade im Block fast fertig conchiert ein, wie das Fachwort heißt, also nahezu gebrauchsfähig. Trotzdem muß sie, hier die weiße, noch stundenlang gerührt werden, bei einer gleichbleibenden Temperatur von 31,3 Grad. Verarbeitet wird sie dann mit exakt 29,6 Grad – diese Wärmegrade müssen absolut präzise eingehalten werden.

Das gilt natürlich auch für dunkle Schokolade. Um während der ganzen Zeit die richtige Temperierung zu gewährleisten, herrschen in dem Raum, in dem gearbeitet wird, genau 25 Grad – nicht mehr und nicht weniger. Nur dann ist gesichert, daß die Schokolade nachher einen schönen Glanz bekommt, Konsistenz, Geschmack und Qualität stimmen.

Wo die Toskana grün ist: in der Garfagnana

Noch kaum bekannt ist diese Landschaft nördlich von Lucca, zwischen Apennin und den Apuanischen Alpen. Abseits der Verkehrswege, schwer zugänglich von Norden, Westen und Osten, hat das weite Tal des Serchios lange Jahre die stürmische Entwicklung der Toskana verschlafen. Die Landflucht setzte hier erst in den siebziger Jahren ein, und so kann man überall die bescheidene Infrastruktur der vergangenen Jahrhunderte entdecken. Die Alten bewirtschaften noch die winzigen Weinberge und Wiesen, die schmalen Kartoffeläcker und Getreidefelder – Grundnahrungsmittel ist der *farro*, Dinkel. Lange wird es nicht mehr so sein, denn die Jungen verdienen lieber anderswo weniger hart ihr Geld, um sich dann alles kaufen zu können. Früher waren die Männer, um überhaupt Arbeit zu haben, über die *Apuani* in die Marmorbrüche von Carrara gelaufen, vier, fünf Stunden täglich. Später konnten sie in drei Stunden mit der Eisenbahn nach La Spezia auf die Werften fahren; heute brauchen sie mit dem Auto bis in die Industriezentren immer noch eine gute Stunde. Aber die Menschen hier lieben ihre Heimat, halten an ihr fest, bauen sich neue Häuser und renovieren inzwischen auch die alten. Um Arbeitsplätze zu schaffen, haben sie mit zäher Geduld den Fremdenverkehr entwickelt: Die frische Luft lockt inzwischen viele an, die den sommerschwülen Industriegebieten der Ebene entfliehen wollen. In einem Seitental übrigens war einst die große Welt zu Gast, in Bagni di Lucca.
Spezialität der Region sind Fische, vor allem Forellen, und Pilze: Wenn es nicht, wie in den letzten Jahren leider öfter, zu trocken war, werden Steinpilze von Juni bis in den November hinein am Straßenrand angeboten, ab und zu sogar die begehrten Kaiserlinge.
Der Serchio ist einer der wenigen Flüsse der Toskana, die auch im Sommer immer Wasser führen: Die ausgedehnten, teilweise kaum zugänglichen Wälder der Hochtäler geben die reichlichen Niederschläge des Winters nur zögerlich ab. So kann sich die Teufelsbrücke aus dem 14. Jahrhundert bei Borgo a Mozzano rund ums Jahr im Wasser spiegeln, und auf den Felsen finden den ganzen Sommer über Hunderte von Familien ihr Badeplätzchen.
Hauptort der Garfagnana ist Barga, einst ein bedeutender Handelsplatz. Vieles wird gerade restauriert oder harrt noch der Sanierung – die steingraue, mittelalterliche Altstadt, die sich mit endlosen Treppen einen Bergsporn hinaufzieht, den der Dom mit einer schönen Marmorkanzel aus dem 12. Jahrhundert krönt, bezaubert mit einem unaufdringlichen Charme.

Osteria »Vecchio Mulino«: Wo Bacchus persönlich den Wein kredenzt

Sie ist sicher eine der schönsten und stimmigsten Weinstuben Italiens, die ehemalige Poststation in Castelnuovo Garfagnana. Hier, im zentralen Städtchen und Marktflecken der nördlichen Toskana, trafen sich immer schon die Menschen für ihre Einkäufe, konnten die Reisenden auf halber Strecke zwischen Pontrémoli, in der Lunigiana und Lucca ihre Pferde tränken oder sogar wechseln. Seit mehr als hundert Jahren befindet sich die Osteria »Vecchio Mulino« an der Kreuzung dieser Nord-Süd-Verbindung und der Straße, die von Westen, den Marmorbrüchen von Carrara, nach Osten in die Romagna führt. Einst ein bedeutender, zentraler Platz, heute jedoch eher abseits des allgemeinen Touristenstroms und aller Handelswege. Vielleicht ist das der Grund, warum sich im »Vecchio Mulino« nicht viel geändert hat. Natürlich sind Ställe und

Pferdetränken längst abgerissen oder umgewidmet, aber die Weinstube selbst sieht ganz genauso aus wie damals: Der Marmortresen ist derselbe, auch die bis zur Decke reichenden Regale. Dort sind die Weinflaschen wie die Zinnsoldaten aufgereiht – auch wenn manche mächtig staubig sind, so zeigt ein Blick aufs Etikett, daß es sich durchaus nicht um uralte Dekorationsstücke handelt, die nichts mehr taugen. Es lassen sich viel-

mehr spannende Entdeckungen, sogar Schnäppchen machen, denn Andrea Bertucci ist wie der Teufel im ganzen Land hinter guten Weinen her. Man kann sie bei ihm probieren, auch glasweise, sogar mit nach Hause nehmen. »Wein ist zum Trinken, nicht zum Sammeln da!« findet er. Dazu kann man verkosten, was er bei den Bauern an hausgemachten Würsten, Schinken und Käse aufgetrieben hat. Hinter dem Bartresen wirbelt Cinzia, seine Schwester, eine rasante Schönheit: sie schneidet Schinken, richtet Käseteller, schenkt ein, immer strahlend, während Andrea, pausbäckig wie ein Putto und stolz wie Bacchus, die Gäste wortreich von seinen neuesten Trouvaillen überzeugt!

Köstlich: Pappa di pomodoro

Süß: Orangenkuchen

Idyllisch: La Verna

Prächtig: Dom von Siena

Hungrig: Touristen in Massa Marittima

Elegant: Gestreifte Paprikaterrine

Mühsam: Trauben aufhängen

Ehern: Denkmal für Garibaldi in Anghiari

Golden: Trauben für Bianco di Pitigliano

HERBST

Strohgelbe Stoppelfelder, roter Wein und das Füllhorn der Natur. Von fangfrischem Fisch und Schweinen, die Gürtel tragen

Saint Gobain

Klein, aber fein: Sansepolcro

Ganz im Osten streckt die Toskana einen Zipfel ins obere Tibertal, das mehr umbrischen als toskanischen Charakter hat. Zentrum ist Sansepolcro, das denn auch von umbrischen Geschlechtern und Perugia beherrscht wurde, ehe Florenz es 1441 kaufte. Heute noch ist die Anbindung an die Romagna nach Norden und an Umbrien im Süden durch die gut ausgebaute Schnellstraße besser als über Berg und Tal nach Arezzo oder Florenz. Sansepolcro verdankt seinen Namen Reliquien, die Pilger im Jahre 934 aus dem Heiligen Land mitgebracht hatten. Das Städtchen – Geburtsort von Piero della Francesca, von dem einige gute Werke im Museum zu sehen sind – ist gewiß nicht aufregend, aber herrlich unverdorben und natürlich. Die große Nudelfabrik von Buitoni hat für einen gewissen Wohlstand gesorgt und Geld für die Re-

novierung einiger der ziemlich heruntergekommenen Paläste gestiftet. In den engen Straßen herrscht vormittags und abends reges Leben – es lockt ein verblüffend urbanes Angebot: gemütliche Trattorien neben zeitgeistigen Cafés, verschlafene Antiquitätengeschäfte und schräge Design-Shops, trendig-heiße Modeboutiquen neben biederen Haushaltsläden, eine blitzende Hausbrauerei, eine vorzüglich bestückte Enoteca (Guidi) und eine traditionell arbeitende Metzgerei (Martini) …

Das Leben hat hier noch einen gemütlichen Rhythmus, für ein Schwätzchen ist immer Zeit. Touristen fallen nicht in Scharen ein – nur am zweiten Sonntag im September wird es in den Straßen eng: Dann findet der *Palio della Balestra* statt, ein Wettkampf im Armbrustschießen, wofür sich Stadt und Menschen mit Fahnen und Kostümen in historischem Glanz herausputzen.

Im Stoffladen von Busatti in Sansepolcro (oben und unten, hat nichts mit Busatti in Anghiari zu tun): Die Rollen und Ballen scheinen die Geschichte ihrer handwerklichen Herstellung auf alten Webstühlen zu erzählen; man sieht dem Laden sofort an, daß hier nicht austauschbare Industrieware verkauft wird. Wie auf dem Lebensmittelmarkt, wo der Bauer die Kürbisse seines Gartens anders anpreist als der Händler die Produkte vom Großmarkt. Markt und Handel sind damit – und deshalb lieben wir Nordlichter die Märkte der Toskana ja auch so sehr – im Alltag gelebte Kulturgeschichte, von Händlern wie Kunden individuell getragener Ausdruck eines gesellschaftlichen Bewußtseins. Deshalb haben nur über den Preis argumentierende Handelsketten hier überhaupt keine Chance.

Kritisch werden die Steinpilze geprüft, erst nach gründlichem Abwägen fällt die Entscheidung, welches Exemplar eine gute Nudelsauce abgeben wird! Selbstverständlich wird keinem Kunden »polizeilich« verwehrt, die Ware dafür in die Hand zu nehmen!

Ovoli, *die orangeroten Verwandten des Fliegenpilzes, gelten als die feinsten aller Pilze: Kaiserlinge heißen sie zu deutsch – es war der Pilz der Cäsaren, der römischen Kaiser! Am besten schmecken sie, wenn sie noch ganz klein sind, der Hut noch nicht entfaltet – wie ein Ei sehen sie dann aus, daher die italienische Bezeichnung. Man ißt sie entweder roh, in hauchdünnen Scheiben als Salat, oder mit etwas Knoblauch in Olivenöl gedünstet, nur mit Salz, Pfeffer und Petersilie gewürzt, zu frischen Eierbandnudeln,* Tagliatelle.

Anghiari und die Locanda »Castello di Sorci«: Wer nicht da war, glaubt es nicht!

Das mittelalterliche Städtchen Anghiari thront auf einer Anhöhe im Westen der Tiberebene, genau gegenüber von Sansepolcro. Die Häuser schmiegen sich an die Kirche wie Küken um ihre Glucke. Schaut man durch den Ort ins Tal hinunter, kann einem schwindlig werden: Steil und schnurgerade wie eine Sprungschanze führt die Hauptstraße hinab! Dort unten fand 1440 die Schlacht von Anghiari statt – von Leonardo da Vinci als Fresko im Palazzo Vecchio von Florenz verewigt. Die Florentiner besiegten damals die Mailänder, die sich daraufhin endgültig aus der Toskana zurückziehen mußten. Den Tiber, der einst zu Füßen der Stadt vorbeifloß, hatten im 12. Jahrhundert Kamaldulenser Mönche auf die Ostseite des Tals nach Sansepolcro verlegt, um Ackerland zu gewinnen. Jetzt wurde er zu einem See aufgestaut, der dieser Region völlig neue Freizeitmöglichkeiten gibt. Sein Wasser wird durch einen 30 Kilometer langen Stollen ins Arnotal geleitet, um Felder zu bewässern und Arezzo mit Trinkwasser zu versorgen.

Nach einem Spaziergang durch das hübsche Anghiari mit seinen Gäßchen, Treppen und Brücken hat man sich eine erquickende Mahlzeit verdient. Dafür empfiehlt sich die Locanda »Castello di Sorci«, nur wenige Kilometer entfernt. Ein Gasthaus der besonderen Art: »Es ist sehr, sehr einfach«, warnt Elena, die niedliche Verkäuferin in der todschicken Boutique in Sansepolcro, »aber es ist wirklich echt, sehr typisch, richtig gut – Sie müssen rechtzeitig da sein!«

Die Locanda ist im Wirtschaftsgebäude einer weitläufigen Schloßanlage untergebracht, in der man auch Räume für große Feste mieten kann. Schon lange vor der Mittagszeit sitzen erwartungsvolle Gäste vor dem Haus. Kinder turnen auf einer gewaltigen Weinpresse, während die Eltern auf dem täglichen Flohmarkt nach Schnäppchen stöbern.

Wer rechtzeitig da ist, bekommt vielleicht noch einen der begehrten Tische in der Loggia. Auf den einladend weiß gedeckten Tischen verwundern die Tellerstapel an jedem Platz. Nach jedem Gang wird der oberste Teller abgeräumt, die Stapel kleiner ... Es gibt nur ein Menü, an jedem Tag der Woche ein anderes – aber diese Menüs sind seit 20 Jahren unverändert: Hier ist nicht Kreativität gefragt, sondern solides Handwerk mit guten Zutaten. »Wir besitzen kein Tiefkühlgerät«, verspricht der Hausprospekt. Und tatsächlich: Alles ist frisch gekocht und hausgemacht, der Vino (rot oder weiß, soviel man mag!) süffig, der Vin Santo zum Dessert gar bemerkenswert! Es ist hier immer voll und ein gewaltiges Geschmause! Denn nach dem *caffè* zahlt man einen sensationell niedrigen Preis ...

1

CROSTINI DI MILZA

CROSTINI MIT MILZPASTE

Ein Klassiker unter den Crostini. Milz mag für uns eigenartig klingen. Die Creme daraus schmeckt jedoch ganz wunderbar. Ein Grund mehr, nicht mit den Ohren, sondern lieber mit dem Gaumen zu genießen!

Für sechs Personen:
300 g Kalbsmilz, 1 Zwiebel,
3 Knoblauchzehen, 2 Selleriestangen,
1 Möhre, einige Petersilienstengel,
je 1 Rosmarin- und Thymianzweig,
4 EL Olivenöl, 1/4 l Weißwein, Salz,
Pfeffer, 1 EL Kapern, 2 Sardellen

Die Milz häuten, falls die Haut sich nicht gut löst, das Innere mit dem Messer herausschaben. Fein hacken und mit dem ebenfalls klein gehackten Gemüse in drei Eßlöffeln heißem Öl andünsten. Die Petersilienstiele (Blätter abzupfen und beiseite legen) sowie Rosmarin- und Thymianzweige zufügen, den Wein angießen und alles zugedeckt eine halbe Stunde leise köcheln. Die Kräuterstiele entfernen, die Petersilienblätter statt dessen zufügen, alles mit Pürierstab oder im Mixer nicht zu fein zerkleinern, dabei Kapern und Sardellen sowie einen Löffel Olivenöl mitmixen.
Die Creme sehr kräftig abschmecken, dann abkühlen lassen. Sie hält sich in einem Schraubglas gut eine Woche im Kühlschrank. Auf gerösteten Brotscheiben zum Aperitif servieren.

1

2

2

BRODO DI POLLO CON FARRO

HÜHNERSUPPE MIT DINKEL

Eine herzhafte, kräftige Hühnerbrühe, der eine Handvoll Dinkelkörner sowie zerdrückte weiße Bohnenkerne Gehalt und Konsistenz geben.

Für sechs Personen:
2 Tassen Dinkelkörner,
1 Tasse weiße Bohnen,
1 Suppenhuhn,
1 dickes Bund Suppengrün
(Lauch, Möhre, Sellerie, Petersilie),
2 Zwiebeln, 1 TL Pfefferkörner, Salz,
1 Handvoll Salbeiblätter

Getreide und Bohnen in einer großen Schüssel in reichlich Wasser über Nacht einweichen.
Das Suppenhuhn mit dem gewürfelten Suppengemüse in einem ausreichend großen Topf mit Wasser bedecken, Pfefferkörner und Salz zufügen, langsam, ohne Deckel, zum Kochen bringen. Nach dem ersten Aufwallen die Hitze auf kleinste Stufe schalten, den Deckel jedoch erst auflegen, wenn der Schaum, der sich zunächst gebildet hat, verschwunden ist. Das Huhn vier Stunden auskochen, dabei jedoch nur leise ziehen, nicht sprudelnd wallen lassen.

Das Getreide mit den Bohnen in frischem Wasser weich kochen – Salz nicht vergessen und einige Salbeiblätter zufügen.
(Tip: Das Hühnerfleisch läßt sich noch für eine Crostini-Paste verwenden. Zusammen mit den mitgekochten Zwiebeln und der Möhre glatt mixen, kräftig mit Muskatblüte und Cayennepfeffer würzen, zum Schluß einen Schuß Olivenöl für die Geschmeidigkeit mitmixen.)
Die Brühe mit Dinkelkörnern und Bohnenkernen in tiefen Tellern servieren, ohne sie vorher cremig zu pürieren!

1

FETTUCCINE AL RAGÙ

BANDNUDELN MIT HACKFLEISCHSAUCE

Das Geheimnis der wundervoll saftigen Hackfleischsaucen italienischer Hausfrauen: Sie braten das Fleisch nicht an, weil es sonst hart würde, sondern füllen alles zur selben Zeit in den Topf und lassen den Sugo dann sehr lange und geduldig köcheln …

Für sechs Personen:
1 große Zwiebel, 3 Knoblauchzehen, 300 g Schweinehackfleisch, 150 g gekochter Schinken in hauchdünnen Scheiben, 1 große Dose geschälter Tomaten, Salz, Pfeffer, 1 gehäufter TL getrockneter Origano, 500 g frische, am besten hausgemachte Bandnudeln, Pecorino zum Reiben

Zwiebel fein würfeln, Knoblauch durch die Presse drücken, mit dem Schweinehackfleisch und dem feingewürfelten Schinken in einen Topf füllen. Tomaten samt Saft zufügen, dabei die Tomaten ein wenig zerdrücken. Salzen, pfeffern, mit Origano würzen. Leise etwa eine Stunde köcheln, falls dabei zuviel Flüssigkeit verkocht, immer wieder einen Schuß Wasser zufügen. Ab und zu umrühren.

Schließlich abschmecken, frisch gekochte Nudeln tropfnaß in dieser Sauce wenden und sofort zu Tisch bringen. Dazu gehört alter Pecorino frisch darübergerieben.

2

POLLO AL FORNO CON FEGATELLI E SALSICCE

HUHN AUS DEM BACKOFEN MIT SEINER LEBER UND WÜRSTCHEN

Ein ideales Essen für viele Gäste: Alles wird in eine Bratenform gepackt und im Rohr knusprig gebraten.

Für sechs Personen:
1 große Poularde, Saft einer Zitrone, 6 schöne Geflügellebern, 6 dünne Scheiben Speck, 6 Salbeiblätter, 3–4 Schweinswürstchen, 2 Zwiebeln, 2 EL Olivenöl, 1 Glas Weißwein

Das Huhn in Portionsstücke schneiden: Entlang des Rückgrats und Brustbeins halbieren. Die Schenkel abtrennen und im Gelenk in Ober- und Unterschenkel teilen. Die Flügel mit einem Stück der Brust abschneiden, so bleibt trotzdem ein schönes Bruststück übrig. Alle Teile gründlich mit Zitronensaft einreiben, salzen, pfeffern und in eine Bratenform setzen.

Die Geflügellebern putzen, jede in eine Speckscheibe wickeln, dabei je ein Salbeiblatt mit einpacken. Mit den Würstchen zwischen die Hühnerstücke in die Form setzen. Die Zwiebeln grobgehackt dazwischen streuen. Alles mit Öl beträufeln und in den auf zunächst 250 Grad vorgeheizten Ofen schieben. Nach 20 Minuten die Teile umdrehen, mit Wein benetzen und bei nunmehr 150 Grad weitere 30 bis 40 Minuten braten. In der Form zu Tisch bringen – dazu schmecken Ofenkartoffeln, wie auf Seite 218 beschrieben, und ein Salat!

3

TORTA DI ARANCE

ORANGENKUCHEN

Für eine Kranzform von 24 cm Durchmesser:
4 Eier, 250 g Zucker, 250 g Butter, Salz, abgeriebene Schale von 2 Orangen, 0,2 l frisch gepreßter Orangensaft, 2 EL Zitronensaft, 400 g Mehl, 1 gehäufter TL Backpulver, Butter und Zucker für die Form

Die Eier mit dem Handrührer oder in der Küchenmaschine schaumig rühren, dabei löffelweise den Zucker und stückchenweise die Butter, schließlich auch die Salzprise, die Orangenschale, den Orangen- sowie den Zitronensaft zufügen. Wenn sich alles zu einer dicken, hellen Creme verbunden hat, das mit dem Backpulver vermischte Mehl zufügen und rasch einarbeiten. Diesen zähen Teig in eine dick ausgebutterte und mit Zucker ausgestreute Kranzform füllen. Bei 175 Grad etwa 50 Minuten backen, bis der Kuchen goldbraun geworden ist. (Stäbchenprobe machen!)

1

3

2

Die weißen Chiana-Rinder sind typisch für die Toskana – ihren Namen haben sie von dem weiten, sanften Tal zwischen Arezzo und Chiusi. Es gibt sie aber inzwischen in allen Regionen des Landes, denn ihr Fleisch gilt als besonders gut und erzielt höchste Preise – es liefert die berühmte bistecca fiorentina. *Die Tiere sind genügsam und kommen mit dem wenigen Gras aus, das die vertrockneten Wiesen im Sommer liefern. Aber es ist hier wie überall: Das Fleisch ist nur gut, wenn die Tiere ordentlich gehalten werden, nicht – um schneller zu produzieren – mit Hormonen gespritzt und zusätzlich mit Kraftfutter gemästet. Der Name »Chiana« allein ist keine Garantie für Spitzenqualität!*

Die heilige Stille von La Verna

Zwischen den Tälern des oberen Tiber und des jungen Arno, Val Tiberina und Casentino, ziehen sich über Hügel und Berge endlose Wälder. In den abgelegenen Dörfern versteckten sich jahrhundertelang Räuberbanden; mit redlicher Arbeit konnte in der rauhen Landschaft – die wenig Mediterranes an sich hat, sondern eher unseren Mittelgebirgen gleicht – keine Familie satt werden! Im kleinen Bergdorf Caprese wurde der große Michelangelo geboren. Hier sagten sich früher und sagen sich heute noch Fuchs und Hase gute Nacht.
Genau die richtige Gegend also für Einsiedler und Menschen, die dem törichten, sinnlosen oder sündigen Tun der Menschheit entrinnen wollten: Hierher entfloh der Welt Franz von Assisi. Im Kloster La Verna, auf 1128 Meter Höhe, soll er seine Stigmata, die Wundmale Jesu, erhalten haben. Damals war der Ort nur äußerst schwierig zu erreichen, heute herrscht reger Betrieb: Touristen und Pilger besuchen die heilige Stätte. Trotzdem läßt sich in der weitläufigen Anlage noch die großartige Stille der Felsenlandschaft nachempfinden, in welcher der heilige Franz einst betete; man kann sich dem Reiz dieses Ortes hingeben, dem Zauber des diffusen Lichtes unter gewaltigen Bäumen; die harmonisch gruppierten Pilgerhäuser bewundern, die aufwendig gebauten Klostergebäude, die Majoliken von Andrea della Robbia und das prachtvolle Chorgestühl. Aber vor allem den weiten Blick über Hügel und Wälder genießen!

Die Wallfahrt hinauf nach La Verna kostet Kraft, die Felsen laden zur Pause. Für geübte Wanderer sind die Ausläufer des Apennin ein traumhaftes Gebiet.

»Da Caino«

Wenn sich am Wochenende im winzigen Laden von Maurizio Menichetti die Menschen drängelten, um zu probieren, was der leidenschaftliche Weinsammler Neues hatte, versorgte Mutter Menichetti sie mit kleinen Leckerbissen. Kostproben der *salumi,* Schinken, Käse, die Maurizio ebenfalls von seinen Einkaufstouren mitbrachte, gab es sowieso. Dann erschien Valeria in Maurizios Leben. Die gelernte Laborassistentin trat ihren Beruf gar nicht erst an, denn sie entdeckte, als sie ihrer Schwiegermutter in der Küche half, daß die Arbeit in dieser Art Labor ihr weitaus mehr Vergnügen machte. Sie stürzte sich mit Begeisterung hinein und wurde rasch zum perfekten Profi. *La mamma* konnte ihre müde gewordenen Hände beruhigt in den Schoß legen.

Es war die Zeit des kulinarischen Aufbruchs, Anfang der achtziger Jahre, als man auch in Italien über den Tellerrand hinausblickte und begann, die neuen Dimensionen zu durchmessen, die eine stürmische Modernisierungswelle in den Kochtöpfen Europas ausgelöst hat-

ten. Die Mode mit den riesigen Tellern, auf denen winzige Leckerbissen übersichtlich angerichtet waren, haben die Menichettis nie mitgemacht. Wichtig war und ist ihnen die Konzentration auf das Wesentliche, das Produkt: beste Qualität, nach allen Regeln der Kunst und mit Phantasie zubereitet, immer jedoch sozusagen mit beiden Beinen auf der Erde. Valerias Ideen versteigen sich nie in übertriebene Höhen, sie kocht sehr präzise und kunstvoll, dabei herzhaft und bodenständig. Das hat dem kleinen Restaurant, das dem verstorbenen Papa zu Ehren »Da Caino« heißt, sogar zwei Sterne im Michelin eingebracht, der außerhalb Frankreichs mit Lob ja eher geizt. Eine Reise in den entzückenden Ort Montemerano im Süden der Toskana ist also jeden Umweg wert!

1
CUORE DI POMODORO
TOMATENHERZ

Ein wundervoll fruchtiges Gelee von unnachahmlich zarter Konsistenz. Allerdings ist die Handhabung der Gelatine hier nicht ganz einfach: Wieviel man braucht, hängt vom Säuregehalt der Tomaten ab, je mehr Säure, desto mehr Gelatine. Das muß man einfach ausprobieren …

Für sechs Personen:
1 kg reife Tomaten (die Sorte Roma ist am besten geeignet), Salz, Pfeffer, 2–3 EL Olivenöl, eine Prise Zucker, 9–12 Blatt Gelatine

Die Tomaten mit kochendem Wasser überbrühen. Eiskalt abschrecken, dann häuten. Grob zerschneiden, salzen und pfeffern. Durch eine Gemüsemühle passieren. Das Püree mit Salz, Pfeffer, Olivenöl und Zucker würzen, abwiegen: Es sollten 800 Gramm sein. Die Gelatine einweichen, in etwas erwärmtem Tomatenpüree auflösen und mit dem Rest Tomatenpüree unterziehen. In Herzförmchen füllen und im Kühlschrank fest werden lassen. Zum Servieren stürzen, auf Tellern anrichten, mit würzigem Pesto (Rezept Seite 85) dekorativ umklecksen.

2
RICOTTA IN CROSTA DI PANE
RICOTTA IM BROTMANTEL

Zum Aperitif serviert Maurizio hübsche Kleinigkeiten: eine Melonenkugel, mit rohem Schinken umwickelt, Croûtons mit je einem halbierten Wachtelei auf würziger Mayonnaise, ein Stück Pizza mit frischer Tomate sowie eine Scheibe Ricotta im Teigmantel. Für die letzteren beiden Häppchen braucht man Brot- beziehungsweise Pizzateig:

Für sechs bis acht Personen:
Pizza- bzw. Brotteig:
1/2 Würfel Hefe, knapp 1/8 l Wasser, 350 g Mehl, Salz, 1 EL Olivenöl
Außerdem:
250 g Ricotta, Pfeffer, Salz, 2 Tomaten, Origano, Olivenöl

Die Hefe im lauwarmen Wasser auflösen, mit etwas Mehl verrühren und zugedeckt an einem warmen Ort gehen lassen. Dann mit den übrigen Zutaten vermischen und in der Küchenmaschine einen geschmeidigen Teig kneten. Mit Mehl bestäubt noch einmal eine halbe Stunde gehen lassen.

Den Teig ausrollen, die Ricotta in Scheiben schneiden und als schmalen Streifen darauf betten, mit Salz, Pfeffer und etwas zerrebeltem Origano würzen. Den Teig darüber zusammenschlagen, die Rolle mit der Nahtstelle nach unten auf ein Blech setzen und mit verquirltem Ei einpinseln. Bei 220 Grad 20 Minuten backen. Etwas abkühlen lassen, jedoch noch lauwarm in Schnitten teilen und servieren.

Für kleine Pizzen kinderhandtellerkleine Teigflecken ausrollen, mit Tomatenscheiben belegen, salzen, pfeffern, mit Origano würzen und mit Öl beträufeln. 15 Minuten backen, bis der Teig knusprig ist.

1

2

3

1

BACCALÀ MANTECATO

STOCKFISCHPÜREE

Leider ist bei uns Stockfisch, der eingesalzene Kabeljau, selten. Man muß in guten, von Ausländern geführten Feinkostläden danach suchen. Wenn man Glück hat, bekommt man die Fischstücke bereits eingeweicht – sonst muß man diese Arbeit selber tun: etwa zwei Tage lang in immer wieder gewechseltem Wasser, bis sie fast wieder wie frisches Fischfilet aussehen.

Für sechs Personen:
600 g Stockfisch, 3 Knoblauchzehen, 1 Bund Petersilie, 3–4 EL Olivenöl, Pfeffer, Cayenne, Salz

Den eingeweichten Stockfisch in reichlich Wasser behutsam gar ziehen lassen – je nach Dicke des Stücks 20 bis 30 Minuten. Dann sorgfältig entgräten und häuten. Knoblauch und Petersilienblätter in einem Eßlöffel Öl ganz kurz andünsten, eigentlich nur rasch darin wenden, bis die Petersilie glänzt. Zusammen mit dem Stockfisch zu glattem Püree mixen, dabei das restliche Öl hinzufließen lassen. Mit Pfeffer, Cayennepfeffer und, nur wenn unbedingt nötig, einem Hauch Salz würzen. In Portionsförmchen verteilen, die einen herausnehmbaren Boden haben, und fest werden lassen. Herausdrücken und auf Tellern anrichten. Mit grünen Böhnchen umkränzen, die mit Balsamico und Olivenöl angemacht sind.

2

TORTELLI CACIO E PERE

RAVIOLI MIT KÄSE UND BIRNEN

Für sechs Personen:
1 Rezept Nudelteig (siehe Seite 30 oder 62)
Füllung:
300 g Ricotta, 200 g mittelalter Pecorino, Salz, Pfeffer, 2 reife Birnen
Rote-Bete-Sauce:
1 mittelgroße Rote-Bete-Knolle, 30 g Butter, Salz, Pfeffer, ein Hauch Piment und Cayennepfeffer

Den Teig hauchdünn auswalzen. Für die Füllung Ricotta mit dem geriebenen Pecorino mischen, salzen und pfeffern. Die Birnen schälen, vom Kerngehäuse befreien und in Spalten schneiden. In regelmäßigen Abständen einen Eßlöffel Käse auf das Teigband setzen, eine Birnenspalte obenauf betten, die leere Teighälfte darüberklappen und rundum gut festdrücken. Quadrate ausradeln. In Salzwasser zwei Minuten gar ziehen lassen. Für die Sauce die rote Bete ungeschält weich kochen, häuten, im Mixer pürieren, dabei würzen, etwas Nudelwasser und so viel Butter zufügen, bis die Sauce glänzt.

3

LASAGNETTA AL RAGÙ DI CODA

KLEINE LASAGNE MIT OCHSENSCHWANZRAGOUT

Ein kunstvolles, aber herrliches Gericht: Zwischen hauchdünnen Nudelteigblättern wechselt sich ein würziges Fleischragout mit einem zarten Kartoffelpüree ab.

Für sechs Personen:
Ochsenschwanzragout:
1 kg Ochsenschwanz, 2 EL Olivenöl, 2 Zwiebeln, 2 Selleriestangen, 2 Möhren, Salz, Pfeffer, 2 Thymian- und 3 Basilikumzweige, 1/2 l Weißwein
Kartoffelpüree:
800 g mehlige Kartoffeln, 2 Zwiebeln, 2 Knoblauchzehen, Salz, 2 EL Olivenöl, Pfeffer, Schnittlauch
Außerdem:
1/2 Rezept Nudelteig (siehe Seite 30 oder 62), Olivenöl, frisch geriebener Parmesan, 2 Tassen Tomatenwürfel, Basilikum, Orangenschale

Für das Ragout die Ochsenschwanzstücke im heißen Öl anbraten. Gemüse putzen, sehr klein würfeln und mitbraten. Salzen und pfeffern, Thymian und Basilikum zufügen. Den Wein angießen, zugedeckt etwa zwei Stunden leise schmoren. Falls dabei zuviel Flüssigkeit verkocht, immer wieder einen Schuß Wasser hinzufügen. Das Fleisch schließlich von den Knochen lösen und kleinschneiden. Im Schmorsud noch einige Minuten schmurgeln lassen, er sollte jetzt schön dicklich eingekocht, das Gemüse fast zerfallen sein. Die Kräuter entfernen, das Ragout abschmecken.

Die Kartoffeln schälen, würfeln, zusammen mit den ebenfalls gewürfelten Zwiebeln und dem Knoblauch in einem Topf mit Wasser knapp bedecken, salzen und zugedeckt 20 Minuten weich kochen. Die Hälfte des Wassers abgießen, die Kartoffeln mit dem Stampfer zermusen oder durch die Gemüsemühle drehen. Mit dem Schneebesen aufschlagen, dabei das Öl, Pfeffer und reichlich Schnittlauch zufügen.

Den Nudelteig hauchdünn auswalzen, 24 runde Blätter ausstechen, in Salzwasser jeweils eine Minute kochen, dann abtropfen und mit Öl einpinseln, damit sie nicht zusammenkleben.

Zum Servieren wird alles wie eine kleine Lasagne übereinandergestapelt: zuunterst ein Nudelblatt, darauf Kartoffelpüree, wieder ein Nudelblatt, das Ragout, Nudelblatt, erneut Kartoffelpüree und obenauf wieder ein Nudelblatt. Dieses mit Öl einpinseln, mit geriebenem Käse bestreuen und jetzt das gesamte Gebilde entweder kurz über Dampf oder rasch im Backofen erwärmen. Valeria garniert den Teller mit einem Kranz aus Tomatenwürfeln, die sie mit Salz, Pfeffer, feingehacktem Basilikum, etwas geriebener Orangenschale und einigen Tropfen Olivenöl gewürzt hat.

4

LOMBETTO DI CONIGLIO

KANINCHENRÜCKEN

Der hauchdünn aufgeschnittene Kaninchenrücken wird überaus elegant mit frittiertem Gemüse angerichtet: Hauchdünne Kartoffel- und Selleriescheiben sowie Basilikumblätter sind in Olivenöl knusprig gebacken. Das sieht hinreißend aus und schmeckt auch so. Dazwischen sind Ofentomaten geschichtet, die ganz schön aufwendig herzustellen sind, aber dann auch gut einige Tage im Kühlschrank aufbewahrt werden können – so lohnt es sich, gleich eine größere Menge zuzubereiten.

Für sechs Personen:
1 Kaninchenrücken, ein dicker Kräuterstrauß (Estragon, Dill, Petersilie, Thymian, Basilikum), 2 Knoblauchzehen, Salz, Pfeffer, Olivenöl, 1 Glas Weißwein, ein Bund Suppengrün, 30 g Butter
Ofentomaten:
2 kg feste Tomaten (Roma oder Cuore di bue), je 1 EL abgeriebene Orangen- und Zitronenschale, 3–4 Knoblauchzehen, 3 Thymianzweige, 1 EL Zucker, 1/2 TL Salz

Den Kaninchenrücken entbeinen, die Bauchlappen nicht entfernen! Den Rücken längs halbieren, auf der Innenseite die sehr fein gehackten Kräuter sowie den durch die Presse gedrückten Knoblauch verteilen, salzen und pfeffern. Jede Hälfte so aufrollen, daß das Rückenfilet vom Bauchstück umhüllt ist. In Olivenöl rundum anbraten, mit Wein ablöschen und zugedeckt zehn Minuten ziehen lassen.

Aus den Knochen mit Wurzelwerk einen Fond kochen, diesen mit etwas Butter zu einer Sauce aufschlagen.

Die Tomaten häuten, halbieren, die Kerne herausstreifen. Mit der Schnittfläche nach oben nebeneinander auf ein Backblech setzen. Die übrigen Zutaten mischen und gleichmäßig darüber verteilen. Bei ca. 70 Grad zwei Stunden im Ofen mehr trocknen als backen. Die Tomaten sollen dabei ihr Fruchtwasser verlieren, was ihren Geschmack intensiviert. Zum Aufbewahren luftdicht in Gefrierbehälter packen.

Urzelle des eleganten Zwei-Sterne-Restaurants – das inzwischen auch über zwei ganz bezaubernde Gästezimmer verfügt – war und ist die Enoteca, ein Weinladen, mit Namen »Per Bacco« (Für Bacchus!). Der winzige Raum, der heute auch als Aperitifbar dient, ist immer noch das Herz des Geschäfts. In den Regalen kann man fabelhafte Entdeckungen machen, denn Maurizio ist ständig auf der Suche – und wird stets fündig! – nach Weinen, die viel Qualität zu kleinen Preisen bringen. Hier gibt es auch die Schätze aus Valerias Küche: Eingemachtes und Eingelegtes, ihre köstlichen Marmeladen, das Olivenöl, das die beiden von eigenen Bäumen ernten und selber pressen lassen, und eine hübsche Auswahl von Spezereien und Delikatessen von befreundeten Bauern und Produzenten.

1

CINGHIALE LARDELLATO CON OLIVE TAGGIASCHE

WILDSCHWEIN GEFÜLLT MIT OLIVEN IM SPECKHEMD

So bekommt Wildschwein eine völlig neue Dimension: Die intensiv duftende Olivenfüllung besänftigt den sonst eher dominierenden Fleischgeschmack!

Für sechs Personen:
1 Scheibe aus der Schulter eines jungen Wildschweins (Frischling), ca. 4–5 cm dick, 1 Tasse entsteinte Taggiasca-Oliven (kleine, besonders aromatische Oliven aus Ligurien), 4–5 hauchdünne, große Scheiben von luftgetrocknetem fettem Speck, am besten aus Colonnata (siehe Seite 220), Salz, Pfeffer, Rosmarin, Olivenöl zum Braten

Die Fleischscheibe quer so durchschneiden, daß sie an der breiten Seite noch zusammenhält, man sie fächerartig auseinanderklappen und zu einer großen Fläche ausbreiten kann. Diese Fläche salzen, pfeffern und mit feingehackten Rosmarinnadeln bestreuen. Die Speckscheiben darauf auslegen und darauf die Oliven betten. Jetzt alles zusammenrollen, so daß zuerst die Speckscheiben die Oliven völlig umschließen, dann das Fleisch eine nicht zu dicke, feste Rolle bildet. Mit Küchenzwirn verschnüren. In heißem Olivenöl rundum anbraten und im Backofen etwa 20 Minuten bei 180 Grad garen. Vor dem Anschneiden unbedingt ebenso lange ruhen lassen. Erst dann in sehr dünne Scheiben schneiden und servieren. Dazu gibt es bei Valeria gewürfelte, in Brühe gekochte Kartoffeln.

TÄUBCHEN IN ZWIEBELSAUCE

Ein Gericht aus der großen Küche, zu kompliziert für einen normalen Haushalt. Die blutig gebratene Täubchenbrust wurde hauchdünn aufgeschnitten, die Oberschenkel mit Gänsestopfleber gefüllt und behutsam geschmort. Dann kunstvoll zum Schmetter-

ling drapiert und mit einer Sauce aus der Täubchenleber überzogen. In der Mitte ein Klecks Püree aus den berühmten roten Zwiebeln aus Tropea – sie sind in ganz Italien als Delikatesse begehrt, weil sie so süß und aromatisch schmecken. Leider halten sie nicht lange und sind deshalb nicht oft zu finden.

2

CASSATA DI VALERIA

VALERIAS HALBGEFRORENES

Man braucht dafür eigentlich absolut frische Ricotta, eine Art Quark, die es bei uns leider nicht gibt. Wenn man sich mit Schichtkäse behilft, muß man diesen gut abtropfen lassen und im Mixer glatt pürieren.

Für sechs Personen:
500 g Ricotta oder Schichtkäse,
200 g Zucker, je 1/2 TL gemahlene Vanille und Zimt, 1/2 Blatt Gelatine, 200 g klein gewürfelte kandierte Früchte,
je 50 g gehackte Pistazien, Mandeln und Schokolade,
eine Prise Salz, einige Tropfen Orangenblütenessenz, ein dünner, fertiger Biskuitboden
(Rezept Seite 219)

Die Ricotta durch ein Sieb streichen beziehungsweise den gründlich abgetropften Schichtkäse im Mixer glatt pürieren.
Den Zucker mit zwei Eßlöffeln Wasser zu Sirup kochen, die eingeweichte Gelatine darin auflösen und die Ricotta unterrühren. Dabei auch Vanille und Zimt sowie die übrigen Zutaten untermischen. Diese Masse in eine mit Klarsichtfolie ausgelegte Form oder in kleine Portionsförmchen füllen – wer hat, nimmt die klassische runde Eisbombenform, man kann natürlich auch eine ganz normale Kastenform verwenden. Mit einem exakt zugeschnittenen Stück Biskuitboden abdecken und im Gefrierer fest werden lassen.
Zum Servieren aus der Form lösen und stürzen. In Scheiben oder Tortenstücke schneiden, Portions-Törtchen natürlich ganz lassen und hübsch anrichten. Zum Beispiel mit geschmolzener Schokolade Linien darüber ziehen, mit Früchten der Saison garnieren und mit Puderzucker bestäuben.

Tuff-Stein-Wein

Ein runder Felsbrocken ragt aus dem verwitterten Tuffboden: »Sassotondo« heißt das Weingut – ein Häuschen voller Hunde und Katzen. Karg ist der Boden, das Gras verbrannt. Die Trauben schon Mitte September reif, süß und in Gefahr: Wespen, Wild- und Stachelschweine tun sich an ihnen gütlich. Dabei ist die Trentinerin Carla Benini so stolz auf ihre Trauben, die sie zusammen mit ihrem römischen Mann, Edoardo Ventimiglia, in der südlichen Toskana mit biologischen Methoden produziert! Der weiße, kleinbeerige Sauvignon (Bild Seite 150) wird mit 13 Grad Alkohol einen mächtigen, gehaltvollen Wein bringen. Und die großen roten Beeren des Ciliegiolo einen seltenen Tropfen: Diese Rebsorte galt als wenig charakterstark, bis der Önologe Attilio Pagli sich mit ihr beschäftigte. Ein alter Weinberg bei Pitigliano bringt einen unglaublich konzentrierten, fast schwarzen, im kleinen Eichenfaß (Barrique) gereiften Wein mit Aromen von dunklen Beeren, Macchia und Trockenfrüchten – der 1998er schlug wie eine Bombe ein!
1990 hatten Carla Benini und Edoardo Ventimiglia das Gut günstig erstanden – als Alterssitz. Es gab einen Hektar Reben. Aber nachdem die studierte Landwirtschaftlerin 20 Jahre lang Milchbauern in Theorie beraten hatte, sehnte sie sich nach Praxis – und wechselte gleich das Fach: Dem Wein gehörte schon immer ihre Leidenschaft. Zuerst lieferten die beiden ihre Trauben an die Genossenschaft, dann packte sie der Ehrgeiz. Sie legten neue Weingärten an und beschäftigten sich mit moderner Kellertechnik. Bestes Lesegut garantieren Freunde und Leute aus dem Dorf, die alle angefressenen oder unreifen Beeren penibel aus den Trauben picken (rechts oben beim Mittagessen).
1996 gab es die ersten selbst ausgebauten Weine, mit dem 97er war der Erfolg perfekt. Basis sind der *Bianco di Pitigliano* (aus Trebbiano, Malvasia, Greco, Chardonnay und Sauvignon) und ein *Rosso* (Ciliegiolo und Alicante). Mit der Kettensäge wurde ein neuer Keller in den vulkanischen Tuff geschnitten. Heute muß sich glücklich schätzen, wer ein paar Flaschen *SanLorenzo* bekommt; oder vom *RossoFranze* – ein ebenfalls im Barrique ausgebauter, dichter Sangiovese, auf dem Bild rechts oben mit der Exportplombe für die USA.

Maremma: Das arme Land am Meer blüht auf

Seit dem Untergang des Römischen Reiches war hier nichts mehr los, das Land dämmerte vor sich hin. Mussolini hatte einen neuen Anfang versucht, mit der Landreform die Großgrundbesitzer teilweise enteignet, den Halbpächtern und verdienten Soldaten kleine Landparzellen übereignet, den Bau der gleichförmigen Häuser finanziert. Eine Zeitlang hatten die Leute ihr Auskommen, dann war es wieder vorbei – die kleinen Höfe wurden unrentabel, das Land verkam. Der Tourismus, zunächst auf Camper und bescheidene Badegäste ausgerichtet, begann seit den achtziger Jahren mit anspruchsvolleren Gästen Geld zu bringen und schuf neue Arbeitsplätze. Am Argentario, in Porto Ercole und Porto Santo Stefano, in Ansedonia und Capalbio bauten sich reiche Römer und Ausländer ihre Sommervillen. Inzwischen gibt es Attraktionen für die unterschiedlichen Bedürfnisse der Touristen: den Tarot-Skulpturenpark von Niki de Saint Phalle, den Maremma-Naturpark der Monti dell'Uccellina, die weiten Strände, die Buchten von Talamone (unten). Mit der Gästezahl stieg die Nachfrage für gute Produkte – Fleisch, Schinken und Würste, Käse und Olivenöl, Gemüse, Obst und Säfte, Wein, Konfitüren und Honig. Die Landwirtschaft wurde wieder rentabel: Manche Güter und Genossenschaften liefern heute in alle Welt.

Nördlich von Ansedonia, neben der Lagune von Orbetello, wird intensive Fischzucht betrieben: In den Teichen sprudeln Fontänen, um das Wasser mit Sauerstoff anzureichern. Von hier kommen die Fische, die in den Läden durch ihre gleichmäßige Größe auffallen: Goldbrasse, orata, *und Wolfsbarsch,* spigola *oder* branzino *genannt.*

Das Gut »La Parrina« der Marchesa Franca Spinola umfaßt 450 Hektar, 65 davon Reben – der Wein wurde in den letzten Jahren immer besser. Man kann schöne Wohnungen mieten, im Herrenhaus oder einem Nebengebäude, auf der Veranda mit Blick in den herrlichen Garten frühstücken und im weiten Hof zu Abend essen.

Oberhalb von Ansedonia, mit herrlichem Blick auf die Halbinsel des Argentario, liegen die Ruinen der römischen Stadt Cosa, die nur drei Jahrhunderte blühte – dann hatte sie das umliegende Land ausgebeutet und ging zugrunde. Erhalten ist nur wenig, darunter eine etruskisch-römische, erdbebensichere Polygonalmauer.

Auf dem Areal von Cosa zeigt ein kleines, aber gut gestaltetes Museum römische Objekte. Im Hof stehen riesige tönerne Vasen, vollendet gerundet – einfach unglaublich schön. Muschelspuren der Oberfläche: es sind 2000 Jahre alte, römische Transportgefäße, die aus einem vor Ansedonia gesunkenen Schiff geborgen wurden.

Malerisches Massa Marittima und ein feines Restaurant

Massa Marittima liegt 400 Meter hoch in den Ausläufern der Colli Metalliferi, jener metallhaltigen Hügel, denen das Städtchen im Mittelalter seine Bedeutung verdankte. Wonach gegraben wurde und wie wichtig dies für die Stadt war, zeigen gleich zwei Museen. Wer konnte, zog sich nach hier oben zurück, um dem dumpfen, ungesunden Klima der sumpfigen Maremma und der Malaria zu entkommen. Heute dienen die seit den dreißiger Jahren trockengelegten Gebiete der Landwirtschaft.

Die malerische Stadt ist beliebtes Tagesausflugsziel, wenn das Wetter nicht an die nahen Strände lockt. Das Auto muß jeder am Stadteingang unterhalb des Doms stehen lassen. Und das ist gut so, denn die wunderschöne Piazza Garibaldi, die sich vor den flachen Domstufen ausbreitet, verträgt keinen Verkehr. So kann man ungestört flanieren, im »Caffé Vanni« an der Ecke bei einem Espresso die Domfassade auf sich wirken lassen und wieder einmal bestaunen, wie meisterlich Italiens Baumeister des Mittelalters und der Renaissance es verstanden haben, Räume zu inszenieren: das Bühnenbild zu schaffen, in dem das pralle Lebensdrama seinen angemessenen Schauplatz findet.

Unten: Gruppenbild mit Dame – Nadia, Luciano und Luca für den Service. Francesco wird in der Küche von zwei Japanern unterstützt.

Wer mehr als eine Pizza oder einen Teller Pasta will, muß allerdings den schönen Ort verlassen. Doch gleich unterhalb der Stadt, Richtung Siena rechterhand, ist er im »Da Bracali« angekommen: Bei Familie Bracali zu Gast sein ist wörtlich zu nehmen, denn alle packen hier mit an. Man mag sich vielleicht anfangs ein wenig unbehaglich fühlen, alles wirkt sehr neu, ein wenig steif und vornehm: viel Mahagoni, hohe Armlehnstühle, sanftes Licht, die elegant gedeckten Tische in weitem Abstand voneinander – eine Stille, die den Gast fast unwillkürlich flüstern läßt. Auch sind Luca Bracali, der Sommelier, und Nadia, die Kellnerin, mit derart inbrünstigem Ernst bei der Arbeit und von der Wichtigkeit ihrer Aufgabe so durchdrungen, daß ihnen erst nach einer Weile ein Lächeln zu entlocken ist. Aber sobald der erste Teller vor einem steht, ist

Der Dom, ein eindrucksvoller Bau. Seit der Renovierung schimmert seine Travertinfassade wie Seide. Im letzten Abendlicht erglüht sie rosarot.

Wo Touristen sind, gibt's viele Antiquitätenläden. Aber mit mehr neuen als wirklich alten Sachen. Schnäppchen lassen sich da wenig machen.

klar: Das kann nur der Beginn einer wunderbaren Freundschaft sein! Der lauwarme Salat aus Kutteln, der perfekt gesottene Scampo, die entzückend gestreifte Paprikaterrine, voll Kraft und üppigem Aroma, die hübschen Pünktchen aus duftendem Petersilienöl rundum… Das ist leicht, erfrischend, originell und köstlich – und obendrein auch noch präzise und intelligent, einfach meisterhaft gekocht!

Erst vor gut drei Jahren haben die Bracali ihre Trattoria so elegant ausgebaut und auf diese feine Art zu kochen umgestellt. Vorher stand Mutter Manuela in der Küche, Vater Luciano kümmerte sich um den Saal. Aber seit die Söhne nach ihrer Lehre heimgekommen sind, Luca den Wein und Francesco die Küche übernommen hat, wurde der Laden völlig umgekrempelt. Schüchtern noch, ein bißchen unsicher. Aber sie sind mit solchem Feuereifer dabei, daß man um ihre Zukunft nicht bangen muß.

1

1

TRIPPA IN BIANCO CON SCAMPI

WEISSWEINKUTTELN MIT SCAMPI

Für vier bis sechs Personen:
75 g luftgetrockneter Speck, 1 Zwiebel, 2 Knoblauchzehen, 2 EL Olivenöl, 4 Petersilienstiele, 2 Rosmarinzweige, 5 Salbeiblätter, 800 g vorgekochte, geputzte Kalbskutteln, 1/2 l Weißwein, Basilikum
Scampi:
2 EL Olivenöl, 3 Thymianzweige, 3–4 Knoblauchzehen, 1 Tasse gewürfeltes Tomatenfleisch, 1/8 l Fischfond, Salz, Pfeffer, 6 große Scampi
Paprikaterrine:
je 500 g rote und gelbe Paprika, 2 Zwiebeln, 4 Knoblauchzehen, Salz, Pfeffer, 6 Blatt Gelatine

Feingewürfelten Speck, Zwiebel und Knoblauch im Öl andünsten. Die Hälfte der Kräuter feingehackt und die in schmale Streifen geschnittenen Kutteln zufügen. Wein angießen, salzen und pfeffern. Eine halbe Stunde kochen, bis die Kutteln zart sind. Die restlichen Kräuter unterrühren und das Ganze würzig abschmecken.
Für die Scampi das Öl erhitzen, mit Thymian und gehacktem Knoblauch aromatisieren, Tomatenfleisch und Fischfond zufügen, salzen und pfeffern. Die Scampi in diesem Sud einige Minuten ziehen lassen.
Für die Terrine die Paprika nach Farben getrennt würfeln und mit je der Hälfte der gehackten Zwiebel und des Knoblauchs in etwas Olivenöl andünsten. Mit Wasser benetzen, damit nichts ansetzt, salzen und pfeffern. Jeweils zugedeckt eine halbe Stunde weich kochen. Dann pürieren, jeweils drei eingeweichte Gelatineblätter in der heißen Masse auflösen und abschmecken. In eine passende Form geben und im Kühlschrank fest werden lassen. Zum Servieren stürzen und in Scheiben schneiden.

2

FIORI DI ZUCCA FARCITI

GEFÜLLTE KÜRBISBLÜTEN

Natürlich kann man ebensogut die kleineren Zucchiniblüten dafür verwenden.

Für vier Personen:
1 kleine Zwiebel, 1 Knoblauchzehe, 1 Lorbeerblatt, 2 EL Olivenöl, 200 g Seezungenfilets, Salz, Pfeffer, 6 Kürbis- oder Zucchiniblüten, 2–3 EL Weißwein, 150 g Kartoffelpüree
Safransauce:
2 EL Butter, 1 EL Mehl, 1/8 l Milch, 1/8 l kräftiger Hühnerfond, 1 Döschen Safran, Salz, Pfeffer

Zwiebel, Knoblauch und Lorbeer fein hacken und im Öl andünsten. Die Fischfilets zufügen, salzen und pfeffern. Zwei Blüten in feine Streifen schneiden und mitdünsten. Mit Weißwein ablöschen und kurz ziehen lassen. Das Kartoffelpüree untermischen. Diese Farce kräftig abschmecken und in die Kürbisblüten füllen – zuvor den wattigen Stempel aus dem Inneren entfernen. Die gefüllten Blüten auf einem Dämpfeinsatz zehn Minuten über Dampf garen.
Für die Sauce aus Butter und Mehl eine Schwitze bereiten, mit Milch und Fond ablöschen und dicklich einkochen. Den Safran einrühren, die Sauce mit Salz und Pfeffer abschmecken. Zum Servieren einen Saucenspiegel auf dem Teller verteilen, die Kürbisblüte darauf anrichten. Mit dünn abgehobelten Scheibchen von altem Pecorino dekorieren.
Francesco umgibt die Sauce mit einem Kranz von winzigen Gemüsewürfeln (Aubergine, Paprika, Zucchini), die kroß gebraten, dann mit Zucker bestreut und karamelisiert, danach mit einem Spritzer Essig gewürzt sind – klingt verrückt, schmeckt aber köstlich, denn die bittere Süße des ziemlich dunklen Karamels paßt glänzend dazu. Außerdem sieht es entzückend aus!

1

2

3

5

6

1

LASAGNETTA CON ANIMELLE

KLEINE LASAGNE MIT BRIES

Für sechs Personen:

Nudelteig mit getrockneten Tomaten:
6 getrocknete Tomaten, 3 EL Olivenöl, 8 Eigelb, 2 ganze Eier, 250 g Hartweizengrieß, 250 g Mehl (Type 405), Salz

Füllung:
100 g geriebenes Brot, 3–4 EL Milch, 1 Zwiebel, 3 Knoblauchzehen, 2 EL Olivenöl, 1 Ei, 2 EL Sahne, 50 g geriebener Parmesan, Salz, Pfeffer, 200 g grüne Bohnen (geputzt + blanchiert)

Basilikumsauce:
2 EL Butter, 1 EL Mehl, 1/4 l Gemüsebrühe, Salz, Pfeffer, 1 Strauß Basilikum

Bries:
1 schönes Kalbsbries, Salz, 2 Lorbeerblätter, 1 TL Pfefferkörner, 2 EL Olivenöl, abgeriebene Zitronenschale

Tomaten einweichen, ausdrücken und mit Öl pürieren. Mit den übrigen Zutaten zum Teig kneten. Nach einer halben Stunde hauchdünn ausrollen, runde Teigplatten ausstechen. Einzeln in Salzwasser gar kochen.

Füllung: Das geriebene Brot mit Milch tränken. Gehackte Zwiebel und Knoblauch in Öl weich dünsten. Brösel, Ei, Sahne und Käse untermischen, salzen und pfeffern. Zum Schluß die gehackten Bohnen zufügen.

Basilikumsauce: Eine Mehlschwitze zubereiten, mit Brühe ablöschen, einkochen, abschmecken. Basilikumblätter erst untermixen, wenn die Sauce abgekühlt ist – so bleibt die Farbe erhalten.

Bries: In Salzwasser mit den Gewürzen aufkochen, 15 Minuten ziehen lassen, im Sud abkühlen. In Röschen teilen, im heißen Öl schwenken, bis sie gebräunt sind. Mit Salz, Pfeffer und Zitronenschale würzen.

Anrichten: Ein Teigblatt auf den Teller, einen Klecks Füllung darauf setzen, mit einem Teigblatt abdecken, Briesröschen obenauf verteilen und mit Basilikumsauce und Safransauce (Seite 175) umkränzen.

4

2

SACCHETTINI NERI

SCHWARZE TEIGSÄCKCHEN

Für sechs Personen:
1 Portion Nudelteig wie im vorigen Rezept, statt getrockneter Tomaten Tintenfischtinte nehmen (gibt's in guten Fischgeschäften, oft auch tiefgekühlt)
Fischfüllung:
1 Zwiebel, 3 Knoblauchzehen, 2 EL Olivenöl, 2 EL gehackte Petersilie, 250 g Steinbuttfilet, Salz, Pfeffer, 3–4 EL Weißwein, 1 Eiweiß
Salsa di borlotti/Wachtelbohnensauce:
150 g Wachtelbohnen, 3 Knoblauchzehen, 3 Salbeiblätter, Salz, Pfeffer, Olivenöl

Die Zutaten für den Teig zusammenkneten, die Tintenfischtinte gleich zu den Eiern geben. Nach dem Ruhen dünn ausrollen, 12 cm große Quadrate ausschneiden.
Für die Füllung Zwiebel und Knoblauch fein würfeln, mit der Petersilie im heißen Öl andünsten. Fisch zufügen, salzen und pfeffern. Mit Wein besprenkeln und einige Minuten ziehen lassen. Das Eiweiß halbsteif schlagen und mit dem abgekühlten Fisch vermischen. Jeweils in die Teigmitte einen Klacks Füllung setzen, die vier Ecken darüber hochnehmen und zusammenkniffen – mit Wasser befeuchten, damit die Nähte gut haften. Die Taschen etwas antrocknen lassen, bevor sie in leise siedendem Salzwasser zwei Minuten gar ziehen.
Für die Sauce die Bohnen mit reichlich Wasser bedecken. Knoblauch, Salbei und Salz zufügen, eineinhalb Stunden gar ziehen lassen. Im Mixer pürieren, so viel Kochsud zufügen, daß eine cremige Sauce entsteht. Zum Schluß einige Eßlöffel Öl mitmixen und gut abschmecken. Francesco dekoriert den Teller mit Stücken von gekochtem Oktopus.

3 + 4

VARIAZIONE D'AGNELLO

VARIATIONEN VOM LAMM

Eine fabelhafte Idee, auf diese Weise einen Querschnitt durch sämtliche Teile des Lamms zu bieten. Mit diesem Hauptgericht setzt das Menü noch einmal neu an: Statt eines Sorbets serviert Francesco daher eine winzige Sülze aus den weniger edlen Stücken auf einem kleinen Salat (großes Bild). Danach folgen die feineren Stücke: Würfel von der Keule als Spieß, der vordere Teil des Rückens als Braten, der hintere in zierliche Koteletts geschnitten und schließlich aus den Resten kleine, in Paniermehl gewälzte und knusprig gebackene, zu Würfeln geformte Frikadellen. Angerichtet auf einem Auberginenflan und mit dem klaren Bratensaft als Sauce.

5

SCIALDO CON MOUSSE DI ANANAS

HIPPENBLÄTTER MIT ANANASMOUSSE

Die knusprigen Hippenblätter kann man gut vorbereiten – sie bleiben in einer Blechdose verschlossen eine Woche lang frisch.

Für sechs Personen:
Hippenblätter:
100 g Butter, 100 g Mehl, 100 g Zucker, 100 g Eiweiß
Ananasmousse:
1 reife Ananas, 100 g Zucker, 0,1 l Wasser, 100 g geschlagene Sahne

Die Butter vorsichtig schmelzen, mit Mehl, Zucker und Eiweiß zum dünnflüssigen Teig verrühren. 30 Minuten kalt stellen. Dann mit einem Löffel Kreise auf ein mit Backpapier belegtes Blech setzen. Bei 180 Grad in 10 Minuten hellbraun backen.
Für die Mousse die Ananas schälen, dabei alle haarigen Augen und den harten Kern herausschneiden. Aus Zucker und Wasser einen Sirup kochen, abgekühlt unter das Fruchtfleisch mischen und im Mixer glatt pürieren. Die Schlagsahne unterziehen und in der Eismaschine unter Rühren gefrieren lassen. Zum Servieren die Mousse mit einem Löffel ausstechen und auf ein Hippenblatt setzen, mit einem Hippenblatt zudecken. Gut paßt dazu eine Melonensauce: Eine reife Honigmelone mit Zitronensaft und etwas Zucker mixen.

6

TERRINA DI FRUTTA DELLA PASSIONE

PASSIONSFRUCHTTERRINE

Für vier bis sechs Personen:
100 g weiße Schokolade, 2 Eier, 80 g Zucker, 150 g geschlagene Sahne, 100 g Passionsfruchtpüree (aus ca. 200 g frischen Früchten und 50 g Zucker aufgekocht und durch ein Sieb passiert)

Die Schokolade in Stücke bröckeln und vorsichtig schmelzen. Inzwischen die Eigelb mit dem Zucker dick und cremig schlagen, die Schokolade unterziehen und abkühlen lassen. Erst dann die Schlagsahne, das steifgeschlagene Eiweiß sowie das Fruchtpüree einarbeiten. In eine mit Klarsichtfolie ausgekleidete Kastenform füllen und gefrieren. Zum Servieren aus der Form stürzen, in Scheiben, diese in Dreiecke schneiden und auf Desserttellern anrichten. Mit Himbeer- und Mangosauce sowie mit Früchten wie auf dem Photo elegant dekorieren.
Dazu paßt ideal der edelsüße Sauvignon von Massavecchia – siehe nächste Seiten.

Wo das Besondere alltäglich ist: Weingut »Massavecchia«

Schon im September werden auf dem Weingut »Massavecchia« unterhalb von Massa Marittima die besten Trauben geerntet und zum Nachreifen aufgehängt. Dadurch wird ihr Saft süßer und konzentrierter, der Wein später alkoholreicher. Die Aleaticotrauben auf dem großen Bild hängen bereits seit zwei Wochen, unten werden Sangiovesetrauben mit Haken aneinandergereiht. Nur Trauben mit ausgeprägten Schultern lassen sich gut aufhängen, die anderen werden gleich eingemaischt – bei einer kleinen Menge am einfachsten auf die althergebrachte Art: mit den Füßen. Daraus entsteht der leichte, am Ort beliebte Wein mit der kontrollierten Ursprungsbezeichnung (**D**enominazione di **O**rigine **C**ontrollata) *Monteregio di Massa Marittima*. Die Leidenschaft des Winzers Fabrizio Niccolaini gehört freilich anspruchsvolleren Gewächsen: Sein eigenwilliger *Ariento* wird aus Vermentinotrauben von uralten Stöcken gekeltert, die in der Schale bei niedriger Temperatur vergären, wodurch sie ein Optimum an Aromen herausbilden. Der schwere Traubenmost wird dann in

Kastanienfässern vergoren und gereift: ein dichter, dunkler Wein mit einzigartigen Honigtönen, der ausgezeichnet zu Krustentieren paßt. Der rote *Terziere* aus der Rebsorte Alicante – in Spanien Garnacha und in der Provence Grenache genannt – ist oft 14 Alkoholgrade stark, reift zwölf Monate in Barriques aus Allier-Eiche und duftet nach Macchia, Kräutern und Schokolade – ein charaktervoller, aber geschmeidiger Bursche! Der Cabernet Sauvignon *La Fonte di Pietrarsa* bleibt sogar 24 Monate in den Barriques und entwickelt sich zu einer wahren Granate voller Saft und Kraft … Schließlich die dichten Dessertweine aus den eingetrockneten Trauben: Zwei

bis vier Jahre müssen sie im Barrique vergären und reifen, ehe sie, kraftvoll und elegant zugleich, als wahre Fruchtbomben voller Röstaromen die Zunge entzücken. Gekrönt wird die Produktreihe von dem edelsüßen Sauvignon blanc *Patrizia Bartolini,* nach seiner Frau benannt.

1986 hatte Fabrizio das Gut vom Vater übernommen, zunächst alle Weinberge neu angelegt oder veredelt, dann voll auf biologische Methoden umgestellt – gespritzt wird nur mit Kupfersulfat und Kalk. Herbizide braucht er nicht: Im Winter bleiben die Weinberge grün, im Frühjahr wird der Boden gefräst, und im Sommer verdorren störende Pflanzen.

Fabrizio könnte seine ganze Produktion sofort verkaufen – aber er läßt 15 Prozent der Ernte ihrer Vollendung entgegenreifen: in einer natürlichen, schon von den Etruskern genutzten Höhle unter der Rocca von Massa Marittima!

Montalcino: kleine Kneipe, großer Wein

Der Brunello di Montalcino, wohl Italiens berühmtester Wein, hat einen Ruf wie Donnerhall. Untrennbar verbunden mit der Familie Biondi Santi. Auf deren Gut »Il Greppo« wurde vor etwa hundertzwanzig Jahren dieser spezielle Klon des Sangiovese selektioniert, der größere, farbintensivere, dichtere Beeren hat als die im Chianti übliche Varietät und extraktreichere Moste liefert, die aber auch eine höhere Säure und mehr Tannine aufweisen. Sie ergeben unnahbare, schwer zu knackende, sperrige, dabei unerhört kraftvolle und komplexe Weine, die viel Zeit brauchen, bis sie sich erschließen, dann aber eine unglaubliche Lebensdauer haben und im Laufe der Jahre eine schier unermeßliche Vielfalt von Aromen und Düften freigeben. Bis in die sechziger Jahre waren die Biondi Santi die einzigen, die überhaupt *Brunello* produzierten. Weil sie ihn so erfolgreich in die ganze Welt verkauften, setzten immer mehr Winzerkollegen auf dieses stürmische Zugpferd. So wurden in den letzten vierzig Jahren die rund 60 Hektar Anbaufläche, die es damals auf den sanften Hängen rund um das hübsche Städtchen Montalcino im Süden der Toskana gab, um mehr als 2000 Prozent erweitert! Heute füllen rund 150 Kellereien 3,5 Millionen Flaschen Brunello und Rosso di Montalcino ab – letzterer aus jüngeren Reben gekeltert und mit kürzerer Lagerzeit. Wahrlich eine Erfolgsstory!

Heerscharen von Weintouristen pilgern in den malerischen Ort. Die Souvenirläden leben von Kitsch und Wein. Selbst in der einfachsten Kneipe kann man Brunello trinken. Aber in der kleinen Trattoria »Il Pozzo« in Sant'Angelo in Colle, einem winzigen Dörfchen auf einem Hügel im Süden (unten), gibt's dazu auch noch ein fabelhaftes Essen!

1

ANTIPASTO DELLA CASA

VORSPEISEN NACH ART DES HAUSES

Neben verschiedenen Würsten, Schinken, Speck und Käse gibt es auch viererlei Crostini: mit frischen Tomaten (wie auf Seite 44 beschrieben), mit einer Tomatensauce (Rezept Seite 98), die kalt mit etwas Eigelb und Olivenöl aufgemixt wurde und so Stand und Geschmack gewonnen hat, oder mit Milzcreme (Rezept Seite 157). Gut auch:

Geschmorte Zwiebeln:
500 g kleine Grillzwiebeln
(die flachen cipolline*), 3 EL Olivenöl,*
3 Knoblauchzehen,
1 kleine Dose geschälte Tomaten
oder passiertes Tomatenfleisch,
3 Thymianzweige, 1 Stück
Orangenschale, Salz, Pfeffer

Die Zwiebeln schälen, kleine ganz lassen, größere halbieren, ganz große Exemplare vierteln. In einem breiten, flachen Topf, in dem möglichst alle Bodenkontakt haben, im heißen Öl andünsten, den Knoblauch durch die Presse hinzufügen. Mit den Tomaten samt ihrem Saft auffüllen, die Kräuter hineinlegen, mit Salz und Pfeffer würzen. Zugedeckt etwa zwei Stunden sanft schmurgeln lassen, bis die Sauce schön eingedickt ist und die Zwiebeln schmelzend zart geworden sind.

1

2

3

4

5

6

2

ZUPPA DI RICOTTA
RICOTTASUPPE

Wie bei allen *zuppe toscane* ist hier unser Wort Suppe eigentlich fehl am Platz: Es handelt sich stets um eine eher kompakte Sache, die hauptsächlich aus Brot besteht, wenn sie auch aus dem tiefen Teller gelöffelt werden muß. Ein uraltes Rezept aus der bitterarmen Zeit, als man mit nichts viele hungrige Mäuler stopfen mußte. Und heute für uns ein verblüffendes Vergnügen, weil es uns zeigt, wie wenig nötig ist, um etwas Gutes auf den Tisch zu bringen.

Für vier Personen:
1 Zwiebel, 2 Knoblauchzehen, 2 EL Olivenöl, 1–2 Chilis, 500 g Spinat, 1 Tasse gewürfelte Tomaten, 250 g Ricotta, Salz, Pfeffer, ca. 1/4 l Brühe, altbackene Weißbrotscheiben, geriebener Käse

Zwiebel und Knoblauch fein hacken und im heißen Öl andünsten, dabei die Chilis fein gewürfelt (frisch) oder zerkrümelt (getrocknet) zufügen. Den geputzten, entstielten und mehrmals gewaschenen Spinat zugeben und zusammenfallen lassen. Das Tomatenfleisch und die Ricotta unterrühren. Mit Brühe auf die gewünschte Konsistenz verdünnen.
Die Weißbrotscheiben in vier Teller verteilen. Die Suppe darauf anrichten. Mit geriebenem Käse bestreuen und ein wenig durchziehen lassen, bis das Brot richtig durchgeweicht ist. Die Suppe gegebenenfalls im Backofen wieder aufwärmen.

3

PICI AGLIO E OLIO
HANDGEROLLTE NUDELN MIT KNOBLAUCH UND OLIVENÖL

Wie man die berühmte Spaghettispezialität der Region selber machen kann, steht im Rezept auf Seite 135. Hier eine nicht minder berühmte und ebenso schlichte wie köstliche Art, sie zu verspeisen.

Für sechs Personen:
1 Rezept Pici (Seite 135), 5 EL allerbestes Olivenöl, 5 Knoblauchzehen, 1–2 frische oder getrocknete rote Chilischoten, grob geschroteter Pfeffer

Die Pici in reichlich Salzwasser bißfest kochen. Inzwischen zwei Eßlöffel Öl in einer Pfanne erhitzen, den feingewürfelten Knoblauch darin kurz schwenken, dabei die ebenso feingewürfelten frischen oder die grob zerriebenen getrockneten Chilis mitdünsten. Die Pfanne vom Herd ziehen, die tropfnassen Pici, das restliche Öl und reichlich Pfeffer zufügen. Alles gründlich, aber rasch mischen und sofort servieren.

4

TAGLIOLINI CON FAGIOLI
FEINSTE NÜDELCHEN MIT BOHNENKERNEN

Die modernisierte Version eines klassischen Lieblingsgerichts der Toskaner: *Pasta e fagioli*, also Nudeln mit Bohnenkernen, sind ein herzhafter *Primo*, der zwei wichtige Zutaten der Alltagsküche auf einem Teller vereint. In diesem Fall sind die zarten Bohnenkerne, teils ganz, teils zu Püree zerdrückt, mit schmalen, aus frischem Teig geschnittenen Nudeln vermischt und bekommen durch die verhaltene Schärfe von Chili eine angenehme Würze.

Für sechs Personen:
1 Zwiebel, 3 Knoblauchzehen, 1–2 Chilischoten, 2 EL Olivenöl, 4 Tassen gekochte weiße Bohnenkerne, 1/2 l Gemüse- oder Hühnerbrühe, 3 reife Tomaten oder 2 Tassen passiertes Tomatenfleisch, Salz, Pfeffer, Petersilie oder/und Basilikum, 250 g feine Bandnudeln

Zwiebel und Knoblauch fein hacken und im Öl weich dünsten, ohne zu bräunen, dabei die Chilis im ganzen oder gewürfelt mitdünsten. Die Hälfte der Bohnen sowie die Brühe zufügen. Aufkochen und mit dem Pürierstab fein zerkleinern. Die restlichen Bohnen zufügen, außerdem die gehäuteten gewürfelten Tomaten mitsamt ihrem Saft oder das Tomatenfleisch einrühren. Aufkochen, eventuell mit Brühe verdünnen. Mit Salz, Pfeffer und reichlich Kräutern würzen. Zum Schluß die inzwischen bißfest gekochte Pasta unterrühren. In tiefen Tellern servieren. Geriebenen Pecorino dazu reichen.

Laura (ganz rechts) ist die Chefin, auch in der Küche, Daniela hilft ihr dort. Und Roberta kümmert sich um die Gäste.

5

SPIEDINO MISTO
GEMISCHTER FLEISCHSPIESS

Herrlich knusprig sind die aufgespießten Fleischwürfel außen, innen dafür wunderbar saftig, auch die Brotscheiben, die oben und unten als Stopper aufgefädelt sind, sind fabelhaft geröstet! Das Geheimnis: Die Spieße werden über der offenen Holzkohlenglut gegrillt. Man sollte also diese Idee nicht in der heimischen Küche, sondern lieber am sommerlichen Grillplatz ausprobieren. Und dann ist alles ganz einfach:

Für sechs Personen:
insgesamt ca. 1 kg schieres Fleisch in Würfeln von etwa 4 cm Kantenlänge vom Lamm, Schwein und Kaninchen, Pfeffer, 4–5 EL Olivenöl, Thymian und Rosmarin, Brotscheiben, Speckstücke (luftgetrocknet), frische Schweinswürstchen

Die Fleischwürfel mit grobem Pfeffer würzen und mit Öl beträufeln. Zusammen mit den Kräutern in einen Gefrierbeutel füllen, diesen verschließen, dabei sämtliche Luft herausdrücken. Mindestens eine Stunde, ruhig sogar einen Tag marinieren. Die Fleischwürfel abwechselnd mit nicht zu dünnen Speckscheiben, Stücken von Schweinswürstchen und Brotwürfeln auf Spieße fädeln. Über offener Glut langsam knusprig braten.
Dazu passen Salate und, wie im »Il Pozzo«, zarte Kichererbsen, die man in Salzwasser, das mit Natron versetzt ist, langsam weich kochen muß. Das kann übrigens stundenlang dauern – immer wieder probieren! Dann sind sie, mit etwas Olivenöl gewürzt, eine wunderbare Beilage.

6

MOUSSE DI RICOTTA
RICOTTASCHAUM

Läßt sich sehr gut auch mit Magerquark oder Schichtkäse zubereiten!

Für sechs Personen:
500 g Ricotta oder Quark, abgeriebene Schale einer Zitrone, 2 EL Zitronensaft, 60 g Zucker, 2 Blatt Gelatine

Ricotta oder Quark durch ein Sieb treiben und mit Zitronenschale würzen. Zitronensaft und Zucker zu Sirup kochen, die eingeweichte Gelatine darin auflösen und unter den Quark rühren. In Dessertschalen verteilen und im Kühlschrank fest werden lassen. Mit Himbeer- oder einer anderen Fruchtsauce servieren.

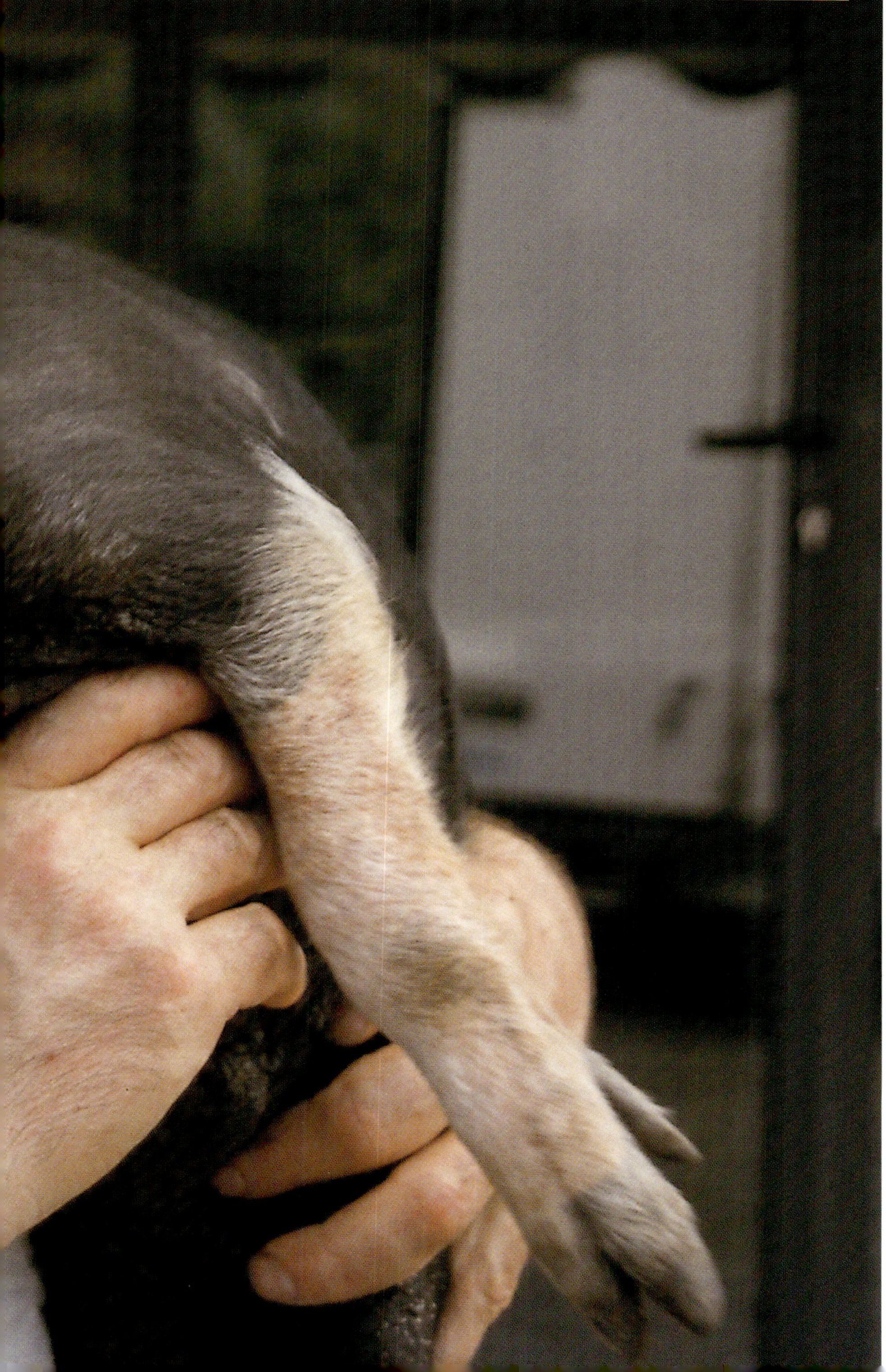

Die Chini: Metzger und Züchter

Es ist sicher äußerst selten, daß ein Metzger die Schweine, aus denen er Würste und Schinken macht, nicht bei Bauern kauft, sondern selber züchtet. Tatsächlich: Nicht nur aufzieht, sondern züchtet! So hat die Familie Chini in Gaiole in Chianti nicht nur eine Metzgerei, sondern auch einen veritablen Bauernhof. Das wäre nicht nötig, wenn es sich um normale Tiere handelte. Die Schweine der Chini gehören aber einer besonderen Rasse an: Es sind *Cinte Senese*, schon im Mittelalter berühmt – die halbwilden, dunklen, borstigen Schweine von Siena, deren Schulter und Vorderbeine ein schweinchenrosa Gürtel, der *cinta*, ziert. Ihr Fleisch ist kernig und geschmackvoll – Würste und Schinken daraus sind ein Gedicht …

Pippo, das Maskottchen des Hauses, mußte der Mutter weggenommen werden, weil sie ihn fast erdrückt hätte. Er folgt Vincenzo Chini fast wie ein Hund seinem Herrn – und darf deshalb auch, selbstverständlich an einer feinen ledernen Leine, einmal die Woche mit in die Bar gehen, um seine Lieblingsspeise zu genießen: hausgemachtes Bananeneis! Der junge Lorenzo Chini hat Biologie studiert, ist Katzenfan und hätte sich

eigentlich lieber den Pflanzen gewidmet, weil die Natur ihm am Herzen liegt und es ihm nicht leicht fällt, Tiere zu schlachten. Aber ein Chini entkommt eben nicht so einfach der Tradition: Seit 1682 zieren ein Saukopf und zwei Sterne das Wappen der Familie, die aus dem Weiler Barbischio oberhalb von Gaiole stammt – schon die Vorfahren waren also Bauern und Metzger zugleich. Vettern betreiben Fleischhandel im Arnotal. Und so war es fast selbstverständlich, daß Lorenzo dann doch zu seinen Wurzeln zurückkehrte und heute ebenso verantwortungsvoll Schweine züchtet und mästet wie schlachtet und ihr Fleisch verarbeitet: »Die Tiere haben Vertrauen zu mir, sie gehen mit mir zum Schlachthaus, ganz ruhig«, sagt er. »Leider – die armen Tiere, sie wissen ja

nicht, was sie erwartet …« Nach einer kleinen Pause fährt er mit wieder fester Stimme fort: »Aber so ist die Natur, die Schweine sind ja für uns da! Wir müssen jedoch ihre Persönlichkeit achten, dafür sorgen, daß sie in Würde sterben; ohne langen Weg, ohne Aufregung, im günstigen Augenblick. Das Schlachten muß, im Einklang mit der Natur, eigentlich ein ganz harmonischer Vorgang sein!«
Hinter dem kleinen Bauernhof in den Bergen des Chianti wachsen die »Seneseser Gürtelschweine« in einem Olivenhain auf: mehrere schwere Bachen mit ihren höchst lebendigen Ferkeln in einem von einem Elektrozaun umgebenen Gehege. »Sie wirbeln wild durcheinander, aber jedes Ferkel säugt nur bei seiner Mutter und immer nur an der Zitze, an der es angefangen hat – stirbt ein Ferkel, so bleibt ›seine‹ Zitze frei.«

Man darf die Tiere nicht frei laufen lassen oder im Wald halten – dann verlieren sie ihre zahme Ausgeglichenheit und verwildern. Im Alter von 1½ bis 2 Monaten werden die Ferkel von der Mutter getrennt und mit Getreide sowie viel Grünzeug gemästet.
In den siebziger Jahren gab es nur noch 40 Exemplare dieser Rasse. Dank der Arbeit der Chini und einiger gleichgesinnter Bauern hat man heute wieder etwa 400 Mutter- und Vaterschweine zur Zucht, rund 600 Tiere können jedes Jahr geschlachtet werden.
Das reicht natürlich nicht und deshalb verarbeitet der Betrieb auch andere Schweine. Die Schinken der Cinta Senese sind äußerst begehrt, doch da sie so knapp sind, werden sie zugeteilt: Mehr als zwei davon bekommt auch kein noch

so renommiertes Restaurant im Jahr! Aber schließlich sind auch die »normalen« Schinken Spitze: Sie reifen ebenso traditionell in natürlicher Atmosphäre in der Reifekammer gegenüber der Metzgerei in Gaiole. Die mit Meersalz eingeriebenen und leicht gepreßten Schinken hängen dort im Luftzug, durch ein feines Gitter vor Ungeziefer geschützt. Dabei trocknet die reine Bergluft des Chianti die Schinken regelrecht aus: Während ihrer Reifezeit von acht Monaten (normale Schinken von 6 bis 8 Kilogramm) bis zu zwei Jahren (große, 12 kg schwere Schinken von Muttertieren) verlieren sie 30 Prozent des Ausgangsgewichtes – ein in der künstlichen Atmosphäre eines Kühlhauses gereifter Schinken verliert nur fünf Prozent. Klar, daß dieser Unterschied kostet – aber man schmeckt ihn in jeder Scheibe!

»Felsina« Berardenga: Legende des Chianti

Giuseppe Mazzocolin stammt aus Venetien – aber selbstverständlich ist er *Toscano,* einer, der wie ein geborener Toskaner fühlt, der die toskanische Wesensart verinnerlicht hat. Er ist ein gebildeter, nachdenklicher Mann, war Lehrer für Griechisch, Latein und Literatur, ehe er 1982 die Leitung von »Felsina«, dem Weingut seines Schwiegervaters, übernahm.
Wein ist für ihn mehr als nur ein Getränk, mehr als ein Konsumgut – in ihm lebt der Genius loci und der Geist der Geschichte. Wein ist für ihn das komplexe Produkt der Fähigkeiten des mediterranen Menschen, sich die Natur sinn- und maßvoll untertan zu machen, wie es von Gott befohlen wurde. Freilich: Gemeint ist damit Wein, wie er auf Felsina gemacht wird, auf bereits von den Etruskern kultiviertem Land.
Giuseppe Mazzocolin wußte von Anbeginn, was er wollte. Mit dem jungen Önologen Franco Bernabei fand er 1983 den Bruder im Geiste: Die Weinberge wurden analysiert, die passenden Klone auf den richtigen Unterlagen gepflanzt, die Vinifikation auf den technisch besten Stand gebracht. Und der Chianti Classico wurde sofort ausschließlich aus roten Trauben gekeltert – das war zwar verboten, aber solange man es niemand sagte… Die besten Lagen, *Rancia* und *Fontalloro,* wurden separat ausgebaut, brachten fruchtige, immens dichte, klar strukturierte und in aller Strenge harmonische Weine, die sich sofort unter den besten des Chianti etablierten. Es wurde Chardonnay gepflanzt – *I Sistri* ist wohl der perfekteste der Toskana! Der Cabernet Sauvignon *Maestro raro,* und der Pinot nero *Noci di Nubi* errangen Höchstnoten. Und auf dem Gut Farnetella bei Sinalunga produziert Mazzocolin den besten Sauvignon der Region. Daß man auf dem schönen Anwesen ebenso hervorragend wie toskanisch ißt, versteht sich von selbst!

1

RAVEGGIOLO ALL'INSALATA

FRISCHKÄSE MIT SALAT

Wie der ebenso rare wie köstliche Frischkäse Raveggiolo produziert wird, kann man auf den Seiten 126 bis 129 sehen. Zusammen mit einem bitteren Endiviensalat ist er eine elegante, leichte Vorspeise – bei der natürlich das gutseigene Olivenöl und seine Qualität eine entscheidende Rolle spielen: Es wird ganz zum Schluß über den Käse geträufelt, als Gewürz – selbst wenn der Salat schon mit Öl angemacht ist.

Für vier Personen:
4 kleine Frischkäse, 1/2 Endiviensalatkopf,
Salz, 3–4 EL Olivenöl,
2 festfleischige, reife Tomaten, Pfeffer

Den Käse auf Vorspeisentellern anrichten. Den gewaschenen Salat in feine Streifen schneiden und mit nichts anderem als Salz und Olivenöl anmachen, dabei gut mischen und etwas ziehen lassen, damit die feststrukturierten Blätter ein wenig weicher werden. Rund um den Käse anrichten. Mit Würfeln von Tomatenfleisch (gehäutet und entkernt!) bestreuen, diese mit Salz und Pfeffer würzen.

2

PAPPA DI POMODORI

TOSKANISCHE TOMATENSUPPE

Ein Klassiker der toskanischen Küche und die Spezialität von Valeria, der regierenden Königin in der Küche von Felsina. Ursprünglich ein sogenanntes Arme-Leute-Rezept, für das man nicht viel braucht: die Tomaten, die vor dem Haus im Garten wachsen, ein bißchen Olivenöl, altbackenes Brot, vielleicht noch etwas Basilikum… Heute ist eine gute Pappa selten geworden, in Restaurants traut man sich kaum mehr, etwas so Einfaches auf den Tisch zu bringen.

Für vier bis sechs Personen:
1 kg reife Tomaten, 3 EL Olivenöl,
3–4 Knoblauchzehen, Salz, Pfeffer,
einige Petersilienstengel, eine kleine Hand voll Basilikumblätter,
6–8 altbackene Weißbrotscheiben

Die Tomaten häuten, entkernen, das Fleisch grob würfeln. In einem Suppentopf im heißen Öl schmelzen, dabei den grobgehackten Knoblauch zufügen, salzen und pfeffern. Blätter von den Kräuterstielen abzupfen. Etwa die Hälfte beiseite legen. Stiele und restliche Blätter zusammen mit dem Brot zu den Tomaten geben. So viel Wasser angießen, daß alles eben bedeckt ist. Etwa 20 Minuten leise köcheln. Abschmecken, die Kräuterstiele herausfischen, statt dessen die restlichen Kräuter grob gehackt einrühren. Mit einem Schuß frischem Olivenöl beträufelt servieren.

1

2

1

2

1

TAGLIOLINI CON ZUCCHINI

FEINE NUDELN MIT ZUCCHINI

Valeria braucht nur in den Garten zu gehen: hier einige Zucchini schneiden, dort ein paar Kräuter pflücken und zwei, drei duftende Tomaten vom Strauch holen – in der Küche ist alles im Handumdrehen zu einer sommerlich duftenden Nudelsauce verarbeitet.

Für vier Personen:
500 g möglichst kleine Zucchini mit Blüten,
1 Schalotte, 4 Knoblauchzehen,
3 EL Olivenöl, Salz, Pfeffer,
500 g feine hausgemachte Bandnudeln
(Rezept Seite 30),
1 reife Tomate, Basilikum

Die Zucchini in dünne Scheibchen hobeln, vier Blüten zur Dekoration beiseite legen, die übrigen in feine Streifen schneiden. Schalotte und Knoblauch fein würfeln und im heißen Öl andünsten. Die Zucchini samt Blütenstreifen zufügen und mitdünsten, sofort salzen, damit die schöne grüne Farbe leuchtend bleibt, und pfeffern. Etwa fünf Minuten sanft im eigenen Saft dünsten, eventuell einen Schuß Nudelkochwasser angießen. Die Nudeln inzwischen in reichlich Salzwasser bißfest kochen, tropfnaß zu den Zucchini geben und gut mischen. Zum Schluß die in kleine Würfel geschnittene Tomate und reichlich feingeschnittenes Basilikum untermischen.

2

PETTO D'ANATRA AL MOSTO

ENTENBRUST IN TRAUBENMOST

Hier verwendet Valeria den frisch gepreßten Saft der eben geernteten Sangiovese-Trauben.

Für vier Personen:
4 Entenbrüste, 2 EL Olivenöl,
2 Thymianzweige, Salz, Pfeffer,
1/4 l frischer Traubenmost,
500 g Weintrauben

Die Entenbrüste zuerst auf der Fleischseite im heißen Olivenöl anbraten, bis die Poren geschlossen sind, den Thymian mitbraten, damit er seinen Duft an das Öl abgibt. Umdrehen und auf der Hautseite auf mildem Feuer etwa zehn Minuten braten, bis die Haut schön knusprig ist, die Fleischseite salzen und pfeffern. Den Traubenmost angießen, die Pfanne in den auf 160 Grad vorgeheizten Ofen stellen. Die Entenbrust, jetzt mit der Hautseite nach oben, etwa 20 Minuten sanft nachziehen lassen. Schließlich auf ein Stück Alufolie betten, den Grill einschalten und die Haut jetzt richtig knusprig rösten. Den Bratenjus in der Pfanne rasch um die Hälfte einkochen, dabei die abgezupften, nach Belieben sogar entkernten Trauben die letzten Minuten mitschmurgeln lassen. Ein Stück Butter in der Sauce schmelzen und nochmals abschmecken. Valeria serviert dazu feinste grüne Böhnchen, frisch aus dem Garten.

3

CROSTATA CON COTOGNATA

QUITTENKUCHEN

Ein wunderbares Grundrezept, das man immer wieder mit allen möglichen Marmeladen und Konfitüren abwandeln kann, je nachdem, was man gerade zur Hand hat!

Für eine Kuchenform
von 24 cm Durchmesser:
1 Portion Mürbteig (Seite 57 oder 201),
200 g Cotognata (Quittenmarmelade – siehe Tip), Butter für die Form,
Puderzucker zum Bestäuben

Die gebutterte Form mit zwei Dritteln des Teigs ausschlagen, die Marmelade darauf verstreichen. Aus dem restlichen Teig Streifen ausradeln und gitterförmig obenauf anordnen. Bei 220 Grad 45 Minuten golden backen. Etwas auskühlen lassen und mit Puderzucker bestäubt servieren.

Tip: Am meisten hat man von Quitten, wenn man sie zunächst in Stücke schneidet und im Dampfentsafter zwei Stunden lang entsaftet. Auf einen Kessel Obst 500 g Zucker rechnen. Den gewonnenen Saft zu Gelee kochen: pro Liter Saft 700 g Zucker, Saft einer halben Zitrone, etwa zwölf Minuten kochen, bis die Gelierprobe die richtige Konsistenz anzeigt. Aus dem Fruchtrückstand, der Pulpe, dann Marmelade kochen: durch die Gemüsemühle passieren. Pro 1,5 kg Püree einen Sirup aus 1,5 kg Zucker und 1/2 l Wasser kochen. Das Fruchtmus zufügen und zwei bis drei Minuten kochen.

»Antonio« und sein frischer Fisch

Spätestens jeden zweiten Tag brettert Antonio Farina von Castelnuovo Berardenga, östlich von Siena im Südzipfel des Chianti-Classico-Gebiets gelegen, ans Meer – nach Porto Santo Stefano und Castiglione della Pescaia, nach Livorno oder Viareggio – um frischen Fisch zu kaufen. Was von der letzten Fahrt in seiner Küche übriggeblieben ist, hat er bei sich – diese Fische verkauft er unterwegs an einfachere Restaurants, die sich allererste Qualität nicht leisten können. »Und ich kehre dann zurück mit dem schönsten Fisch, den ich nur finden kann«, strahlt er und fügt hinzu: »In meine Küche kommt nur das Allerbeste!« Schließlich war An-

tonio Leibkoch des Aga Khan auf Sardinien gewesen und natürlich nur absolute Topqualität gewöhnt. Und ausgerechnet er, der das Meer und was es an Genüssen liefert, so außerordentlich liebt, hat sich so fern der Küste in diesem Dorf auf einem Chiantihügel niedergelassen, um sein Restaurant zu eröffnen … Heimweh – hier wurde er geboren!

Für seine Fischküche ist Antonio weithin berühmt. Dafür reserviert die zahlreiche Stammkundschaft gern rechtzeitig einen der 70 Plätze in dem gemütlichen Restaurant. Die Italiener, die unsere Begeisterung fürs Draußensitzen nicht verstehen, bleiben in einem der beiden Speiseräume; die ausländischen Gäste balgen sich um die begehrten Plätze auf der Terrasse, die gegen schlechtes Wetter komplett zugehängt und obendrein mit Strahlern geheizt werden kann.

Das Restaurant ist außer sonntags nur abends geöffnet – Antonio ist ja tagsüber für seine Einkäufe unterwegs. Wer aber um sieben Uhr hoffnungsvoll in die

1

2

Für frischen Fisch ist Antonio Farina keine Fahrt zu weit. Seine Frau Marina Pizzi lächelt nachsichtig über diese Leidenschaft. Sie weiß, daß Antonio mit diesem Angebot im Chianti einzig ist. Im Restaurant hält sie die Zügel in der Hand. Und zum Ende des Abends sitzt sie hinter dem Bartresen und macht Kasse, wie das früher in allen Trattorien üblich war: Die Gäste gehen zu ihr, wenn sie zahlen wollen, warten dafür nicht am Tisch …

1

CARPACCIO DI CERNIA

CARPACCIO VOM ZACKENBARSCH

Dünne Scheiben vom Rückenfilet, auf einem kleinen Bett von Salatblättern auf dem Teller angerichtet, werden für 30 Sekunden unter den Grill gestellt, damit sie eben lauwarm werden und ihre rohe Transparenz verlieren, die Salatblätter jedoch von der Hitze unberührt bleiben. Rohe Steinpilze, in hauchdünne Scheibchen gehobelt und mit Salz, einer Spur Pfeffer und einigen Tropfen Olivenöl und Zitronensaft mariniert, kommen als Dekoration und für den Geschmack obenauf. Dann wird sofort serviert. Dazu leichter Weißwein.

2

CALAMARETTI CON RUCOLA

MINIKALMARE AUF RAUKE

Wer solche Meeresfrüchte servieren kann, braucht wahrlich keine Kunststücke damit zu vollführen: Die winzigen Kalmare werden in einem Sieb eine knappe Minute in siedendes Salzwasser getaucht, dann auf einem Bett von Raukeblättern angerichtet, die kurz durch eine Vinaigrette aus einem erstklassigen Weinessig, Olivenöl, Salz und Pfeffer aufgeschlagen wurden. Die gesottenen Kalmare auf ihrem Raukebett mit Olivenöl beträufeln, einige Spritzer Zitronensaft darüber, nach Belieben vielleicht noch etwas Pfeffer aus der Mühle. Und dann sofort zu Tisch damit! Mit Brot servieren.

Küche blickt, und denkt, daß hier unter Hochdruck die Vorbereitungen fürs Abendessen laufen, kann es nicht glauben: Allenfalls ein einsamer Nudeltopf blubbert leise auf dem Herd. Antonio sitzt mit seiner kleinen Mannschaft noch beim Essen und genießt die Ruhe vor dem Sturm. Sobald die ersten drei, vier Tische besetzt sind, geht es los: Der Service – zwei junge Männer und ein hübsches Mädchen mit blauen, knöchellangen Schürzen – versorgt die Gäste mit Wasser, Brot und Wein. Es gibt keine Speisekarte, niemand wird gefragt, was er essen will. Die ausländischen Gäste sind entzückt, daß sie keine komplizierten Speisekartentexte entziffern müssen. Und so essen sie acht, manchmal auch zehn Gänge und lernen kennen, was sie niemals bestellt hätten, weil sie sich unter den italienischen Bezeichnungen sowieso nichts hätten vorstellen können.

In seiner winzigen Küche hat Antonio auf einem Tisch neben seinem Herd die Vorspeisenteller verteilt und richtet bereits die ersten Happen an: Ein Schlag auf die Klingel: »ping!« und schon steht einer der Blaubeschürzten bereit und trägt sie zu den Tischen. Immer wieder tritt Antonio an seine reich bestückte Fischvitrine zwischen Küchentür und Eingang und holt sich, was er braucht. Hier liegt auf Bergen von zerstoßenem Eis die Beute

1

2

Die Wände sind mit Weinregalen zugestellt. Wer will, kann sich so inspirieren lassen. Aber die Weinkarte ist ihr Studium wert! Es ist alles aufgeführt, was die Toskana an Stolzem bietet, und nicht nur Weißweine. Bei den ganz großen oder seltenen Kreszenzen steht statt Preis: »svm = scondo valutaione mercato«, *Marktpreis – das gilt zum Beispiel für den* Sassicaia, *dessen Jahrgänge von 1971 bis 1995 lückenlos zu haben sind!*

1

GAMBERI E MOSCARDINI CON BORLOTTI

GARNELEN UND KLEINE TINTENFISCHE MIT WACHTELBOHNEN

Die Meeresfrüchte, die geschälten Garnelen, auch die kleinen Tintenfische, werden in einem Sieb für zwei bis drei Minuten in leise siedendes Salzwasser gehängt. Dann in einer Schüssel mit den frischen, weichgekochten Wachtelbohnen, einigen Tomatenwürfeln, gehackter Petersilie, Olivenöl und Zitronensaft schwenken, dabei mit wenig Salz und Pfeffer aus der Mühle würzen. Unverzüglich servieren!

2

SCAMPI AL VAPORE

GEDÄMPFTE SCAMPI

Das läßt sich nur mit absolut frischen Scampi machen, denn diese Zubereitung verrät mangelnde Frische sofort: die Meeresfrüchte längs halbieren, mit der Innenseite nach oben auf einen Dämpfeinsatz betten und für zwei Minuten über Dampf garen. Erst dann mit einigen Salzkrümeln bestreuen, Olivenöl darüber träufeln und höchstens mit einigen Spritzern Zitronensaft würzen, wenn die Scampi doch nicht so absolut frisch sein sollten ... Dazu serviert Antonio knusprig ausgebackene Fischbällchen aus einer dick eingekochten Béchamel, die mit gehacktem Fischfilet vermischt wurde.

seiner heutigen Einkaufstour, appetitlich, unglaublich frisch, einfach verlockend! Jeder Gast bleibt stehen, um das Angebot zu prüfen und lauthals zu bewundern. Antonio ist da selbstverständlich an seinem Herd, keine zwei Meter weiter, ganz Ohr und platzt vor Stolz!

Ihm bei der Arbeit zuzuschauen, ist ein Vergnügen: Da stehen ein paar gewaschene Kräuter bereit, eine Schüssel voll gewürfeltem Tomatenfleisch, frisch gekochte Bohnenkerne, ein paar Gemüse. Gehackter Knoblauch, mit Olivenöl bedeckt, damit er frisch bleibt. Aus diesen wenigen Zutaten entstehen mit wenigen Handgriffen in atemberaubender Geschwindigkeit die einzelnen Gerichte, in der Hauptrolle immer ein anderer Fisch. Irgendwann hat Antonio die nach und nach eingetroffenen Gäste so weit, daß er ohne Pause Teller aus der Küche schicken kann. Wer früh kam, hat zwischen den ersten Gängen ein wenig warten müssen. Die später Eingetroffenen mußten sich etwas sputen. Immer wieder hört man das »ping« von der Küchentür und sieht anschließend, wie eine neue Runde Teller durchs Lokal getragen werden. Wie schaffen sie das bloß, diese Italiener im Service, so zügig, geschwind und effizient zu arbeiten, den Blick überall, hier Wein nachschenkend, dort etwas wegräumend und dabei immer guter Laune?

1

COLTELLI GRATINATI CON SCAMPO IN FIORE

ÜBERBACKENE SCHEIDENMUSCHELN MIT SCAMPO IN KÜRBISBLÜTE

Die Scheidenmuscheln öffnen, mit einer sogenannten *Persillache* bedecken, das ist eine Mischung aus geriebenem Weißbrot, durch die Presse gedrücktem Knoblauch und sehr fein gehackter Petersilie. Unter dem Grill ganz kurz, höchstens zwei Minuten garen. Jeden Scamposchwanz in eine Kürbisblüte stecken, so daß er ganz umhüllt ist, und über Dampf zwei bis drei Minuten garen. Dekorativ auf dem Teller anrichten und mit Olivenöl beträufeln. Hierzu paßt ausgezeichnet ein kräftiger Chardonnay.

2

CANNOLI CON RAGÙ DI PESCE

NUDELFLECKEN MIT FISCHRAGOUT

Zunächst einen sogenannten Soffritto ansetzen: Reichlich feingehackten Knoblauch in die Pfanne geben, ein Sherryglas Olivenöl sowie gehackte Petersilie und zerkrümelte, getrocknete Chilischote zufügen. Leise dünsten, bis der Knoblauch golden wird, Würfel vom Fischfilet zufügen, salzen und mit einem Glas Weißwein ablöschen. Salzen, pfeffern, eine Tasse passiertes Tomatenfleisch angießen, schmurgeln, bis sich alles gut verbunden hat. Gehacktes Basilikum einrühren und schließlich die bißfest gekochte Pasta darin gründlich wenden.

3

CROSTATA DI FRUTTA MISTA

OBSTKUCHEN

Für eine Springform
von 26 cm Durchmesser
Krumiger Mürbteig:
300 g Mehl, 200 g Butter, 100 g Zucker,
1/2 TL Backpulver, 1 kleines Ei,
1 Prise Salz, Butter für die Form
Vanillecreme:
4 Eigelb, 120 g Zucker, 1 gehäufter TL
Speisestärke, 1/4 l Milch
Zum Garnieren:
Früchte der Saison

Aus den Zutaten einen festen Teig kneten, in einem Plastikbeutel eine halbe Stunde kalt stellen. Dann nicht zu dünn ausrollen und eine gleichmäßig ausgebutterte Form damit auskleiden. Im auf 220 Grad vorgeheizten Ofen etwa 25 Minuten backen. Damit der Boden sich dabei nicht wölbt, ist es gut, ihn zuvor mit einem Stück Pergamentpapier abzudecken und mit einem Kilo Hülsenfrüchte zu beschweren – man kann sie anschließend natürlich nicht mehr zum Essen verwenden, aber immer wieder für diese Art des Blindbackens.
Unterdessen eine Vanillecreme kochen: Eigelb mit Zucker und Stärke zu einer dicken hellen Creme schlagen, die kochend heiße Milch zufügen und alles in den Milchtopf zurückgießen. Auf mittlerem Feuer unter ständigem Schlagen einmal aufwallen lassen, dann abkühlen, dabei immer wieder aufschlagen, damit sich keine häßliche Haut bildet. Die abgekühlte Creme auf dem vorgebackenen Boden verteilen und glattstreichen. Früchte der Saison – geputzt, wenn nötig in Scheibchen oder Stücke geschnitten – dicht an dicht darauf anordnen. Dabei darauf achten, daß ein hübsches Muster entsteht. Mit Puderzucker bestäubt servieren.

Siena: die geordnete Stadt oder die Kunst, mit Fremden zu leben

Der Andrang ist gewaltig, oft scheinen die Massen die Stadt sprengen zu wollen: Schulklassen, Reisegruppen aus aller Herren Länder und jede Menge Individualtouristen mischen sich unter die Bevölkerung. Erstaunlicherweise geht das gut: Die Ströme wälzen sich durch die engen Straßen und Gassen, strudeln um und durch den Dom und ergießen sich auf die Piazza del Campo.
Trotzdem funktioniert die Stadt, die Sienesen scheinen sich kaum am Trubel zu stören. Sie sind geduldig, freilich im Bewußtsein, vom Geld der Touristen zu leben; wenn ein Laden mal zu voll ist, dann wird die Nachbarin halt rasch zwischendurch bedient – die Gäste sind im Urlaub und können sich gedulden …
Man läßt sich am besten mit dem Strom treiben, ordnet sich ihm ein und der Stadt unter. Schlendert an den Souvenirläden vorbei, kauft hier und dort eine Kleinigkeit, trinkt auf der Piazza del Campo einen Espresso oder Cappuccino. Und genießt gelassen diese großartige Stadt, die nicht wie das egozentrische Florenz mit einer Vielzahl von künstlerisch wertvollen Objekten protzt, sondern eher als harmonisches Gesamtkunstwerk beeindruckt. Das mittelalterliche Siena blieb vor allem deswegen so perfekt erhalten, weil die Ordnungsregeln des täglichen Lebens und die Bauvorschriften außerordentlich streng gefaßt waren. Die Umgebung, in der man aufwächst, prägt: Die Sienesen brauchen nicht, wie die Florentiner, das individualistische Chaos. Sie fühlen sich nicht unfrei, wenn sie den Regeln ihres städtischen Zusammenlebens folgen. Zudem ist jeder nicht nur Sienese, sondern auch noch Mitglied einer *Contrada,* seines Stadtteils. Die *Contrade* veranstalten das berühmte Reiterfest auf der Piazza del Campo, den *Palio* – und der macht aus jedem Sienesen außerhalb seiner Heim-*Contrada* einen Fremden …

RICCIARELLI
SIENESER MARZIPANGEBÄCK

Sie sind wahrlich unwiderstehlich – und lassen sich übrigens gut aufbewahren. In Blechdosen luftdicht verschlossen, bleiben sie lange frisch und saftig.

Für ca. 80 Stück:
600 g Mandeln, 450 g Zucker,
Schale einer Orange, 75 g Mehl
Für den Sirup:
70 g Zucker, 30 g Mehl,
30 g Puderzucker,
1 Messerspitze Backpulver
oder Hirschhornsalz,
2 Tütchen Vanillezucker, 1 Eiweiß
Zum Bestreuen:
2–3 EL Zucker

Die Mandeln brühen, ziehen lassen, abschrecken und häuten. In der Mühle fein mahlen. Sodann mit dem Zucker und der Orangenschale sorgfältig mischen. Dabei das Mehl hinzusieben und untermischen.
Den Zucker für den Sirup in einem Töpfchen schmelzen. Sobald er sich gerade bräunlich zu färben beginnt, mit den Mandeln mischen, dabei Mehl, Puderzucker und Backpulver in die Masse arbeiten. In einer Schüssel mit einem feuchten Tuch zugedeckt ruhen lassen.
Das Eiweiß mit dem Schneebesen schaumig, nicht steif, schlagen, dabei Vanillezucker zufügen. Unter die Teigmasse ziehen. Mit einem Teelöffel Häufchen formen und auf ein mit Backpapier belegtes Blech setzen. Mit Zucker bestreuen. Bei ca. 160 Grad hell backen, eher trocknen.

Panforte *aus Mandeln, Honig und Trockenfrüchten gibt es überall – ausgezeichnete Qualität in der »Antica Drogheria Manganelli« (Bild oben, Mitte), ebenso* Ricciarelli *(links). In der hübschen Osteria »Le Logge« (oben rechts) des originellen Wirtes Gianni Brunelli schmeckt es am besten, wenn man spät kommt, zusammen mit den Sienesen! Unbedingt seinen ausgezeichneten Brunello trinken! Das Angebot der Souvenirgeschäfte und Vinotheken sollte man stets sorgfältig prüfen. Im Gewirr der Gassen verliert man zwar leicht die Orientierung, doch verirren kann man sich nicht: Überall weisen Schilder zum Dom, dessen üppig dekorierte Fassade reizvoll mit dem strengen Campanile kontrastiert, oder zur Piazza del Campo. Die Harmonie und Geschlossenheit dieser »Wiese«, Sienas Wohnzimmer, ist aus jedem Sichtwinkel faszinierend – auch vom Turm des Rathauses aus. Sie kann selbst die Geschmacklosigkeit mancher Leute relativieren, die sich hier wie am Strand zu präsentieren belieben.*

1

2

3

1

MISTO DI CROSTINI

VERSCHIEDENE CROSTINI

Einfach umwerfend, wie viele unterschiedliche Beläge man sich für Crostini ausdenken kann. Hier sind sie (von unten im Uhrzeigersinn) angerichtet: mit Lebercreme (Rezept Seite 69), mit eingemachten Steinpilzen (im Essigsud gekocht, in Olivenöl mit Nepitella, auf deutsch Katzenminze, dem Lieblingskraut der Toskaner zu Steinpilzen, eingelegt), mit festfleischigen, reifen Tomaten sowie schließlich **Crostini bianchi** – einfach mit Ricotta bestrichen, die mit feingewürfelter Gurke und Knoblauch gewürzt ist – und nach folgendem Rezept:

Crostini verdi (mit Zucchinicreme):
500 g Zucchini, 2 Knoblauchzehen,
2 EL Olivenöl, Salz, Pfeffer, Basilikum,
100 g frischer Parmesan

Zucchini würfeln und mit dem gehackten Knoblauch im Öl andünsten. Salzen und pfeffern, sobald die Zucchini weich sind, also nach höchstens zehn Minuten, zusammen mit den Basilikumblättern und dem Käse glatt mixen. Abkühlen lassen.

2

PAPPARDELLE AI FUNGHI

BREITE NUDELN MIT STEINPILZEN

Für vier Personen:
400 g frische breite Nudeln,
Salz, 500 g Steinpilze, 1 Zwiebel,
2 Knoblauchzehen, 2–3 EL Olivenöl,
Pfeffer, Nepitella oder Petersilie

Die Nudeln in reichlich Salzwasser bißfest kochen. Inzwischen die geputzten Steinpilze in Scheibchen schneiden und in der trockenen Pfanne auf starkem Feuer dünsten, bis sie all ihren Saft abgegeben haben. Erst dann die sehr fein gewürfelte Zwiebel und Knoblauch zufügen und das Öl hinzuträufeln. Alles noch zwei Minuten dünsten, dann eine kleine Kelle Nudelwasser und die feingehackten Kräuter zufügen. Schließlich die Nudeln in dieser Sauce wenden und sofort servieren.

3

BISTECCA FIORENTINA

DAS TOSKANISCHE T-BONE-STEAK

Natürlich gerät es am besten über der echten Holzkohlenglut, aber auch in einer normalen Pfanne und im Backofen gelingt eine Bistecca – vorausgesetzt, man hat das richtige Fleisch …

Für zwei Personen:
1 T-bone Steak von ca. 1 kg, Olivenöl

Das Fleisch mit Öl einpinseln und Zimmertemperatur annehmen lassen. In der rauchend heißen Pfanne zuerst auf einer Seite eine Minute scharf anbraten, dann auf der anderen Seite ebenso lange anbraten. Das Fleischstück jetzt in ein großes Stück Alufolie wickeln und im 150 Grad heißen Ofen etwa 30 Minuten mehr ruhen lassen als garen. Jetzt sollen sich die Säfte wieder gleichmäßig verteilen, die sich beim Anbraten ins Innere des Fleischstücks zurückgezogen haben. Unbedingt in der Folie noch weitere zehn Minuten neben dem Herd ruhen lassen. Erst danach, wie auf dem Photo zu sehen, zuerst vom Knochen lösen, dann schräg in schmale Streifen schneiden. Dazu passen als Beilagen Fagioli, die heißgeliebten weißen Bohnen, mit Salbei und Olivenöl gewürzt, und ein Salat aus frischen Tomaten mit roten Zwiebeln. Und **Pomodori al forno**, geschmorte Tomaten: Dafür festfleischige, reife Tomaten quer halbieren und nebeneinander in eine feuerfeste Form setzen, salzen, pfeffern, mit Olivenöl beträufeln und für zehn Minuten in den auf 250 Grad vorgeheizten Ofen stellen. Sie schmecken heiß, also frisch aus dem Rohr, sind aber auch lauwarm ein Vergnügen.

»Lamole«: Herz des Chianti

Traumhaft schön ist der Blick von der Terrasse des »Ristoro di Lamole« über die Weinberge und Olivenhaine von Panzano und Greve! Alles Land ist kultiviert, und viele Neuanlagen beweisen, wie gut es der Landwirtschaft hier inzwischen wieder geht!

Das Restaurant selbst ist schlicht eingerichtet, aber alles so, wie es sein soll. Am Wochenende gibt es Pizza aus dem großen Ofen, ansonsten die klassischen ländlichen Gerichte der Toskana – das Angebot richtet sich selbstverständlich nach der Jahreszeit. Die Zutaten sind von guter Qualität, alles wird täglich frisch zubereitet. Es ist ein richtiges Familienunternehmen, in dem die beiden Partner Paolo Mantovanelli und Filippo Masini (von links nach rechts) zwar die

Leitung haben, aber ohne die immer fröhliche Kalinka Tondini und Lisa Danti ginge hier gar nichts. An schönen Tagen, wenn die Wandersleute (vor allem Amerikaner!) in Scharen einkehren, Terrasse und Saal voll besetzt sind, helfen weitere Freunde und Verwandte mit. Dann kann man die Fähigkeit der Italienerinnen bewundern, für viele Gäste sogar noch besser zu kochen als für wenige! Und bemerkt, daß die Touristen den Wein von Lamole genießen, während die Einheimischen Bier trinken. So ändern sich die Zeiten …

Das grüne Gold: Olivenöl

Als Symbol des Lebens gilt der Olivenbaum – deswegen trafen die strengen Frostnächte von 1985 die Toskana mitten ins Herz: In weiten Landstrichen erfroren die Olivenbäume. Die Grundlage der toskanischen Küche schien vernichtet. Indes: Die abgesägten Bäume trieben schneller aus, als man es für möglich gehalten hatte, schon nach wenigen Jahren gab es wieder volle Ernten.

Die Landschaft jedoch hat sich verändert. Standen früher überall hohe, kräftige Bäume als Solitäre (noch entlang der Küste zu bewundern), so bilden heute drei, vier dünnere Stämmchen einen Busch. Freilich werden auch die mit den Jahren dicker, aber man ist froh über die niedrigen Büsche: Sie sind leichter zu schneiden, die Ernte ist einfacher, die Qualität der Früchte besser.

Nicht nur die alten Anlagen haben sich erholt, es wurden vor allem neue Plantagen angelegt: Die Medizin konnte endlich wissenschaftlich beweisen, daß das seit Jahrtausenden als heilsam geehrte Olivenöl tatsächlich gesund ist, Herz- und Kreislaufkrankheiten vorbeugt.

Bedarf und Preise stiegen, der Anbau von Oliven wurde wieder attraktiv – und Betrügereien auch: Aus Spanien, Tunesien, der Türkei und Süditalien wird Öl in die Toskana verfrachtet und dort abgefüllt, weshalb genau auf das Etikett zu schauen ist. *Imbottigliato in Toscana* heißt: hier abgefüllt, nur *prodotto e imbottigliato*, daß es auch hier gewachsen ist.

Fast alle Weingüter produzieren eigenes Olivenöl – und zwar ausschließlich *Olio extra vergine*, das feinste Öl mit geringem Ölsäuregehalt (unter 1 %, beste Öle haben weniger als 0,5 %). Natürlich wird dieses Öl kalt gewonnen, meist werden die Oliven nach alter Tradition in Steinmühlen zu Brei gemahlen, auf Matten gestrichen und gepreßt. Was anfangs herausläuft, nur dank eigenem Druck, gilt als das Beste vom Besten, *flor* oder *flos di olio* – die Blume des Öls.

Olivenöl aus der Toskana ist das begehrteste der Welt – die Öle des Chianti sind herb und fruchtig, auch grünlicher als die von Lucca und aus der Maremma. Die des Rufina sind besonders elegant und charaktervoll (Seite 238), die der Lunigiana (Seite 243) gleichen mehr den milden Ölen aus Ligurien.

Dabei spielen die Produktionsmethoden (»Bio« bringt natürlich auch hier bessere Ergebnisse als »Chemie« und intensive Düngung) und der Erntezeitpunkt eine große Rolle: Späte Ernte liefert Menge, aber geringe Qualität; erntet man zu früh, wird das Öl kratzig; nur halb grün, halb schwarz gepflückt, geben die Früchte eine befriedigende Qualität des edlen, fruchtigen, delikaten Öls.

Und es kommt auf die Sorten an, denn bei den Oliven ist es nicht anders als beim Wein – jede Region hat ihre speziellen Sorten, die sich Klima und Boden angepaßt haben. Meist stellt man in der Toskana verschiedene Olivensorten zusammen: Hier werden die Früchte gleichzeitig, dort getrennt gepreßt und erst dann verschnitten. Denn die Sorte Leccino wird früher reif als Frantoio. Neben diesen beiden Hauptsorten verwendet man Moraiolo und Pendolino.

Besonders wichtig: das Pflücken per Hand! Nur dann werden die Oliven garantiert nicht verletzt und sind vor Oxidation sicher. Sie müssen danach schnell zur Mühle transportiert und gepreßt werden. Das gewonnene Gemisch aus Öl und bitterem Fruchtwasser wird in einer Zentrifuge getrennt, heraus läuft das gleichzeitig leuchtende und noch trübe Öl, wie es am besten schmeckt: bitter und sanft zugleich. So bekommt man es leider nur kurz nach der Ernte – Kenner frieren sich dieses frische Öl daher in kleinen Portionen ein und haben so einen Vorrat für das ganze Jahr!

Vor der Abfüllung muß sich das Öl endgültig klären. Dazu sind die klassischen *orci* aus Terracotta (siehe Seite 36) am besten geeignet, die man zugunsten von Edelstahlbehältern verbieten wollte. Doch konnten sich die traditionsbewußten Erzeuger durchsetzen und die von der Industrie geförderten Pläne der EU durchkreuzen. So bleibt sie uns erhalten, die *spremuta di olive*, der wahre Saft der Götter!

Beschaulich: dörfliches Leben

Züchtig: Mädel in Marmor

Süß: getrocknete Trauben

Knackig: Garnelen im eigenen Saft

Würzig: der Speck von Colonnata

Wehrhaft: Burg von Vicopisano

Knusprig: toskanisches Landbrot

Gewaltig: Marmor für die ganze Welt

WINTER

Feine Fisch- und deftige Bauernküche,
ein berühmter Speck, erstklassiges Fleisch
und der heilige Wein

Fisch in Reinkultur: bei »Lorenzo«

Forte dei Marmi ist der eleganteste Ort an der toskanischen Küste. Hinter Hecken und Mauern stehen prächtige Villen in weitläufigen Parks. Im Zentrum laden schicke Boutiquen zum Geldausgeben ein. Sogar die Hotels, die sonst die Frage nahelegen, ob sie üppigen Luxus deshalb entbehren, weil die wirklich Reichen in ihren eigenen Häusern Ferien machen, sind exquisiter als gewohnt. Hier lebt die anspruchsvolle Klientel von »Lorenzo«. Nicht, daß das beste Fischrestaurant der Versilia besonders teuer wäre! Aber es bietet Fisch in höchster Qualität, und der hat nun mal seinen Preis. Dabei ist das Restaurant von Lorenzo Viani eher von Understatement geprägt, das Ambiente mehr zweckmäßig als feudal. Und es herrscht keine weihevolle Stimmung, sondern höchst genußvolles, quicklebendiges Treiben. Die Ober wieseln geschäftig umher. Hinter dem Tresen sieht man die Köche in einer winzigen Küche arbeiten. Die Bestellung nimmt Lorenzo persönlich auf. Dabei spürt man sein Bedürfnis herauszufinden, worauf seine Gäste gerade Lust haben – wenn die das selbst

ANTIPASTI CRUDI DI PESCE
ROHE FISCHVORSPEISEN

Das läßt sich natürlich nur mit absolut frischem Fisch und Meeresgetier machen. Aber dann ist es ein umwerfendes Vergnügen. Im Uhrzeigersinn von links: Scampi, längs halbiert. Dazwischen ein Tatar von Cernia di fondale, dem festen hellen Fleisch des Wrackbarsches, gewürzt mit feingehacktem Radieschen, Schnittlauch, Zwiebel und Tomate. Dann Filet von Ricciola, dem Gelbschwanzfisch oder Yellowtail, den die Japaner so lieben. Hier wird er mit Olivenöl beträufelt und mit einigen Zitronenzesten (feinste Streifen von der Schale) bestreut. Schließlich eine Garnele und ein Carpaccio von kleinen Rotbarben, mit dünnen Scheibchen von Bleichsellerie garniert. Bild unten: Austern, Miesmuscheln und Venusmuscheln.

noch nicht ahnen, weiß er schon Bescheid ... Und wer einen Fisch aus dem Dampf, in Salzkruste oder gesotten bestellt, bekommt am Tisch vom Chef persönlich die Mayonnaise aufgeschlagen: Da schauen alle Gäste gebannt zu. Lorenzos Passion ist der Wein. Mehr als 40 000 Flaschen lagern in seiner *stanza di vino*, die nicht im Keller eingerichtet ist, sondern perfekt isoliert und klimatisiert im ersten Stock. Alles, was in Italien gut und teuer ist, Frankreichs beste Châteaux, Rotweine, die man im allgemeinen nicht unbedingt zu Fisch serviert. Die wirklich ausgefuchsten Weinfans sind Deutsche und Schweizer, lacht Lorenzo und behauptet: »Die Italiener haben noch immer keine rechte Weinkultur entwickelt.«

1

2

4

1

ANTIPASTI COTTI DI PESCE
WARME FISCHVORSPEISEN

In einer Sauce aus frischer Tomate, die nur kurz gedünstet und dann mit Olivenöl wie eine Mayonnaise aufgeschlagen ist, liegen drei im Dampf gegarte Garnelen. Daneben ein lauwarmer Salat aus frisch gekochten Kartoffeln, Zucchiniwürfeln, Stückchen von grünen Böhnchen, Würfeln von festfleischiger Tomate und bißfest gekochtem Polipo, den Fangarmen der Krake. Mit Zitrone und gutem Olivenöl angemacht und auf Salatblättern angerichtet. Knusprig ausgebacken: Hauchzarte, winzige Tiefseegarnelen und ein Bällchen aus dick eingekochter Béchamel mit kleingehackten Shrimps. Und schließlich kleinfingerkleine Totanetti, winzige Kalmare, einfach in etwas Olivenöl geschwenkt, mit Zitronensaft, Salz und Pfeffer gewürzt.

2

SPAGHETTI CON TOTANETTI
SPAGHETTI MIT MINITINTENFISCHCHEN

Für vier Personen:
300 g dünne Spaghetti, Salz,
400 g winzige Tintenfischchen (Kalmare),
3 EL Olivenöl, eine Handvoll Salbeiblätter,
Pfeffer, 3 EL Fischfond

Die Spaghetti in Salzwasser bißfest kochen. Unterdessen die Tintenfischchen gründlich waschen, dann im heißen Öl schwenken, dabei die zerzupften Salbeiblätter zufügen. Aus der Mühle pfeffern, Fischfond angießen und sprudelnd aufkochen, bis sich die Flüssigkeiten emulsionsartig verbinden. Die Spaghetti tropfnaß zufügen und untermischen. Sofort in tiefen Tellern anrichten und zu Tisch bringen.

3

3

SPANNOCHIE IN GUAZZETTO
GARNELEN IM EIGENEN SAFT

Für vier Personen:
500 g frische Garnelen (mit Schale), 3 EL Olivenöl, Salz, Pfeffer, 1 Zwiebel, 2 Knoblauchzehen, 1 Chilischote, 2 festfleischige Tomaten, Petersilie, 2 EL Weißwein

Die Garnelenschwänze aus ihrer Schale lösen, den Kopf allerdings dran lassen. Die Schalen im heißen Olivenöl anrösten, um es zu aromatisieren. Herausheben und wegwerfen. Statt dessen die feingewürfelte Zwiebel, den durch die Presse gedrückten Knoblauch und die zerkrümelte Chilischote darin andünsten. Die Garnelen schließlich zufügen, nach einer Minute auch die gehäuteten, entkernten Tomaten und die feingehackte Petersilie. Salzen, pfeffern und mit einem Schuß Wein würzen. Zugedeckt zwei Minuten schmurgeln lassen, bis die Garnelen gar sind, dann servieren.

4

SFOGLIATINA DI PERE
BLÄTTERTEIGTASCHE MIT BIRNE

Für vier Personen:
4 Blätterteigplatten (tiefgekühlt), 2 reife Birnen, 2 EL Zucker, 2 EL Butter, 25 g Marzipan, Puderzucker

Die Teigplatten auftauen, dann jede nur ein wenig flacher walzen. In die Mitte einer jeden eine geschälte, entkernte Birnenhälfte betten. Zucker, Butter und Marzipan verkneten und in die Birnenhälften verteilen. Den Teig über der Birne zusammenschlagen, sie vollkommen damit einpacken, dabei die Teigtaschen rundum gut zudrücken. Mit der Nahtstelle nach unten auf ein mit Backpapier belegtes Blech setzen. Bei 200 Grad etwa 20 Minuten goldbraun backen. Etwas abkühlen und mit Puderzucker bestäuben. Bei Lorenzo wird das Gebäck lauwarm serviert, mit einem Klecks kalter Vanillecreme (Rezept Seite 201), die mit Tupfen von Erdbeerpüree dekoriert ist.

Pietrasanta: ein Ort für (Lebens-)Künstler

Die Position am Fuß der zur versilischen Küste steil abfallenden apuanischen Alpen war immer schon strategisch wichtig. Von hier aus hatte man den Überblick über die *strada francigena* und damit den Handel mit Frankreich. Lucca baute Pietrasanta im 13. Jahrhundert zur Bastion aus und sicherte sich den Zugang zum Meer. Die Befestigungsanlagen über der Stadt, Rocca di Sala, wurden später in die Stadtmauer integriert (Bild unten). Und im Gebirge oberhalb, bei Stazzema, richteten deutsche Soldaten im letzten Kriegssommer aus Rache an den Partisanen unter der Bevölkerung ein abscheuliches Blutbad an. Heute liegt Pietrasanta abseits, Autobahn und Züge fahren in der Ebene, nahe der Küste. Das idyllische Städtchen bleibt so vom Lärm der Zeit fast unbehelligt. Dafür sind die Künstler gekommen beziehungsweise geblieben. Seit Michelangelo von hier aus den Stein für seine »Pietà« im Petersdom ausgesucht hatte, tun es ihm ganze Generationen von Künstlern bis heute nach.

Während Carrara als Zentrum für den unbehauenen, frisch gebrochenen Marmor gilt, ist Pietrasanta der Ort, wo man Kunstwerke daraus schafft. In zahllosen Werkstätten und Ateliers arbeiten Bildhauer aus aller Welt mit den hiesigen, weltweit gerühmten, erstklassigen Handwerkern – übrigens nicht nur mit

Marmor, sondern auch in Bronze. Mehr als 300 Künstler leben hier. Die Bürger nehmen regen Anteil, manchmal ist der gesamte Ort ein einziges Museum. Nur auf die Kriegerfigur am Nordeingang zur Stadt, auf dem Rathausplatz, die Pietrasantas Wahlbürger Botero geschaffen hat, sind nicht alle stolz.

Pietrasanta ist eine lebendige Stadt, in der Alt und Jung, schlichtes und anspruchsvolles Denken, Tradition und Moderne für eine dynamische, reizvolle Atmosphäre sorgen. Und so wundert man sich nicht über ein geradezu urbanes, überaus elegantes Hotel: den »Albergo Pietrasanta«. Ursprünglich hat der Besitzer den stattlichen Palazzo aus dem 17. Jahrhundert für sich und seine Gäste als Privatvilla ausbauen wollen. Aber der Möbelproduzent aus Mailand konnte rechnen und hielt es für eine gute Idee, das Schöne zu wollen und das Nützliche damit zu tun. Nachdem er 22 traumhaft schöne Zimmer hatte einrichten lassen, jedes anders, mit viel Geschmack, erlesenen antiken Möbeln und mit den schönsten Marmorbädern, die man sich denken kann, machte er ein Hotel daraus. Die Führung übernahmen die Schwestern Claudia und Marisa Giuliano. Denen bereitet diese Aufgabe spürbar Vergnügen, sehr zum Wohl der Gäste, die sich willkommen fühlen, als seien sie bei Freunden zu Gast.

Das Frühstück ist üppig, Tageszeitungen – auch deutsche – sind ausgelegt, man sitzt angenehm ruhig im lichten Wintergarten oder, sommers, im Innenhof unter Palmen. Wer jedoch Mittag- oder Abendessen will, wird weitergeschickt. Zum Beispiel schräg gegenüber in die schicke »Enoteca Marcucci«, wo man erstklassige Weine trinken und kleine Leckerbissen dazu genießen kann.

Nicht jedem ihrer feinen Gäste trauen sich die Damen Giuliano die »Trattoria da Sci« zu empfehlen. Es ist zwar eine Trattoria wie aus dem Bilderbuch, »aber«, lacht Claudia, »nicht jeder hat Sinn für soviel Rustikalität. So mancher

1
2
3

1

MELANZANE MARINATE

MARINIERTE AUBERGINEN

Auberginen längs in Scheiben schneiden (geht am besten auf der Aufschnittmaschine) und in Olivenöl langsam auf beiden Seiten schön braun braten, dabei salzen, pfeffern und mit Origano würzen. Auf einer Platte anrichten, mit frischem Olivenöl beträufeln, mit feingehackter Petersilie bestreuen und großzügig Knoblauch durch die Presse darüber verteilen. Vor dem Servieren eine Stunde durchziehen lassen.

2

PALUMBO IN VINO BIANCO

GLATTHAI IN WEISSWEINSAUCE

Jeglicher festfleischige Fisch ist dafür geeignet, und zwar am besten quer durch die Rückengräte zu sogenannten Koteletts geschnitten. So bleiben die Scheiben in Form und das Fleisch saftig. Die Scheiben in Mehl wenden, salzen und pfeffern und in heißem Olivenöl auf beiden Seiten anbraten. Im Bratensatz feingehackte Zwiebel weich dünsten, halb mit Weißwein, halb mit Sahne ablöschen. Einkochen, bis die Sauce schön cremig ist, gehackte Pinienkerne einrühren und mit Zitronensaft abschmecken. Die Fischkoteletts in dieser Sauce wieder erwärmen und zu Tisch bringen.

3

POLPETTINE AL POMODORO

FLEISCHKLÖSSCHEN IN TOMATENSAUCE

Ein wunderbares Familienessen, wofür man übrigens besonders schwärmt, wenn es wieder aufgewärmt!

Für vier Personen:
1/8 l Milch, 1½ altbackene Brötchen, 2 Zwiebeln, 4 Selleriestengel, 4 Knoblauchzehen, 3 EL Olivenöl, 1 Bund Petersilie, 500 g Hackfleisch (vorzugsweise vom Kalb), Salz, Pfeffer, Cayennepfeffer, nach Belieben auch 1–2 Sardellen und 1 EL Kapern, 1 große Dose (800 g) geschälte Tomaten oder passiertes Tomatenfleisch

Die Milch aufkochen, die gewürfelten Brötchen darin einweichen. Zwiebeln, Sellerie und Knoblauch fein würfeln und im heißen Öl andünsten. Die Hälfte davon zusammen mit dem durchgeweichten Brötchen und der feingehackten Petersilie unter das Hackfleisch mischen. Mit Salz, Pfeffer und Cayennepfeffer kräftig abschmecken, nach Belieben auch feingehackte Sardellen und Kapern einarbeiten. Tischtennisballkleine Klößchen daraus formen. Den Rest Zwiebeln mit den geschälten Tomaten los- und etwas einkochen. Diese Sauce ebenfalls sehr würzig abschmecken. Die Fleischklößchen darin auf sanftem Feuer etwa 20 Minuten gar ziehen lassen.

Fremde aus dem Norden war entsetzt.« Es ist eine einfache Kneipe, deren Fenster wie die eines Wohnzimmers mit Spitzenvorhängen geschmückt sind. Man betritt sie durch die Küche, wo auf dem riesigen Herd in gewaltigen Töpfen alles blubbert und schmurgelt, was *padrone* Giovanni Pacini mit seiner Mannschaft heute zubereitet hat. »Wenn die Töpfe leer sind«, grinst er verschmitzt und hebt die Hände, »ist Schluß!« Eine Speisekarte gibt es nicht, entweder man hört Giovanni zu oder geht, falls die Sprachkenntnisse nicht reichen, in die Küche und deutet in die Töpfe.
Ehefrau Rosanna umsorgt die Gäste wie eine Mutter, merkt sich die Vorlieben, erkennt die Abneigungen und hat jedes Verständnis, wenn man die gewaltige Portion nicht recht bewältigen kann, die Ferdinando und Alessio, die beiden Köche, auf die Teller geschaufelt haben. Und Lorenza, die sonst die Teller spült, springt immer ein, wenn Giovanni wie-

der mal nicht im Service mithelfen kann, weil er den Gästen seine Philosophie erläutern muß: »Das Wichtigste, damit es anständig schmeckt«, erklärt er mit großer Geste, »sind beste Zutaten! Dann kann gar nichts schiefgehen.«
Die Gäste, eine gelungene Mischung aus Künstlern, Intellektuellen, Nachbarn und Touristen, sitzen an Tischen, denen weiße Marmorplatten ein unpassend edles Flair verleihen, verteilt auf zwei winzige, dunkle Stuben, die von der Küche abgehen. (In der weinumrankten Laube, in der man im Sommer sitzen kann, ist der Marmor sinnigerweise grün.) Und irgendwann im Laufe des Abends sind alle miteinander im Gespräch und inmitten lautstarker Diskussionen. Zum Schluß, wenn tatsächlich alle Töpfe geleert sind, der Herd geputzt, die erschreckend helle Neonröhre darüber ausgeschaltet und einem sanfteren Licht gewichen ist, kehrt Ruhe ein, Giovanni, Rosanna, Lorenza, Ferdinando und Alessio sitzen vielleicht noch eine Weile mit den letzten Gästen, und die Gespräche nehmen kein Ende …

1

2

3

4

5

6

7

8

1

ZUPPA DI CEREALI

HERZHAFTE GETREIDESUPPE

Ein deftiges Gericht, genau richtig für kalte Wintertage. Nicht nur Körner beziehungsweise Getreide wie Gerste, Graupen und Dinkel spielen in dieser Suppe eine Rolle, auch Hülsenfrüchte wie Linsen, Bohnenkerne, Erbsen und Kichererbsen gehören hinein. Man kann fertige Mischungen in Feinkostläden kaufen. Nach dem Einweichen, über Nacht in reichlich Wasser, werden die Zutaten in Salzwasser gekocht, bis alle Körner weich sind. Als Suppenbasis wird ein Soffritto aus feingehackter Zwiebel, Knoblauch, Chili und Petersilie angesetzt und mit Brühe aufgefüllt. Die Körner und Hülsenfrüchte kommen zur Hälfte ganz, die andere Hälfte püriert dazu. Einmal durchkochen, kräftig abschmecken und mit frischem Olivenöl beträufelt servieren.

2

PAGLIA E FIENO ALL'AGLIO E POMODORI

HEU UND STROH MIT KNOBLAUCH UND TOMATEN

Die Mischung aus feinen grünen (Heu) und gelben (Stroh) Nüdelchen mit dem hübschen Namen schmeckt natürlich am besten aus Nudelteig ganz frisch gemacht, nicht aus der Packung. Die Nudeln werden in reichlich Salzwasser rasch bißfest gekocht und kommen dann tropfnaß in die große Pfanne, in der bereits eine ganze Tasse voll gehacktem Knoblauch mit gewürfelten Tomaten und zerzupftem Basilikum eine Weile hat schmurgeln dürfen. Alles gründlich mischen, etwas frisch geriebenen Käse dazwischen streuen und sofort servieren.

3

ROSTICCIANA DI VITELLO

BRUSTRIPPEN VOM KALB

Das Lieblingsgericht aller, die gerne Knochen nagen und Knorpel lieben. Brustrippen vom jungen Kalb sind sehr gelatinös und knorpelreich – und daher besonders wohlschmeckend (ebenso die Rippchen vom Zicklein, die solchermaßen zubereitet besser schmecken als die Bratenstücke)! Sie werden in einer Bratenform mit Olivenöl beträufelt, gesalzen und gepfeffert (man kann auch mit getrockneten Kräutern, Knoblauch, Senf und Chili würzen) und so lange bei 250 Grad im Backofen gebraten, bis sie rundum knusprig sind. Dabei sollte man sie immer mal wieder wenden, damit sie gleichmäßig rösten.

4

FARAONA E COSCIO D'AGNELLO AL FORNO

PERLHUHN UND LAMMKEULE AUS DEM ROHR

Geflügel und größere Bratenstücke gelingen stets auf die simpelste Weise am besten. Sie werden zusammengeschnürt, mit Zitronensaft sowie mit Salz und Pfeffer eingerieben und dann so in eine feuerfeste Form gesetzt, daß alle Stücke Bodenkontakt haben, nicht übereinander liegen. Reichlich Olivenöl darübergießen, Kräuter danebenlegen – etwas Thymian, Rosmarin und/oder Salbei. Und dann zuerst bei starker Hitze anbraten, den Ofen auf etwa 120 Grad herunterschalten und die Fleischstücke bei sanfter Hitze schließlich fertig braten. Ob ein bißchen länger oder kürzer – darauf kommt es nicht so sehr an.

5

PATATE ALLA GHIOTTA

FEINSCHMECKER-KARTOFFELN

Mühelos zuzubereiten, besonders geeignet, wenn man für viele Gäste kochen muß. Die Kartoffeln schälen und vierteln. In einer Bratenform verteilen, dabei mit Olivenöl tränken, salzen und pfeffern. Wer mag, streut auch noch einige geschälte Knoblauchzehen, Rosmarinzweige und/oder Salbeiblätter dazwischen. Bei 200 Grad im Backofen etwa eine Stunde braten, dabei ab und zu mit der Bratenschaufel umwenden, damit alle Stücke auch schön gleichmäßig bräunen.

6

BIETOLA

MANGOLDGEMÜSE

Mangold gründlich mehrmals waschen. Die Stiele abtrennen, quer in feine Scheiben schneiden, die Blätter je nach Größe ganz lassen oder in Stücke teilen. In reichlich kochendem Salzwasser zuerst die Stiele drei Minuten lang kochen, dann die Blätter zufügen und alles miteinander noch eine weitere Minute blanchieren. Abgießen, eiskalt abschrecken, damit die grüne Farbe erhalten bleibt, und abtropfen.

In einem flachen Topf eine feingewürfelte Zwiebel mit gehacktem Knoblauch und zerbröselter Chilischote andünsten. Das abgetropfte Mangoldgemüse zufügen und langsam eine Viertelstunde dünsten, dabei immer wieder wenden. Salzen, pfeffern und mit Muskat würzen. Das Gemüse schmeckt warm, aber auch kalt.

7

ZUPPA INGLESE

BISKUITSPEISE MIT VANILLECREME

Das klassische, üppige Dessert, das mit einer Suppe so gar nichts zu tun hat... Man kann natürlich fertigen Biskuitboden dafür verwenden, wenn es schnell gehen muß und man einen guten Bäcker kennt, besser ist jedoch ein frischer, hausgemachter Biskuit allemal!

Für sechs Personen:
Biskuit:
3 Eiweiß, Salz, 3 EL Zucker,
3 Eigelb, 3 EL Puderzucker,
etwas abgeriebene Zitronenschale,
1 Messerspitze gemahlene Vanille,
200 g Mehl, 1 EL Speisestärke
Außerdem:
1 Rezept Vanillecreme (Seite 201),
Früchte der Saison

Eiweiß mit der Salzprise und Zucker steif schlagen. In einer zweiten Schüssel die Eigelb mit dem Puderzucker dick schlagen, dabei mit Zitronenschale und Vanille würzen. Mehl und Stärke unterziehen und mit dem Eischnee auflockern. In eine mit Backpapier ausgelegte Springform (24 cm Durchmesser) füllen. Auf der mittleren Schiene im 180 Grad heißen Backofen etwa 20 Minuten backen. Aus der Form lösen. Das Papier vorsichtig abziehen und den Biskuit auskühlen lassen. Den Boden quer dreimal durchschneiden, mit Vanillecreme bestreichen und aufeinandersetzen. Mit Kakaopulver bestäuben und mit Früchten garnieren.

8

MACEDONIA AL FORNO

WARMER OBSTSALAT

Ein fabelhaftes Winterdessert, das sich gut vorbereiten läßt.

Für sechs Personen:
je 2 Äpfel, Birnen, Orangen,
Sharon (feste Kaki),
500 g weiße und blaue Trauben,
Zucker, 2 Zitronen, 2–3 EL Pinienkerne

Die Früchte mit ihrer Schale in Stücke schneiden, allerdings die Kerne und Kerngehäuse entfernen. Alles mischen und in eine feuerfeste Form füllen, mit Zucker bestreuen und mit Zitronensaft beträufeln. Pinienkerne darüber verteilen. Bei 200 Grad eine halbe Stunde schmoren. Man serviert die Speise warm, lauwarm oder ausgekühlt in Dessertschalen mit einem Klecks Sahne – oder mit Vanilleeis, das in dem warmen »Salat« natürlich wunderbar schnell zu geschmeidiger Konsistenz schmilzt.

»Venanzio« und sein Speck

Auf einem halsbrecherisch steilen, kurvigen Sträßchen geht's von Carrara hinauf zum Marmordorf Colonnata – man betet, daß nichts entgegenkommt! Verkaufsbuden mit wenigen schönen Sachen und reichlich Kitsch, herrliche Ausblicke auf die von Marmorbrüchen angenagten Berge, ihre wilde Natur und die über ihnen dräuenden Wolken.

Auf dem Dorfplatz sitzen alte Männer und betrachten lächelnd die Fremden, die hierher kommen, um als Spezialität zu kaufen, was einst ihre Alltagskost war: *lardo colonnatese,* der berühmte Speck. Er lieferte ihnen die für die schwere Arbeit in den Marmorbrüchen nötige Energie. Ein Pfund pro Tag haben sie leicht verdrückt und trotzdem keinen Herzinfarkt bekommen – weil, so erfährt man in dem kleinen Laden hinter dem Platz aus der Studie eines römischen Professors, der rohe Speck keine bösen Cholesterine enthält. Nur gares, also erhitztes Fett sei gefährlich, meint der Professor im Gegensatz zu seinen deutschen Kollegen. Wer weiß die Wahrheit? Auf jeden Fall beißt man beruhigt in das dick mit frisch aufgeschnittenem, sahneweißem Speck belegte Brot ...

Man kann den Speck auch in der feinen Trattoria »Da Venanzio« am Dorfplatz genießen. Venanzio Vannucci hat lange in Ingolstadt gearbeitet, ehe er 1970 in seine Heimat zurückkehrte und sein kleines Restaurant eröffnete. Neben Touristen feiern Marmorhändler aus der ganzen Welt hier ihre Geschäftsabschlüsse mit dem köstlichen Speck, den Venanzio selber nach dem alten, ortsüblichen Rezept einpökelt: mit sehr viel Rosmarin und Knoblauch, etwas Zimt, Nelke und Sternanis, schwarzem Pfeffer und viel grobem Meersalz. Mindestens sechs Monate reifen die fünf bis sechs Zentimeter dicken Rückenspeckseiten (man bezieht sie heute aus Parma, wo man für den Schinken nur die Keulen braucht) in den traditionellen Trögen aus feinstem Canaloni-Marmor. Nur darin gewinnen sie ihren unvergleichlichen Geschmack – andernorts läßt man den Speck für *lardo colonnatese* (der Begriff ist leider nicht geschützt) vier Wochen in Edelstahl- oder Plastikwannen reifen. Für Gourmets kommt nur der echte aus Colonnata in Betracht!

3

RAVIOLI DI VERDURE

GEMÜSERAVIOLI

Eine leichte Füllung aus winterlichen Gemüsen – die jenseits der Alpen einfach sommerlicher wirken, als wir das kennen. Dazu ein erfrischender Sugo aus Tomaten.

Für vier Personen:
1/2 Rezept Nudelteig (Seite 30),
2 Zwiebeln, 2 Knoblauchzehen,
1 Aubergine, 2 Selleriestangen,
1 Zucchino, 2 EL Olivenöl, Salz, Pfeffer,
100 g geriebener Käse, 1 Ei, glatte Petersilie
Frische Tomatensauce:
1 kg Tomaten, 50 g Butter, Salz, Pfeffer

Für die Füllung alle Gemüse sehr klein würfeln und im heißen Öl andünsten. Salzen, pfeffern, zugedeckt im eigenen Saft eine Viertelstunde schmoren. Dann Käse, Ei und reichlich gehackte Petersilie einarbeiten und abschmecken.
Den Teig hauchdünn ausrollen. In regelmäßigen Abständen Häufchen von Füllung darauf setzen. Mit einem zweiten Teigblatt zudecken und rund um die Füllung festdrücken. Mit einem gezackten Ausstecher Ravioli ausschneiden. In reichlich Salzwasser in zwei Minuten bißfest kochen.
Für die Sauce die Tomaten häuten, entkernen und in zwei Eßlöffeln Butter andünsten, dabei salzen und pfeffern. Schließlich im Mixer oder mit dem Pürierstab aufschlagen, dabei die restliche Butter untermixen.
Die Ravioli in dieser Sauce schwenken, auf Tellern anrichten, mit etwas geriebenem Käse bestreuen und sofort servieren.

4

FLAN DI VERDURE ED ERBE

GEMÜSEFLAN MIT KRÄUTERN

Dazu paßt die gleiche fruchtig-frische Tomatensauce wie zu den Ravioli.

Für vier bis sechs Personen:
500 g Kartoffeln, 1 Zwiebel,
2 Knoblauchzehen, 2 EL Olivenöl,
1 Möhre, 1 Zucchino, 1 Aubergine,
Salz, Pfeffer, 2 Eier, 75 g geriebener
Parmesan oder Pecorino, frischer Majoran
und Origano, Muskat, Butter

Die Kartoffeln in der Schale weich kochen. Zwiebel und Knoblauch fein würfeln und im heißen Öl andünsten. Auch Möhre, Zucchino und Aubergine sehr fein würfeln und zufügen. Salzen, pfeffern und zugedeckt weich dünsten. Die Kartoffeln pellen, durch die Presse drücken, mit Käse, Ei und dem gedünsteten Gemüse vermischen, dabei die feingehackten Kräuter einarbeiten. Kräftig mit Muskat würzen. In ausgebutterte Portionsförmchen verteilen. Bei 200 Grad im vorgeheizten Ofen etwa 20 Minuten backen. Aus den Förmchen lösen und auf einem Spiegel von Tomatensauce anrichten.

5

ANATRA ALL'ARANCIA

ENTE MIT BLUTORANGEN

Die bittere Fruchtigkeit von Blutorangen paßt besonders gut zur Ente.

Für vier Personen:
1 schöne Bauernente (ca. 2 kg),
Salz, Pfeffer, 4–5 Blutorangen,
1 Thymianzweig, 1 Rosmarinzweig,
3 EL Sojasauce, 1–2 EL Orangenlikör,
50 g Butter, Himbeeressig

Die Ente mit Salz und Pfeffer aus- und einreiben. Die Orangen auspressen, die Schalen in den Bauch stecken, dabei die Kräuterzweige dazwischenpacken. Die Ente bei 250 Grad zunächst eine halbe Stunde auf dem Bauch liegend braten. Dann umdrehen und die Hitze auf 150 Grad herunterschalten. Jetzt die Ente immer wieder mit einer Mischung aus Orangensaft, Sojasauce, Orangenlikör und Bratenjus einpinseln und eine weitere Stunde sanft braten. Den Bratenfond mit Butter aufmixen und mit Himbeeressig abschmecken.
Venanzio dekoriert mit Salatblättern und Streifen von Frühlingszwiebeln.

1

ANTIPASTO DI LARDO

SPECKVORSPEISE

Den Speck auf der Aufschnittmaschine hauchdünn aufschneiden, anhaftendes Salz abstreifen, die Scheiben auf Vorspeisentellern anrichten. Mit Rosmarinblüten und Tomatenscheiben dekorieren, mit frischem Salz und grobem Pfeffer würzen.

2

CROSTINI CON LARDO

CROSTINI MIT SPECK

Den Lardo colonnatese zusammen mit glatter Petersilie durch die feine Scheibe des Fleischwolfs drehen oder im elektrischen Zerhacker zerkleinern. Die Masse salzen, aus der Mühle pfeffern und dick auf geröstete Brotscheiben häufen.

Der Speck reift in feinen Marmortrögen.

6

SEMIFREDDO AL MARASCHINO

HALBGEFRORENES MIT MARASCHINO

Für vier bis sechs Personen:
4 Eigelb, 4 EL Zucker, 1/4 l Sahne,
4 EL Maraschino, 1 Stück Biskuitboden
(Seite 219 oder fertig gekauft)

Karamelsauce:
100 g Zucker, Saft von 1/2 Zitrone,
1 EL Orangenlikör, 0,1 l Wasser

Eigelb mit dem Handrührer dick und hell schlagen, dabei nach und nach den Zucker zufügen. Die Sahne aufkochen, heiß zur Eiercreme gießen, dabei ständig weiterschlagen. Schließlich den Maraschino zufügen. Diese Masse in Portionsförmchen verteilen. Mit je einer dünnen Biskuitscheibe abdecken, die nach dem Stürzen den Boden bildet. Im Gefrierer fest werden lassen. Zum Servieren aus der Form lösen und stürzen.
Für die Sauce den Zucker mit Zitronensaft und Orangenlikör vermischen und auf mittlerem Feuer schmelzen. Bis zum hellbraunen Karamel kochen, falls er zu dunkel zu werden droht, immer wieder mit einem Löffel Wasser ablöschen.
Die Karamelsauce dekorativ rund um das Halbgefrorene kleckern. Nach Belieben auch mit Himbeermark oder mit eingekochtem Kirschsaft farbliche Akzente setzen.

1

2

3

4

5

6

Die feine Küche von »Da Beppe«

Die Gegend ist unscheinbar, blaß der Ort, auch das Restaurantschild an dem grauen Häuschen kurz vor dem Ortsende von Stáffoli fällt nicht weiter auf. Äußerlich hat Luca Christiani nicht viel geändert, seit er vor fünfzehn Jahren die Trattoria seines Vaters Beppe übernommen hat. Er war nach Lehr- und Wanderjahren heimgekehrt, hatte in Paris gearbeitet, in Holland, in Mailand bei Marchesi, sogar beim legendären Avantgardisten, dem Katalanen Ferran Adrià im »El Bulli«, hineingeschnuppert. Und hat schließlich begonnen, Beppes Fernfahrerkneipe an der Hauptstraße umzukrempeln. Gottlob bringt die lokale Lederindustrie genügend Gäste.
Obwohl in jedem der drei winzigen Räume mit dem lindgrünen Anstrich nicht mehr als vier, höchstens fünf Tische stehen, wirken sie so zugestellt, daß man fürchtet, bei voller Besetzung nicht mehr durchzukommen. Trotzdem ist noch Platz für ein riesiges Meerwasserbecken, in dem stattliche Hummer und Langusten schwimmen. Sie machen gleich klar: Hier wird mit Anspruch gekocht. Und der wird tatsächlich, Teller für Teller, gehalten! Wobei Lucas klare Linie Freude macht: Die Gerichte kommen ohne Schnörkel auf den Teller. Immer steht der Eigengeschmack im Vordergrund, der aber stets durch eine verblüffende Zutat, ein ungewöhnliches Gewürz, die ausgefallene Zusammenstellung eine überraschende Note bekommt.

1

ANTIPASTO GRANDE DI PESCE

GROSSE FISCHVORSPEISE

Eine gewaltige Platte mit den verschiedensten Fischzubereitungen (von oben Mitte): Spießchen von Garnelen, die in Hartweizengrieß gewendet und dann fritiert werden. Seezungenröllchen auf Salat von hauchfein geschnittenem Fenchel. Gesottene Scampi auf einem Bett von Rucola. Graved Lachs mit einem Klecks Apfelmus, dem frisch geriebener Meerrettich Pikanz verleiht. Kleine Garnelen auf in Rotwein geschmorten Zwiebeln, mit geriebenen Walnüssen bestreut. Kleine Sepia (Tintenfischchen), über dem Grill gegart. In ihrer Muschelschale angerichtete gegrillte Jakobsmuscheln auf einem Bett von gedünsteten Möhren, Sellerie und Lauch in feinen Streifen. Und schließlich ausgelöste Miesmuscheln, mit Würfeln von roter Paprika und Zwiebeln als Salat angemacht.

Das Arnobecken östlich der Pisaner Berge bietet nichts Spektakuläres und lockt nur wenig Touristen an. Architekturliebhaber freuen sich an der Silhouette von Vicopisano mit ihren mächtigen Türmen, die einst zur Florentiner Befestigungsanlage gehörten, von Brunelleschi entworfen. Antiquitätenjäger stöbern gern auf dem Riesenflohmarkt, der jedes vierte Wochenende in Biéntola stattfindet. Tip für Genießer: Rechtzeitig im Ristorante »Da Beppe« in Stáffoli reservieren, um sich einen der wenigen Tische bei Luca Christiani zu sichern.

1

2

3

4

2

TAGLIATELLE DI STOCCAFISSO

BANDNUDELN MIT STOCKFISCH

Für vier bis sechs Personen:
1 kg gewässerter Stockfisch, 1 Zwiebel, 2 Knoblauchzehen, 1 Lauchstange, 2 EL Olivenöl, 1 Dose geschälte Tomaten, 2 Thymianzweige, Salz, Pfeffer, 400 g Bandnudeln

Den Stockfisch sehr gründlich, etwa zwei Tage lang, wässern. Zwiebel, Knoblauch und Lauch in feine Scheibchen schneiden und im heißen Öl andünsten. Tomaten mitsamt Saft zufügen sowie den gesäuberten, von Haut und Gräten befreiten und in Stücke zerpflückten Stockfisch. Die Thymianzweige daneben legen. Salzen (sparsam), pfeffern (großzügig) und zugedeckt mindestens eine Stunde, ruhig auch länger, sanft köcheln lassen. Falls dabei zuviel Flüssigkeit verkocht, immer mal wieder einen Spritzer Wasser zufügen. Die Kräuterstiele herausfischen und wegwerfen. Die bißfest gekochten Nudeln tropfnaß in diesem Sugo wenden und sofort servieren.

3

BRODETTO DI FAGIOLI E FRUTTI DI MARE

SÜPPCHEN MIT WEISSEN BOHNEN UND MEERESFRÜCHTEN

In einem würzigen, klaren Fischsud schwimmen weiße Bohnenkerne, Würfel von Tomaten und ganz unterschiedliche Meeresfrüchte: ausgelöste Mies- und Venusmuscheln, verschiedene, in Streifen geschnittene Tintenfische, ausgelöste Garnelen und Scampischwänze. Ein feines, aber ganz einfaches Gericht:

Für vier Personen:
200 g gekochte Bohnenkerne, 2 Tassen Tomatenwürfel, 3/4 l aromatischer Fischfond, ca. 500 g gemischte Meeresfrüchte, Petersilie, Salz, Pfeffer

Bohnen und Tomatenwürfel im Fischfond erwärmen, die Meeresfrüchte zufügen, auch die feingehackte Petersilie. Etwa fünf Minuten leise köcheln, bis Muscheln und Garnelen gar sind. Mit Salz und Pfeffer würzen. Das Süppchen in tiefen Tellern anrichten.

4

ZUPPA D'ARANCE CON GALLINELLA E FUNGO PORCINO

ORANGENSUD MIT KNURRHAHN UND STEINPILZ

Verblüffend die Verbindung von Blutorangen, Fisch und Steinpilz: sieht hinreißend aus – und schmeckt auch so!

Für zwei Personen:
1/4 l frisch gepreßter Blutorangensaft, 1/4 l Fischfond, 2 Knurrhahnfilets à 200 g, Salz, Pfeffer, 2 schöne Steinpilzköpfe (ersatzweise große Steinchampignons oder Egerlinge), 2 EL Butter

Orangensaft und Fischfond um ein Drittel einkochen. Die gesalzenen und gepfefferten Fischfilets auf einen Teller betten. Eine umgestülpte Tasse in ein Wasserbad stellen, den Teller mit den Fischfilets daraufsetzen und die Filets im aufsteigenden Dampf garen. Die Pilzhüte in der Butter sanft gar dünsten, dabei mit Salz und Pfeffer würzen. Den Orangensud abschmecken, in zwei tiefe Teller verteilen, die Fischfilets darin anrichten, die Pilzhüte daneben setzen.

1

2

4

3

1

ROMBO CON STUFATO DI CAVOLO NERO

STEINBUTT MIT GESCHMORTEM SCHWARZKOHL

Der für die winterliche Toskana so typische Schwarzkohl findet, wie man hier sieht, nicht nur in der berühmten Minestra di Pane (Seite 240) Verwendung.

Für vier Personen:
1 kg Schwarzkohl (möglichst zarte, junge Blätter), Salz, 1 Zwiebel, 2 Knoblauchzehen, 1–2 Chilischoten, 4 EL Olivenöl, 1 Tasse Tomatenwürfel, Pfeffer, 4–8 schöne Steinbuttfilets

Die Kohlblätter putzen, in reichlich Salzwasser eine Minute blanchieren. Zwiebel, Knoblauch und Chili in zwei Eßlöffeln Olivenöl andünsten, den Schwarzkohl zufügen, salzen und pfeffern. Etwa eine Viertel- bis halbe Stunde leise schmurgeln lassen, bevor die Tomatenwürfel untergemischt werden. Die Steinbuttfilets salzen, pfeffern, mit Olivenöl beträufeln und in jeweils ein Stück Alufolie wickeln. Über Dampf (einfach über das Schwarzkohlgemüse hängen) oder im Backofen fünf Minuten garen.

2

FILETTI DI SOGLIOLA CON INSALATA DI CARCIOFI

SEEZUNGENFILETS MIT ARTISCHOCKENSALAT

Die kleinen, jungen lila Artischocken sind so zart, daß man sie praktisch mit Haut und Haar roh verspeisen kann. Man entfernt nur die äußersten, dunklen Blätter, bis man auf die leuchtendgelben inneren Blätter stößt. Die Blätter abbrechen, schließlich mit dem Messer das Artischockenherz rundum glätten. Dann schneidet man die ganze Knospe in dünne Scheibchen und macht sie wie einen Salat an.

Für zwei Personen:
4 schöne Seezungenfilets, Salz, Pfeffer, Olivenöl zum Braten, 4 junge Artischocken, Zitronensaft, Olivenöl

Die Seezungenfilets salzen, pfeffern und mit Öl einpinseln. In Folie wickeln und im Backofen oder über Dampf fünf Minuten gar ziehen lassen. Die Artischocken putzen, quer in hauchdünne Scheibchen schneiden. Mit Salz, Pfeffer, Zitronensaft und Olivenöl marinieren.

3

SFOGLIATA DI CREMA DI VANIGLIA

BLÄTTERTEIG MIT VANILLECREME

Für vier bis sechs Personen:
2 Platten tiefgekühlter Blätterteig, Puderzucker
Vanillecreme:
400 g Sahne, 1 Vanillestange, 100 g Zucker, 4 Eigelb

Die Teigplatten auftauen, dann in Portionsschnitten teilen – ca. sechs Zentimeter breit. Nebeneinander auf einem mit Papier belegten Blech bei 200 Grad zehn Minuten goldbraun backen und auskühlen lassen.
Für die Vanillecreme die Sahne aufkochen, die Vanilleschote darin ziehen lassen und den Zucker auflösen. Das Vanillemark auskratzen und in die Sahne rühren. Neben dem Feuer nacheinander die Eigelb einrühren, dabei ständig mit dem Schneebesen schlagen, damit die Eigelb nicht gerinnen. Jetzt den Topf aufs Feuer setzen und unter ständigem Rühren die Masse erhitzen, bis sie einmal aufwallt. Sofort vom Feuer ziehen und weiter schlagen, bis die Creme schön dicklich ist. Abkühlen lassen.
Zum Servieren die Blätterteigschnitten quer halbieren, mit Vanillecreme füllen. Jetzt nicht mehr stehen lassen, damit das Gebäck knusprig bleibt. Mit Puderzucker bestäubt auf Himbeersauce servieren.

4

TERRINA DI CIOCCOLATA

SCHOKOLADENTERRINE

Drei Schichten aus drei verschiedenen Schokoladesorten – ein unwiderstehliches Dessert, das in dieser Menge natürlich eine größere Gästeschar verlangt. Man kann jedoch jeweils eine Schicht alleine als eine besonders köstliche Mousse au chocolat servieren.

Für zwölf Personen:
Weiße Mousse:
200 g weiße Schokolade, 3 Eigelb, 25 g Zucker, 1 EL Milch, 1 Blatt Gelatine, 200 g Sahne
Vollmilch-Mousse:
200 g Vollmilchkuvertüre, 3 Eigelb, 35 g Zucker, 1 EL Milch, 3/4 Blatt Gelatine, 200 g Sahne
Dunkle Mousse:
200 g Zartbitterkuvertüre, 3 Eigelb, 50 g Zucker, 2 EL Rum, 1/2 Blatt Gelatine, 200 g Sahne
Orangensauce:
125 g Zucker, 1/4 l frisch gepreßter Orangensaft (möglichst Blutorangen verwenden), 2 EL Orangenlikör

Die Schokolade jeweils behutsam schmelzen. Die Eigelb mit der entsprechenden Zuckermenge dick schlagen, die Schokolade einarbeiten, ebenso die in Milch beziehungsweise Rum aufgelöste Gelatine. Die steifgeschlagene Sahne unterziehen. Schichtweise in eine Kastenform einfüllen und über Nacht fest werden lassen.
Zum Servieren aus der Form stürzen, in Scheiben schneiden und auf Desserttellern anrichten. Dazu eine Orangensauce servieren: Dafür den Zucker mit 0,1 l Wasser zum Karamel kochen, mit Orangensaft ablöschen und sirupartig einkochen. Mit Orangenlikör parfümieren.

»Taverna del Guerrino«

Das winzige Dörfchen Montefioralle auf einem Hügel mitten im Chianti Classico genießt seinen Dornröschenschlaf. Nur ein einziges schmales Gäßchen führt rund um die in der Mit-

te etwas erhöht thronende Kirche. Die Häuser lehnen sich auf der einen Seite an die Ringmauer, die den Ort umschließt, auf der anderen an den Kirchensockel. Bis vor wenigen Jahren schien das pittoreske Örtchen westlich von Greve völlig ausgestorben. Dann wurde es von Städtern und Fremden wiederentdeckt. Man hat es renoviert und mit neuem Leben erfüllt. Damals zog auch die Familie Niccolai hier ein und eröffnete die »Taverna del Guerrino«, ein sehr einfaches, hübsches Gasthaus, das seinen Namen dem Hügel verdankt, auf den man vom Fenster und vom kleinen Garten aus blickt, in dem man im Sommer wunderschön sitzen kann. In der Küche herrscht Mamma Gabriella, wo sie über der offenen Glut im gewaltigen Herd die Brotscheiben für die Crostini röstet und all die herrlichen, schlichten, aber heißgeliebten Gerichte der toskanischen Küche zubereitet, die heute selten geworden sind. Den Service betreuen Ehemann und Sohn, und wenn nicht auf der Visitenkarte auch eine Internetadresse vermerkt wäre, könnte man glauben, hier sei die Zeit stehengeblieben …

1

FETTUNTA

GERÖSTETES KNOBLAUCHBROT

Dies ist ein so einfaches Vergnügen, daß man es sogar in schlichten Trattorien nur selten findet: eine geröstete Brotscheibe, mit Knoblauch abgerieben und mit Olivenöl beträufelt – über der Holzkohlenglut geröstet schmeckt es am besten! Notfalls tut es auch der Toaster, und für große Mengen empfiehlt sich der Backofen. Besonders köstlich: das frisch gepreßte, noch grünliche, oft sogar trübe Öl, das richtig nach Olivenfrüchten duftet und zart bitter schmeckt. Dazu passen natürlich toskanische Würste und Schinken, möglichst hauchdünn aufgeschnitten, und Oliven.

2

SPAGHETTI ALLA CONTADINA

SPAGHETTI NACH BÄUERINNENART

Für sechs Personen:
1 Zwiebel, 3 Knoblauchzehen,
2 Stengel Bleichsellerie, 1 Möhre,
3 EL Olivenöl, 200 g Rinderhackfleisch,
2 kleine, rohe, grobe Schweinswürstchen,
2 EL Tomatenmark, 1 kleine Dose
geschälte Tomaten, 1/8 l Rotwein,
Salz, Pfeffer, 1/2 TL Origano,
je 1 Thymian- und Rosmarinzweig

Zwiebel, Knoblauch, Selleriestangen und Möhre fein würfeln und in einer großen Pfanne im heißen Öl andünsten, ohne zu bräunen. Das Hackfleisch und die aus ihrer Haut gelösten Schweinswürstchen zufügen, auch das Tomatenmark sowie die geschälten Tomaten. Mit Rotwein auffüllen, salzen, pfeffern, Origano und die Kräuter zufügen. Ohne Deckel leise etwa eine Stunde köcheln. Falls dabei zuviel Flüssigkeit verkocht, immer wieder einen Schuß Wasser oder Wein angießen. Ab und zu umrühren, damit nichts ansetzt. Eine Kelle davon auf die al dente gekochten Spaghetti geben.

3

CIPOLLE CHIANTIGIANE

GESCHMORTE ZWIEBELN

Zur Bauernwurst vom Grill gibt es wunderbare Zwiebeln, ganz langsam geschmort, bis sie butterzart sind und auf der Zunge schmelzen. Man ißt sie warm, aber auch gern kalt. Heiß in Schraubgläser abgefüllt, bleiben sie im Kühlschrank lange frisch.

Für sechs Personen:
1 kg kleine, flache Grillzwiebeln,
3 EL Olivenöl, Salz, Pfeffer,
je 1 Rosmarin- und Thymianzweig,
1/4 l Vin Santo

Die Zwiebelchen schälen, möglichst unzerteilt lassen, allenfalls sehr große Exemplare halbieren. In einem flachen Topf, in dem viele Zwiebeln Bodenkontakt haben können, im heißen Öl langsam und geduldig anbraten. Dabei immer wieder den Topf rütteln, damit die Zwiebeln umhergewirbelt werden. Wenn sie rundum appetitliche Bratspuren zeigen, salzen, pfeffern, die Kräuter zufügen und den Vin Santo angießen. Jetzt zugedeckt auf mildem Feuer etwa 45 Minuten weich schmurgeln.

4

TORTA DI RICOTTA

TOSKANISCHER KÄSEKUCHEN

Für eine Springform
von 24 cm Durchmesser:
Mürbteig:
250 g Mehl, 1 Prise Salz, 150 g Butter,
100 g Zucker, 1 Eigelb, Butter für die Form
Ricottafüllung:
3 Eier, 100 g Zucker, 500 g Ricotta
oder Schichtkäse, 1 Tütchen Vanillezucker,
2 EL Vin Santo, abgeriebene Schale
einer Zitrone, 1 Prise Salz, 1 EL Mehl

Aus den Zutaten einen festen Teig kneten und eine halbe Stunde kalt stellen. Die ausgebutterte Form damit auskleiden.
Für die Ricottafüllung die Eigelb mit dem Zucker dick und cremig schlagen, die durch ein Sieb passierte oder im Mixer aufgeschlagene Ricotta untermischen (Schichtkäse vorher gründlich abtropfen!), mit Vanillezucker, Vin Santo, Zitronenschale und Salz würzen. Zum Schluß das Mehl und die steifgeschlagenen Eiweiß unterziehen. Diese Masse auf den Teigboden verteilen. Bei 180 Grad etwa 50 bis 60 Minuten backen, bis die Käsemasse gestockt ist.

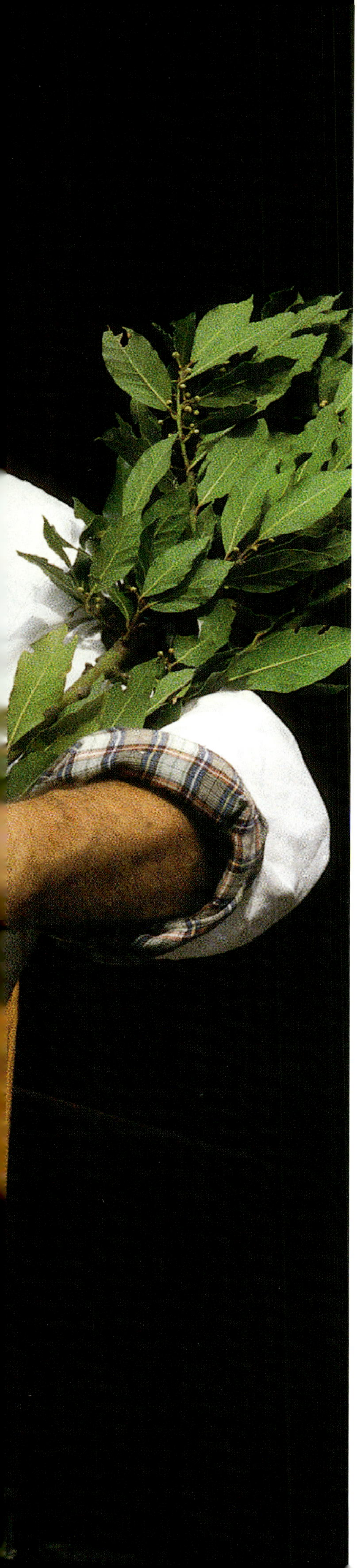

Dario Cecchini – der Michelangelo unter den Metzgern!

In Deutschland hätte Dario Cecchini schlechte Karten: Sein Laden würde von der Gewerbeaufsicht kurzerhand zugesperrt. Dario lacht ungläubig, als er das hört. »Wieso? Was tue ich Falsches?« Gottlob befindet sich die »Antica Macelleria Cecchini« in Panzano, einem kleinen, quirligen Ort, der sich auf einem Hügelkamm südlich von Greve zwischen den besten Weinlagen des Chianti Classico erstreckt. Seit Presse und Fernsehen über ihn (den *»Michelangelo dei macellai«)* berichtet haben, drängelt sich noch mehr Kundschaft, kommen die Leute sogar aus Mailand und Rom. Vor allem an Wochenenden – sonntags ist in Panzano Markt und der Laden selbstverständlich geöffnet – stehen die Menschen in Trauben im Geschäft oder warten geduldig vor dem Haus. Darios Metzgerei ist mit Bibliothek, Discplayer, sogar Sitzgruppe gemütlich eingerichtet und immer überfüllt. Fast jeder hält ein Rotweinglas in der Hand. Pavarotti schmettert beflügelnde Arien, falls Dario nicht der Sinn nach Keath Jarret's »Köln Concert« steht. Man schwatzt, klatscht, verkürzt sich die Wartezeit mit Zeitunglesen und kostet von Darios *tatar alla chiantigiana* oder seiner fenchelwürzigen *finocchiona,* von der er Scheiben auf einem Brett herumreicht; probiert den Speck oder vom *tonno del Chianti,* gekochtem Schweinefleisch, das wie Thunfisch mit Gewürzen in Olivenöl eingelegt ist. Dazu schneidet man sich ein Stück von Marconis Landbrot (siehe Seite 236) herunter, das Dario jeden Morgen holen läßt – 30 Kilometer Chiantigiana hin, 30 Kilometer zurück –, seit der Holzofenbäcker von Panzano aufgegeben hat. Aber so ist er: Nur handwerkliche Produkte läßt er gelten, nie würde er im Supermarkt einkaufen. »Wir Handwerker müssen zusammenhalten«, ruft er, wissend, daß das italienische Wort *artigiani* auch das Kunstvolle seines Tuns beschreibt.

Alles, was Dario verwendet, kommt von solchen Künstlern: die Gewürze von einem Bauern im Piemont, das Salz aus den Salzgärten Siziliens, die berühmten Zolfini-Bohnenkerne, die man nur selten findet, weil sie schwierig anzubauen

Fortsetzung auf Seite 234

Den Rücken eines gut gemästeten Schweins hat Dario längs halbiert. Daraus entstehen zwei Riesenbratenstücke.

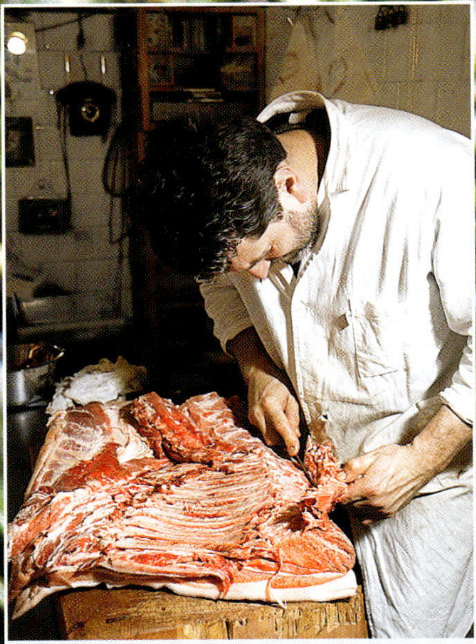

Zunächst müssen – Schwarte nach unten – in mühevoller Kleinarbeit sämtliche Rippenknochen sorgfältig ausgelöst werden.

Das geht bei Dario so fix, daß man seinen Bewegungen kaum folgen kann, und an den Knochen bleibt kein Fitzelchen Fleisch!

Jetzt wird gewürzt, und zwar mit vollen Händen: zuerst frisch gemahlener Pfeffer.

Dann verteilt Dario reichlich getrocknete Blüten von wildem, duftendem Fenchel.

Schließlich eine gehörige Menge Meersalz. Dario nimmt würziges Salz aus Trapani.

Eine Schüssel frischer Rosmarinnadeln mitsamt den Blüten wird gehackt …

… und gleichmäßig auf dem Fleisch verteilt. Die Blüten duften köstlich!

Jetzt wird der Braten aufgerollt. Vorsichtig, damit die Gewürze nicht herausfallen.

Beim Verschnüren der Rolle hilft Judy, die Dario häufig im Laden unterstützt.

Ein appetitlicher Anblick, die akkurat verschnürte Fleischrolle. In den Ofen damit!

Am nächsten Tag werden die Braten scheibenweise aufgeschnitten und verkauft.

1

INSALATA DI CECI

KICHERERBSENSALAT

Hauptbestandteil dieses Vorspeisensalats, der auch ein ganzer Imbiß sein kann, ist – wir sind bei einem Metzger zu Gast – *soppressata*, ähnlich wie unser Preßsack oder eingemachter Schweinskopf.

Für sechs Personen:
250 g Kichererbsen, 1 TL Natron, Salz, 2 rote Zwiebeln, 200 g Preßsack in dünnen Scheiben, 1 Bund Petersilie, Pfeffer, 3 EL Weißweinessig, 3–4 EL Olivenöl

Die Kichererbsen über Nacht einweichen, dann auf mildem Feuer weich kochen. Natron im Kochwasser verkürzt die Garzeit. Salz nicht vergessen!
Die Zwiebeln in feine Ringe hobeln, den Preßsack in Streifen schneiden, Petersilie hacken. Alles mischen und mit einer Marinade anmachen, die aus Salz, Pfeffer, Essig und Olivenöl cremig aufgeschlagen wurde.

2

ARISTA DI MAIALE

SCHWEINERÜCKENBRATEN

Man muß nicht gleich den Rücken eines ganzen Schweins verarbeiten, wie das Dario tut – für eine Runde von zwölf bis fünfzehn hungrigen Gästen genügt der ausgelöste, längs halbierte Kotelettstrang. Gut ist, wenn der Metzger den Bauch nicht wegschneidet, damit man das magere Rückenfilet in den von Fett durchzogenen Bauchlappen einwickeln kann, der es dann schön saftig hält.

Für 12–15 Personen:
ca. 3,5 bis 4 kg Schweinerücken (wie oben beschrieben), 2 EL grobes Meersalz, 1 EL grob gemahlener Pfeffer, 1 Tasse Knoblauchzehen, 1 Tasse frische Rosmarinnadeln, 2 EL wilder Fenchel (ersatzweise Origano), Olivenöl

Den Kotelettstrang mit der Fettseite nach unten auf der Arbeitsfläche ausbreiten. Die übrigen Zutaten mischen und auf der Innenseite gleichmäßig verteilen. Den Braten so aufwickeln, daß die durchwachsene Bauchseite das magere Rückenstück einhüllt. Mit Küchenzwirn gut verschnüren. Den Braten mit Olivenöl einreiben und in die Bratenreine des Backofens legen.
Bei 180 Grad etwa drei Stunden braten, dabei den Braten einmal um die eigene Achse drehen, damit er gleichmäßig bräunt. Vor dem Anschneiden eine halbe Stunde ruhen lassen. Besonders köstlich schmeckt die Arista kalt – dann läßt sie sich auf der Aufschnittmaschine in wunderbar feine Scheiben schneiden.

1

2

Fortsetzung von Seite 231
sind, aus dem Chianatal. Ob Zwiebeln, Knoblauch, die Chilischoten, die in üppigen Girlanden seinen Laden dekorieren, und natürlich allem voran seine Schlachttiere – alles stammt aus bäuerlichen Betrieben, die artgerecht produzieren, auf Kunstdünger, Chemie und Massenproduktion verzichten. »Man schmeckt diese Sünden ebenso wie jedes anständige Tun«, behauptet er. Sein Maßstab ist höchste Qualität, Etikettenschwindel ist ihm ein Greuel. Zum Beispiel die Sache mit dem Fleisch vom Chianarind. Seit in einer Feinschmekkerzeitschrift die unterschiedlichen

Die berühmteste und würzigste unter den toskanischen Würsten: die finocchiona

Fleischmarken getestet wurden, »von Leuten«, schimpft er lauthals, »die keinerlei Ahnung von Fleisch und seiner Qualität haben. Das zeigen die Photos, verrät der Text!« redet er sich in Rage. »Bei mir gibt's kein Fleisch mit Etikett, sondern das, was ich ausgesucht habe!« Das ist Qualitätsbeweis genug, findet er, denn »ein Tier verdankt sein gutes Fleisch nicht nur der Rasse, sondern mehr noch seiner Aufzucht!«
Dario weiß, wovon er spricht. Er hat in Florenz Veterinärmedizin studiert und in der Landwirtschaft gearbeitet, bevor er sich fit fühlte, die Metzgerei des Vaters zu übernehmen, wie es seit hundert Jahren in seiner Familie üblich ist. Für seinen Nachfolger muß er noch sorgen!

Prosciutto con melone *auf antike Art: Der Schinken von Hand geschnitten, die Melone getrocknet – zur Schinkenzeit, im Winter, kannte man sie früher nicht frisch!*

Gutes Brot: keine Hexerei, sondern Handwerk!

Abends um sechs Uhr setzt Emilio Marconi mit etwas Teig vom Vortag, Hefe, Mehl und Wasser den Vorteig für das traditionelle Landbrot an, den *guanciale*. Um zwei Uhr in der Nacht knetet er dann den Teig, gegen fünf Uhr morgens wird gebacken: Wahrlich ein harter Job! »Aber«, sagt der bleiche Emilio mit scheuem Lächeln, »alles Gute braucht seine Zeit, verlangt Aufmerksamkeit und Zuwendung, denn es ist eine Persönlichkeit.« »Nur Konsumware ist schnell gemacht!« fällt ihm sein 84jähriger, vom arbeitsreichen Leben gebeugter Vater Serafino ins Wort. »Aber ein richtiges Brot, das hat ein eigenes Leben! Jede Hand geht mit dem Teig anders um: Ich brauche nicht zu wissen, wer das Brot gebacken hat, mein Sohn, mein Enkel Nicolo, der Gehilfe – ich schmecke es, ich sehe es ihm an ...«

Die Bäckerei der Familie Marconi in Ponte di Falciani, ein paar Kilometer südlich von Florenz, ist weitum bekannt. Nicht nur gutes Brot, köstliche Biscotti und Cantuccini werden hier gebacken, sondern ausgezeichnete Käse und Würste verkauft, ein vorzüglicher Espresso serviert. Der Laden brummt!

Der riesige Steinofen wird wahlweise mit Holz, Gas oder Elektrizität geheizt. »Holz nehmen wir nur noch selten, es macht so viel Schmutz. Strom ist sauber – und das Brot wird genauso gut«, meint Emilio. »Also fast so gut«, korrigiert er sich gleich, »aber wenn ich einen Mann zum Beheizen und Ausräumen einstellen muß, würde das Brot zu teuer«, seufzt er. »Es kostet ohnehin schon fast

doppelt soviel wie das normale Brot. Viele Leute kaufen es deshalb nur sonntags. Aber man braucht es für unsere traditionellen Gerichte, die *ribollita* und die *panzanella!*« Er wirft einen schnellen Blick auf die langen Brote, die in großen Körben herumstehen: »Mit dem Brot da kann man sie ja nicht machen!« Aber auch dieses Brot wird hier hergestellt, der Teig mit Maschinen angerührt, geknetet, ohne Ruhezeit portioniert und auf das Band einer Backstraße gelegt. Nur Mehl, Hefe und Wasser – niemals kommt Salz dazu, denn Brot wird ja zu salzigen Würsten, Schinken und Käse gegessen, zu den intensiven, ihrerseits sehr salzigen Saucen, zu mit Salzkristallen besätem Spanferkel, *porchetta*.

Der Teig für den *guanciale* wird zwar auch mit der Maschine geknetet, dann aber von Hand bearbeitet: Erst wird er gründlich durchgewalkt, dann muß er zwei Stunden ruhen und aufgehen, ehe er, zu einem länglichen Laib geformt, in Ofennähe wiederum gehen muß, bis er sein Volumen verdoppelt hat – das dauert 15 bis 60 Minuten, je nach Jahreszeit und Temperatur. Diesen Laib teilt Emilio in zwei oder drei Stücke, die mit den Fingerspitzen aufgezupft werden, nicht mehr geknetet, wie bei uns üblich – dadurch entstehen später die großen, charakteristischen Löcher. Die unregelmäßigen Teighaufen werden nun auf der bemehlten Backschaufel in den Ofen eingeschossen. Bei 250 Grad dauert es 60 bis 70 Minuten, dann können Emilio oder sein Gehilfe die herrlich duftenden, knusprigen Brote herausholen.

Hefe, das Treibmittel, wird mit Wasser …

… und Mehl zu einem weichen Teig gerührt.

Dieser wird per Hand gründlich gewalkt,

muß zunächst ruhen und aufgehen, wird …

… dann auf einem Tuch zum Laib geformt.

Zu doppeltem Volumen aufgegangen, wird …

… er geteilt, gezupft, mit Mehl bestäubt …

… und schließlich in den Ofen eingeschossen.

Knuspriges Brot – Basis toskanischer Küche!

PANE
BROT

Das Geheimnis des festkrumigen Brotes der Toskana: guter, auf armen, mäßig gedüngten (Mohn und Kornblumen künden davon) Feldern gewachsener Weizen. Außerdem darf der Teig langsam und lange gehen, bekommt so Struktur und kann seinen vollen Geschmack entwickeln! Es ist übrigens kein Druckfehler, daß kein Salz im Teig ist, sondern typisch für Toskanabrot!

Für einen großen Laib:
1 kg Mehl (Type 550), 1 Würfel Hefe,
ca. 1/2 l Wasser

Das Mehl in die Rührschüssel der Küchenmaschine füllen. Die Hefe in einer Tasse lauwarmem Wasser auflösen und zufügen. Zugedeckt eine Viertelstunde gehen lassen, bis die Hefe zu arbeiten beginnt. Dann in die laufende Maschine das restliche Wasser gießen, so viel, bis ein geschmeidiger Teig entstanden ist, der sich glatt vom Schüsselrand löst. Eine halbe Minute auf höchster Stufe durchwalken. Zugedeckt in einer Schüssel zwei Stunden gehen lassen. Anschließend erneut, diesmal mit den Händen, durchkneten. Zu einem Laib geformt auf einem Holzbrett, wieder zugedeckt, eine weitere Stunde gehen lassen. Bei 200 Grad im vorgeheizten Backofen eine gute Stunde backen – ein sogenannter Backstein aus Schamotte ist hier empfehlenswert! Damit die Kruste schön knusprig wird, den Laib eine Viertelstunde abkühlen lassen, anschließend noch einmal für eine halbe Stunde in den inzwischen auf 180 Grad abgekühlten Ofen schieben.

»Selvapiana«: Wein & Öl

»Unser Öl«, sagt der gescheite, weitgereiste, vielsprachige und umfassend gebildete Francesco Giuntini Antinori, »hat eine bedeutendere Qualität als unser Wein. Boden, Position und Klima gehen hier eine besonders günstige Verbindung ein – unser Olivenöl ist ein Grand Cru!« trumpft er geradezu auf. Nun gibt es diese aus dem Weinbau bekannte Klassifikation von Spitzenlagen für Olivenöl (noch) nicht. Aber man ist sofort geneigt, dem eigentlich eher zurückhaltenden Mann zu glauben, wenn man das intensive, dabei ungemein delikate, mandelbittere und pfirsichfruchtige, herrlich grüne Öl von Selvapiana probiert. Bereits Ende Oktober beginnt die Ernte – zwei Zentner Oliven bringen nur gute 12 Kilo Öl (in Apulien erzielt man das Doppelte!), wovon die Erntehelfer die Hälfte erhalten – dem Gut bleiben nur rund 1500 Liter …

Was die Weine von Selvapiana betrifft, so ist Francesco Giuntini, der mit fast allen toskanischen Adelsfamilien verwandt ist, allerdings zu bescheiden: Seine als Chianti Rufina klassifizierten Weine können mit den besten des Chianti Classico mithalten! Betont fruchtig sind sie, kräftig, gut strukturiert und langlebig. Als er das Gut übernahm, war die Lage alles andere als rosig: Die Pächter waren weg, das Gutshaus vom Krieg teilweise zerstört, die Keller verwahrlost. Mit Franco Bernabei entdeckte er bereits 1979 den genialen Önologen und Berater. Mit der Adoption der Kinder seines Verwalters, Federico und Silvia Masseti, hat der kinderlose Giuntini, der einst selbst adoptiert worden war, für Kontinuität gesorgt.

Eine Spezialität von Selvapiana ist der Vin Santo klassischer Art. Vom heute oft praktizierten schnellen Trocknen der Trauben mit Heißluft hält man nichts: Bereits im September werden sie – Trebbiano und etwas Malvasia – gelesen und in luftigen Räumen aufgehängt. Zehn Leute sind eine Woche damit beschäftigt. Bis Februar müssen schimmelige Beeren wöchentlich ausgelesen werden, nur die edelfaulen dürfen bleiben. Das Ergebnis: drei- bis viertausend 1/2-Liter-Flaschen eines intensiven, säurefrischen und sehr trockenen Vin Santo mit einem hinreißenden Aroma …

1

MINESTRA DI PANE

TOSKANISCHE BROTSUPPE

Eine toskanische Spezialität, die nicht umzubringen ist. Der klassische Gemüseeintopf der Hausfrauenküche, der rund ums Jahr immer wieder anders aussieht, je nachdem, welches Gemüse gerade im Garten reif ist, und der natürlich auch bei jeder Hausfrau anders schmeckt. Im Winter ist die wichtigste Zutat – neben Brot, versteht sich – *cavolo nero*, eine Kohlsorte, die man nur in der Toskana kennt. Die langen, schmalen, wie verkrumpelt wirkenden Blätter von sehr dunklem, fast schwarzem Grün schmecken herzhaft und unverwechselbar – deshalb ist ein anderer Kohl, Wirsing oder Grünkohl, allenfalls optisch ein Ersatz.

Wie eine Suppe sieht das Gericht übrigens nicht aus: Das Brot, mit dem alles in eine Terrine geschichtet wird, saugt sämtliche Flüssigkeit auf und macht daraus eine geradezu schnittfeste Sache. Trotzdem ißt man aus tiefen Tellern mit dem Löffel. Serviert wird nicht heiß, sondern mit Zimmertemperatur. Bei Tisch würzt man seine Portion mit frischem Olivenöl und geriebenem Käse. Was übrigbleibt, wird am nächsten Tag in der Pfanne zu einer Art Rösti aufgebraten – und dann nennt man das Gericht *Ribollita*.

Für sechs Personen:
500 g weiße Bohnen, 4 Knoblauchzehen, ein paar frische Salbeiblätter, Salz, 2 Selleriestangen, 1 Möhre, 1 Zwiebel, 1/2 Tasse Olivenöl, 1 Bund Petersilie, 1 kg Cavolo nero, 1 Tasse Tomatenpüree, 500 g altbackenes, helles Bauernbrot in Scheiben

Die Bohnen über Nacht einweichen, mit Knoblauch und Salbei in Salzwasser ganz langsam weich kochen. Durch eine Gemüsemühle passieren, dabei mit so viel Kochwasser verrühren, bis ein ziemlich dünnes Püree entstanden ist.

In einem Suppentopf in feine Scheibchen geschnittenen Sellerie, Möhre und gehackte Zwiebel im heißen Öl andünsten. Das Bohnenpüree zufügen, auch den in Streifen geschnittenen Kohl und das Tomatenpüree. Gut verrühren und auf leisem Feuer etwa eine Stunde sanft köcheln, bis der Kohl weich ist, beinahe zerfällt.

Die Suppe abschmecken und abwechselnd mit den Brotscheiben in eine große Suppenterrine schichten. Eine halbe Stunde stehenlassen, bis das Brot absolut durchgeweicht, sogar fast aufgelöst ist.

2

POLLO CON PATATE

HUHN MIT KARTOFFELN

»Wir haben extra für Sie ein Huhn geschlachtet«, strahlt Giuntini, und man merkt, daß er sich schon auf diesen Leckerbissen freut. Haushälterin Fedora, die schon seit fast fünfzig Jahren in der Küche von Selvapiana herrscht, trägt die Platte mit den knusprigen Hühnerstücken und golden gebackenen Kartoffelschnitzen stolz wie eine Trophäe an den Tisch. Ein unnachahmlich schlichtes Rezept für ein Gericht, das von der Qualität der Zutaten lebt:

Für vier Personen:
1 frisches, junges Brathuhn, Salz, Pfeffer, 1/2 Zitrone, 1 Bund Petersilie, 4–5 EL Olivenöl
Gebackene Kartoffelschnitze:
1 kg Kartoffeln, Olivenöl, Salz

Das Huhn mit Salz und Pfeffer aus- und einreiben. Die Zitronenhälfte sowie das Kräuterbund in die Bauchhöhle stecken. Das Huhn in eine Bratenform setzen, mit Olivenöl übergießen und zunächst bei 250 Grad im vorgeheizten Ofen 20 Minuten braten. Dann die Hitze auf 175 Grad reduzieren, das Huhn mit Bratensaft bepinseln und weitere 40 Minuten braten. Schließlich den Ofen ausschalten, das Huhn weitere 10 Minuten ruhen lassen, bevor es in Portionsstücke zerlegt wird.

Die Kartoffeln schälen, in Schnitze teilen, gut abtrocknen und in Olivenöl schwimmend bei milder Hitze langsam golden backen. Bevor sie die richtige Farbe angenommen haben, herausheben, etwas abkühlen und unmittelbar vor dem Servieren erneut im Öl aufrauschen lassen. Salzen und zwischen den Hühnerteilen auf der Platte dekorativ verteilen. Dazu paßt ein bunter, gemischter Salat.

2

Francesco, Silvia und Federico Giuntini

Francesco Giuntini bittet zu Tisch.

1

Bagnone: Idylle im Apennin

Auch die karge Bergwelt des Apennin, das Tal der Magra mit dem weiten Kessel der Lunigiana ist eine toskanische Landschaft. Nachdem es lange so aussah, als gäbe unsere Zeit den Menschen keine Chance, hier zu überleben, hat sich das Blatt gewendet: Das Auto hat sie mobil gemacht, sie bleiben zu Hause wohnen und fahren zur Arbeit an die Küste. Holzverarbeitendes Handwerk und Landwirtschaft sind im Aufschwung – aus dem hochgelegenen Örtchen Fivizzano kommt ausgezeichnetes, sehr fruchtiges, weiches Olivenöl; Alm- und Fleischwirtschaft blühen, und es beginnt ein bescheidener Tourismus. In den trutzigen, kompakten Bergdörfern siedeln sich Künstler und Ausländer an: Hier sind die Preise noch zu bezahlen!

Bagnone, ein kleiner Marktflecken unter zwei burgartigen Schlössern, an denen ein paar Wohnhäuser zu kleben scheinen, wartet nicht mit spektakulären Kunstschätzen auf. Aber das Ensemble mit Stadttoren, Bogengängen, akkurat in Kastenform geschnittenen Bäumen und Patrizierhäusern ist eine reizvolle Etappe an der Cisa-Autobahn.

In einem Stadtpalais die »Locanda La Lina«. Das schmucklose Äußere (links unten) verrät noch nicht, mit welch schlichter, aber bewußter Sorgfalt das Haus innen ausgestattet ist: alte Trompe-l'œil-Böden, Marmortreppen, ein eindrucksvoll geschmiedetes Geländer. Ein paar Zimmer mit alten Möbeln, einfach, aber angenehm. Der Speisesaal mit Tonnengewölbe über dem Stucksims wird außer von einem eleganten Kronleuchter durch Halogenlampen effektvoll erhellt. Ordentliche Tischwäsche, anständige Gläser, handfestes Besteck – alles sorgfältig zusammengestellt.

In der Küche der Lunigiana mischen sich Emilia-Romagna, Toskana und Ligurien. Bagnone speziell ist bekannt für seine salzigen Kuchen. Lina Ricci bäckt sie meisterlich und versteht es, den bäuerlichen Gerichten aus Kräutern und Wildgemüsen Glanz zu verleihen. Ihre Küche ist akkurat und basiert auf den besten Zutaten der Gegend. Tochter Francesca ist für die süße Abteilung verantwortlich, Schwiegersohn Valter Pigoni für den Service und die Weine – er empfiehlt am liebsten die aus der Region …

Die Lunigiana ist für ihren reichen Pilzsegen bekannt. Lina Ricci ist eine Meisterin der Konserven: Sorgfältig geputzte Pilze werden mit Essigwasser gebrüht, abgetrocknet und mit Gewürzen in Olivenöl eingelegt – ein überwältigender Genuß! Ihre Steinpilze und Hallimasch sind von einer Aromenfülle und Festigkeit, wie man sie selten findet. Ebenso köstlich die eingelegten Artischockenherzen.

1

2

3

4

1

TORTA VERDE

KRÄUTERKUCHEN

Eine Spezialität, die man im benachbarten Ligurien genauso zubereitet: Boden und Oberfläche des Kuchens ist ein dünner Strudelteig aus Wasser und Mehl, die Füllung besteht aus Kräutern und grünen Gemüsen sowie Ricotta.

Für sechs Personen:
Strudelteig:
200 g Mehl, 1/2 TL Salz, 1 EL Olivenöl, knapp 1/8 l lauwarmes Wasser
Kräuterfüllung:
ca. 1 kg gemischte Kräuter (Brennesseln, Petersilie, Spinat), Salz, 1 Zwiebel, 2 Knoblauchzehen, 2 EL Olivenöl, 250 g Ricotta, 100 g frisch geriebener Parmesan, Pfeffer, Cayenne, Muskat, Milch zum Einpinseln

Das Mehl in eine Schüssel füllen. Eine Vertiefung in die Mitte drücken, dort Salz und Öl hineingeben. Das lauwarme Wasser langsam hinzugießen. Dabei mit dem Holzlöffel rühren. Sobald alles vermischt ist, mit den Händen kneten. In einem Plastikbeutel eine halbe Stunde ruhen lassen. Erst dann dünn ausziehen und eine gebutterte Form so damit auskleiden, daß rundum genügend Teig übersteht, um nachher die Füllung vollkommen zu bedecken.
Die Kräuter verlesen, entstielen, waschen, in Salzwasser aufwallen lassen, dann abgießen, abschrecken, gut ausdrücken und fein hacken. Feingewürfelte Zwiebel und Knoblauch im heißen Öl weich dünsten, die Kräuter zufügen und gut mischen. Schließlich mit Ricotta und Parmesan gründlich vermengen. Mit Salz, Pfeffer, Cayennepfeffer und Muskat kräftig abschmecken. In die Form füllen und glatt streichen. Mit dem restlichen Teig zudecken. Mit Milch einpinseln. Bei 180 Grad etwa eine Stunde backen, bis die Oberfläche goldbraun geworden ist.

2

RAVIOLI ALL'ORTICA TESTAROLO ALLE ERBE

BRENNESSELRAVIOLI UND KRÄUTERPFANNKUCHEN

Dieselbe Füllung, die im Kräuterkuchen eingebacken wurde, kann man auch mit Nudelteig zu Ravioli verarbeiten. Sie werden mit Salbeibutter serviert. Dafür eine gute Handvoll Salbeiblätter in reichlich Butter anrösten, einen Schuß Nudelkochwasser zufügen und über die in Tellern angerichteten Ravioli verteilen.
Beim Testarolo erinnert nur der Name an die ligurische Spezialität (siehe in unserem Band »Ligurien – Küche, Land und Leute«), der Pfannkuchen selbst wird nicht nur anders zubereitet, sondern auch auf völlig andere Art verspeist. Zunächst braucht man dafür eine flache feuerfeste Form.

Für sechs Personen:
300 g Mehl, Salz, 1 EL Olivenöl, ca. 1/4 l Wasser, Olivenöl für die Form
Pesto:
50 g Basilikumblätter, 4–5 Knoblauchzehen, Salz, ca. 1/8 l Olivenöl

Die Zutaten für den Teig glatt rühren und eine halbe Stunde ruhen lassen. Dann einen halben Zentimeter hoch in eine feuerfeste, mit Öl ausgepinselte Form gießen. Bei 250 Grad im Backofen backen, bis er gestockt ist. Auf diese Weise den Teig aufbrauchen.
Für den Pesto die Zutaten im Mixer zu einer dicken Paste mixen. Zum Servieren die Testaroli in 3 cm breite Streifen schneiden, kurz in kochendes Wasser tauchen, abtropfen und auf vorgewärmten Tellern anrichten. Mit Pesto dekorativ beklecksen.

3

AGNELLO FRITTO

GEBACKENES LAMM

Wie bekömmlich Fritiertes wirkt, hängt vom verwendeten Fett ab – in Italien nimmt man dafür Olivenöl, es muß ja nicht extra vergine sein, eine einfachere Qualität tut's auch. Aber man sollte unbedingt spätestens nach dem zweiten Mal das Öl wechseln!

Für vier Personen:
8–12 Lammkoteletts, Salz, Pfeffer, Semmelbrösel, Olivenöl zum Ausbacken

Die Koteletts salzen, pfeffern und in Semmelbröseln wenden. Alle überschüssigen Brösel abschütteln. Die Koteletts nicht mehr liegen lassen, sondern sofort in heißem Öl schwimmend ausbacken. Mit Zitronenschnitzen und Tomatensalat servieren.
Tip: Das Öl hat die richtige Temperatur, wenn an einem Stäbchen, das man hineinhält, sanft Bläschen emporsteigen!

4

TORTA DI MELE

APFELKUCHEN

Für eine Springform von 26 cm Durchmesser:
5 Eier, 250 g Zucker, 250 g Butter, Salz, 400 g Mehl, 1 gehäufter TL Backpulver, Butter und Zucker für die Form, 6 Äpfel (z. B. Elstar oder Boskoop), Zitronensaft

Die Eier mit dem Zucker in der Küchenmaschine schaumig rühren, dabei stückchenweise die Butter und schließlich die Salzprise zufügen. Das Mehl mit dem Backpulver einarbeiten. Diesen Teig in eine mit Butter ausgestrichene, mit Zucker ausgestreute Form geben. Die unterdessen geschälten, entkernten, in Schnitze geteilten, mit Zitrone beträufelten Äpfel dicht an dicht in den Teig stecken. Bei 175 Grad im vorgeheizten Ofen etwa 50 bis 55 Minuten backen, bis der Kuchen aufgegangen und goldbraun geworden ist und die Äpfel darin nahezu vollständig versunken sind.

Lina Ricci in ihrer kleinen, geschickt in einen stukkierten Salon eingefügten Küche.

Seit dem einfachen Beginn 1988 wird die »Locanda La Lina« immer eleganter.

Valter Pigoni liebt seine Heimat, sucht und fördert die guten regionalen Produkte.

Restaurants und Cafés

⑬ Trattoria
ALBANA (S. 84)
Loc. Mazzolla
I-56048 Volterra (Pisa)
Tel. +39-0 58 85 90 01
Ruhetag: Di

⑪ Trattoria
ANTICA CECINA (S. 100)
Via Cavour, 17
I-57023 Cecina (Livorno)
Tel./Fax +39-05 86 68 15 28
Ruhetag: So

㉜ Ristorante
LE ANTICHE SERE (S. 66)
Loc. Sogna
I-52020 Ambra (Arezzo)
Tel./Fax +39-0 55 99 81 49
Ruhetag: Di; Nov. geschl.
Reservieren!

⑲ CANTINETTA ANTINORI (S. 22)
Piazza degli Antinori, 3
I-50123 Firenze
Tel. +39-0 55 29 22 34
Fax +39-05 52 35 98 77
Ruhetag: Sa, So, Weihnachten
und August. Reservieren!

㉟ Ristorante
DA ANTONIO (S. 194)
Via Fiorita, 38
I-53019 Castelnuovo Berardenga
(Siena)
Tel. +39-05 77 35 53 21
Ruhetag: Mo; unbedingt reservieren!

㊲ Hotel, Ristorante
BEL SOGGIORNO (S. 72)
Via San Giovanni, 91
I-53037 San Gimignano (Siena)
Tel. +39-05 77 94 03 75
Fax +39-05 77 94 31 49
Ruhetag: Mi; abends reservieren!

⑦ Ristorante
DA BEPPE (S. 224)
Via Livornese, 35-37
I-56020 Staffoli (Pisa)
Tel. +39-0 57 13 70 02
Fax +39-0 57 13 73 85
Ruhetag: So abends, Mo

㉝ Ristorante
LA BOTTEGA DEL 30 (S. 44)
Via Santa Caterina, 2
I-53019 Castelnuovo Berardenga –
Villa a Sesta (Siena)
Tel./Fax +39-05 77 35 92 26
Ruhetag: Di + Mi, mittags nur an
Sonn- und Feiertagen geöffnet;
unbedingt reservieren!

⑭ Ristorante Enoteca
DA BRACALI (S. 172)
Località Ghirlanda
I-58020 Massa Marittima (Grosseto)
Tel. +39-05 66 90 23 18
Fax +39 05 66 94 03 02
Ruhetag: Mo abends (Winter)
und Di
Abends und am Wochenende
reservieren

⑯ Ristorante Enoteca
DA CAINO (S. 162)
Via della Chiesa, 4
I-58050 Montemerano (Grosseto)
Tel. +39-05 64 60 28 17
Fax +39-05 64 60 28 07
Ruhetag: Mi, Do mittags
Unbedingt reservieren

㉝ Caffè
CAMELIA (S. 44)
Loc. Villa a Sesta
I-53019 Castelnuovo Berardenga
(Siena)
Tel. +39-05 77 35 90 99

⑮ Ristorante
CAPO NORD (S. 116)
Loc. La Fenicia
I-57033 Marciana Marina (Elba)
Tel./Fax +39-05 65 99 69 83
Ruhetag: Mo (außer Juni–Sept.)

㊹ Locanda al
CASTELLO DI SORCI (S. 156)
Loc. San Lorenzo
I-52031 Anghiari (Arezzo)
Tel. +39-05 75 78 90 66
Fax +39-05 75 78 80 22
Kein Ruhetag, reservieren

⑲ Ristorante
IL CIBREO (S. 18)
Via de' Macci, 118r
I-50122 Firenze
Tel. +39-05 52 34 11 00
Fax +39-0 55 24 49 66
Ruhetag: So, Mo, August
Abends reservieren!

⑧ Ristorante/Enoteca
DANTE E IVANA (S. 96)
Viale del Tirreno, 207c
I-56018 Tirrenia (Pisa)
Tel. +39-05 03 25 49
Ruhetag: So

⑨ Trattoria
LA GATTAIOLA (S. 90)
Vicolo San Lorenzo, 2/4
I-56043 Fauglia (Pisa)
Tel. +39-0 50 65 08 52
Ruhetag: Mo

⑲ Caffè
GILLI (S. 18/19)
Piazza della Repubblica, 39r
I-50100 Firenze
Tel. +39-0 55 21 38 96

㊷ Ristorante
LA GROTTA (S. 132)
San Biagio
I-53045 Montepulciano (Siena)
Tel. +39-05 78 75 74 79
Ruhetag: Mi

㉕ Taverna del
GUERRINO (S. 228)
Castello di Montefioralle
I-50022 Greve in Chianti (Firenze)
Tel. +39-0 55 85 31 06
Ruhetag: Mo–Mi,
im Sommer Mo–Di mittags

㊺ Enoteca
GUIDI (S. 153)
Via Lucca Pacioli, 44
I-52037 Sansepolcro (Arezzo)
Tel. +39-05 75 74 10 86

⑲ LAMPREDOTTO POLLINI (S. 20)
Via dei Macci/Borgo S. Croce
Firenze
Werktags während der Marktzeit
(früh bis ca. 14 Uhr)

⑲ Ristorante Fiaschetteria
IL LATINI (S. 19)
Via dei Palchetti, 6r
I-50122 Firenze
Tel. +39-0 55 21 09 16
Fax +39-0 55 28 97 94
Ruhetag: Mo

① Locanda
LA LINA (S. 242)
Piazza Marconi, 1
I-Bagnone (Massa)
Tel. +39-01 87 42 90 69
Ruhetag: Do, abends reservieren

㊱ Osteria
LE LOGGE (S. 203)
Via del Porrione, 33
I-53100 Siena
Tel. +39-0 57 74 80 13
Fax +39-05 77 22 22 59
Ruhetag: So und Feiertage

⑤ Ristorante
LORENZO (S. 210)
Via Carducci, 61
I-55042 Forte dei Marmi (Lucca)
Tel./Fax +39-0 58 48 40 30
Ruhetag: Mo; Juli/Aug.
mittags geschl.
Unbedingt reservieren!

④ L'Enoteca
MARCUCCI (S. 215)
Via Garibaldi, 40
I-55045 Pietrasanta
Tel./Fax +39-05 84 79 19 62
Ruhetag: Mo im Winter

㉒ CANTINETTA DEL NONNO (S. 28)
Via IV Novembre, 18
I-50026 San Casciano Val di Pesa
(Firenze)
Tel. +39-0 55 82 05 70
Ruhetag: Mi

⑫ Ristorante
LA PINETA (S. 104)
Via die Cavallegeri, 27
I-57020 Marina di Bibbona
(Livorno)
Tel. +39-05 86 60 00 16
Ruhetag: Mo

㊷ Caffè
POLIZIANO (S. 131)
Via Voltaia nel Corso, 17
I-53045 Montepulciano (Siena)
Tel. +39-05 78 75 86 15

㊴ Trattoria
IL POZZO (S. 182)
Piazza del Pozzo, 2
I-53020 Sant' Angelo in Colle –
Montalcino (Siena)
Tel. +39-05 77 84 40 15
Ruhetag: Di

㉚ Osteria di
RENDOLA (S. 60)
Loc. Rendola
I-52025 Montevarchi (Arezzo)
Tel. +39-05 59 70 74 90
Fax +39-05 59 70 74 91
Ruhetag: Mi und Do mittags

㉖ Ristorante Pizzeria
RISTORO DI LAMOLE (S. 204)
Loc. Lamole
I-50020 Greve in Chianti (Firenze)
Tel. +39-05 58 54 70 50
Kein Ruhetag; Terrasse reservieren!

⑲ Caffè
RIVOIRE (S. 18/19)
Piazza della Signoria, 5r
I-50100 Firenze
Tel. +39-0 55 21 44 12

④ Trattoria
DA SCI S. (214)
Vicolo Porta a Lucca, 3/7
I-55045 Pietrasanta (Lucca)
Tel. +39-05 84 79 09 83
Ruhetag: So und Feiertage

② Osteria
VECCHIO MULINO (S. 146)
I-55032 Castelnuovo Garfagnana
(Lucca)
Tel. +39-0 58 36 21 92
Ruhetag: im Winter So

③ Ristorante
DA VENANZIO (S. 221)
Piazza Palestro, 3
I-54033 Carrara-Colonnata (Massa)
Tel./Fax +39-05 85 75 80 62
Ruhetag: Do und So abends

㉘ Ristorante
VIGNALE (S. 51)
Via XX Settembre, 23
I-53017 Radda in Chianti (Siena)
Tel./Fax +39-05 77 73 80 94
Ruhetag: Do

Hotels

④ Hotel
ALBERGO PIETRASANTA (S. 214)
Via Garibaldi, 35
I-55045 Pietrasanta (Lucca)
Tel. +39-05 84 79 37 26
Fax +39-05 84 79 37 28

㉛ Albergo
CASTELLETTO DI
MONTEBENICHI (S. 58)
Montebenichi
I-52020 Bucine (Arezzo)
Tel. +39-05 59 91 01 10
Fax +39-05 59 91 01 13
Nov. – März geschl.

⑲ Hotel
LOGGIATO DEI SERVITI (S. 21)
Piazza SS. Annunziata, 3
I-50122 Firenze
Tel. +39-0 55 28 95 92
Fax +39-0 55 28 95 95

㊵ Hotel
POSTA-MARCUCCI (S. 136)
Via Ara Urcea, 43
I-53020 Bagni Vignoni (Siena)
Tel. +39-05 77 88 71 12
Fax +39-05 77 88 71 19

㊳ Hotel Relais
LA SUVERA (S. 76)
I-53030 Pievescola (Siena)
Tel. +39-05 77 96 03 00
Fax +39-05 77 96 02 20

⑲ Hotel
TORRE DI BELLOSGUARDO (S. 16)
Via Roti Michelozzi, 2
I-50124 Firenze
Tel. +39-05 52 29 81 45
Fax +39-0 55 22 90 08

㉘ Relais Fattoria
VIGNALE (S. 51)
Via Pianigiani, 8
I-53017 Radda in Chianti (Siena)
Tel. +39-05 77 73 83 00
Fax +39-05 77 73 85 92

LIGURIEN
Zeri
Pontrémoli
Lunigiana
Bagnone
Tavernelle
Aulla
Fivizzano
Lago di Vagli
Carrara
Colonnata
Castelnuovo di Garfagnana
La Garfagnana
Uccelliera 1636
Marina di Carrara
Marina di Massa
Massa
Barga
Parco Naturale delle Alpi Apuane
Forte dei Marmi
Pietrasanta
La Versilia
Bagni di Lucca
S. Marcello
Marina di Pietrasanta
Lido di Camaiore
Viareggio
Torre del Lago
Collodi
Pistoia
Montecatini Terme
Lucca
Lago di Massaciuccoli
Parco Naturale Migliarino-San Rossore-Massaciuccoli
S. Rossore
Pisa
Calci
Monsummano Terme
Monte Albano
Vinci
Stàffoli
Bientina
Empoli
Tirrénia
Pontedera
Arno
Livorno
Collesalvetti
Ponsacco
S. Miniato
M. d. Poggio 381
Fáuglia
Casciana Terme
Montenero
Castelfiorentino
Castiglioncello
Rosignano Solvay
M. Vitalba 674
Terriccio
Volterra
San Gimignano
Cécina
Ponteginori
Mazzolla
Colle di Val d'Elsa
Poggibonsi
Monteriggioni
Marina di Bibbona
Bolgheri
Colline Metallifere
Pievescola
Canneto
Castagneto Carducci
le Cornate 1095
la Colonna
Capraira
S. Vincenzo
Monterotondo Marittima
San Galgano
Campiglia Marittima
Gaballino
Venturina
Massa Marittima
Populonia
Piombino
Follonica
Palmaiola
Cerboli
Elba
Portoferraio
Marciana
Marciana Marina
M. Capanne 1019
Sant'Ilario in Campo
Rio Marina
Porto Azzurro
Marina di Campo
Pianosa
Maremma
Vetulonia
Poggio Ballone 630
Grosseto
Roselle
Ombrone
Parco Naturale della Maremma
Talamone
La Parrina
Monte Argentario
P. S. Stefano
Orbetello
Capalbio
Ansedonia
Porto Ercole
Isola del Giglio
Giglio Porto
Montecristo
0 10 km
Appennini
Monti del Mugello
Prato
Borgo S. Lorenzo
Sieve
Fiesole
Rufina
Florenz
Galluzzo
Pontassieve
Ponte di Falciani
Impruneta
S. Casciano in Val di Pesa
San Casciano
Badia a Passignano
Chianti
Greve in Chianti
Panzano
Lamole
Castellina in Chianti
Radda
Monti di Chianti
Gaiole in Chianti
Montebenicchi
Canonica a Cerreto
Montaperti
Siena
Villa a Sesta
Sogna
Castelnuovo Berardenga
Palazzuolo
Rendola
Montevarchi
Valdarno
Pratomagno 1592
La Verna
Rassina
Caprese Michelangelo
Pieve S. Stefano
Sansepolcro
Anghiari
Bùcine
Arezzo
Monterchi
Castiglion Fiorentino
Cortona
Le Crete
Asciano
Sinalunga
Buonconvento
Valano
Bagni di Petriolo
San Quirico d'Orcia
Montepulciano
Pienza
Montalcino
S. Angelo in Colle
Bagno Vignoni
Abbazia Sant'Antimo
Castiglione d'Orcia
Chianciano Terme
Chiusi
Lago di Chiusi
Cetona
Paganico
Monte Amiata 1734
Abbadia S. Salvatore
Radicofani
Roccalbegna
Triana
Scansano
Saturnia
Sorano
Sovana
Pitigliano
Magliano in Toscana
Montemerano
Manciano
Marsiliana
Albegna
Orcia

Weingüter, Geschäfte, Produzenten

(24) La Bottega di BADIA
A PASSIGNANO (S. 24)
I-50120 Badia Passignano
Tel. +39-05 58 07 12 78
Fax +39-05 58 24 43 65
Alle Antinori-Weine;
So geschlossen

(41) LA BOTTEGA
DEL NATURISTA (S. 125)
Corso Rossellino, 16
I-53026 Pienza (Siena)
Tel. +39-05 78 74 81 81
Fax +39-05 78 71 65 59

(45) Stoffe & Wäsche
BUSATTI (S. 154)
Via XX Settembre (angolo via
P. della Francesca)
I-52037 Sansepolcro (Arezzo)
Tel. +39-05 75 74 15 39

(44) Tessuti
BUSATTI G.L.E.S. (S. 154/156)
Via Mazzini, 14
I-52031 Anghiari (Arezzo)
Tel. +39-05 75 78 84 24
Fax +39-05 75 78 98 19
Mo vormittag geschl.

(34) Azienda Agraria
CANONICA A CERRETO (S. 49)
Loc. Canonica a Cerreto
I-53019 Castelnuovo Berardenga
(Siena)
Tel./Fax +39-05 77 36 32 61

(27) Antica Macelleria
CECCHINI (S. 230)
Via XX Luglio, 11
I-50020 Panzano (Firenze)
Tel. +39-0 55 85 20 20
Fax +39-0 55 85 27 00
Geschlossen: Mi, So nachmittags

(29) Macelleria
CHINI (S. 186)
Via Roma, 2
I-53013 Gaiole (Siena)
Tel. +39-05 77 74 94 57
Fax +39-05 77 74 93 70

(15) Lavorazione
CORALLO (S. 114)
V.le Margherita, 75
I-57033 Marciana Marina (Elba)
Tel. +39-05 65 99 66 44

(41) LA CORNUCOPIA –
Club delle Fattorie (S. 125)
Piazza Martiri della Libertà, 1
I-53026 Pienza (Siena)
Tel. +39-05 78 74 81 150
Di geschl.

(23) Fattoria
CORZANO E PATERNO (S. 32)
Loc. San Pacrazio
I-50020 San Casciano Val di Pesa
(Firenze)
Tel. +39-05 58 24 81 79
Fax +39-05 58 24 81 78

(42) Pecorino di Pienza
CUGUSI (S. 126)
Via della Boccia, 8
I-53045 Montepulciano (Siena)
Tel./Fax +39-05 78 75 75 58

(19) Pasticceria
DOLCI E DOLCEZZE (S. 18/19)
Piazza Becceria, 8r
I-50100 Firenze
Tel. +39-05 52 34 54 58

(35) Fattoria di
FELSINA (S. 190)
Strada Chiantigiana S.S. 484
I-53019 Castelnuova Berardenga
(Siena)
Tel. +39-05 77 35 51 17
Fax +39-05 77 35 56 51

(27) Tenuta Agricola
FONTODI (S. 36)
Via S. Leolino, 87
I-50020 Panzano in Chianti
(Firenze)
Tel. +39-0 55 85 20 05
Fax +39-0 55 85 25 37

(21) Pavimenti in cotto
MANETTI GUSMANO & FIGLI
(S. 36)
Loc. Ferrone
I-50023 Impruneta (Firenze)
Tel. +39-0 55 85 06 31
Fax +39-0 55 85 04 61

(36) Antica Drogheria
MANGANELLI (S. 203)
Via di Città, 71–73
I-53100 Siena
Tel. +39 05 77 28 00 02

(20) Antico Forno
MARCONI (S. 236)
Via Chiantigiana, 20
I-50023 Ponte Falciani –
Impruneta (Firenze)
Tel. +39-05 52 02 00 80
Ruhetag: Mi

(45) Macelleria
MARTINI (S. 152)
Via XX Settembre, 95
I-52037 Sansepolcro (Arezzo)
Tel. +39-05 75 74 23 10

(14) Azienda Agraria
MASSAVECCHIA (S. 178)
Zona Rocche – Podere Fornace, 11
I-58024 Massa Marittima (Grosseto)
Tel. +39-05 66 91 55 22

(42) Enoteca – Antichità
OINOCHÒE (S. 131)
Via di Voltaia nel Corso, 82
I-53045 Montepulciano (Siena)
Tel. +39-05 78 75 75 24

(18) Fattoria
LA PARRINA (S. 171)
I-58010 Albinia (Grosseto)
Tel. +39-05 64 86 55 86
Fax +39-05 64 86 26 26

(30) Fattoria
POGGIO AL PINO (S. 60)
Loc. Rendola, 85
I-52025 Montevarchi (Arezzo)
Tel. +39-05 59 70 75 94
Fax +39-05 59 70 75 97

(19) Feinkost
PROCACCI (S. 18/19)
Via Tuornabuoni, 64r
I-50100 Firenze
Tel. +39-0 55 21 16 58

(19) OFFICINA PROFUMO-
FARMACEUTICA di
SANTA MARIA NOVELLA (S. 26)
Via della Scala, 16
I-50123 Firenze
Tel. +39-0 55 21 62 76
Fax +39-0 55 28 86 58

(17) Azienda Agraria
SASSOTONDO (S. 168)
Loc. Pian di Conati, 52
I-58010 Sovana (Grosseto)
Tel. +39-05 64 61 42 18
Fax +39-05 64 61 77 14

(43) Fattoria
SELVAPIANA (S. 238)
Via Selvapiana, 3
I-50068 Rúfina (Firenze)
Tel. +39-05 58 36 98 48
Fax +39-05 58 31 68 40

(6) Caffè e Cioccolata
SLITTI (S. 140)
Via Francesca Sud, 240
I-51030 Cintolese – Monsummano
Terme (Pistoia)
Tel./Fax +39-05 72 64 02 40

(10) Tenuta del
TERRICCIO (S. 86)
500 m von der A12,
Ausfahrt Rosignano
I-56040 Castellina Marittima
(Pisa)
Tel. +39-0 50 69 97 09
Fax +39-0 50 69 97 89

(36) Enoteca
I TERZI (S. 203)
Via dei Termini, 7
I-53100 Siena
Tel. +39-57 74 43 29

(13) Piante aromatiche
VENZANO (S. 82)
Loc. Mazzolla
I-56048 Volterra (Pisa)
Tel./Fax +39-0 58 83 90 95

Stichwortverzeichnis

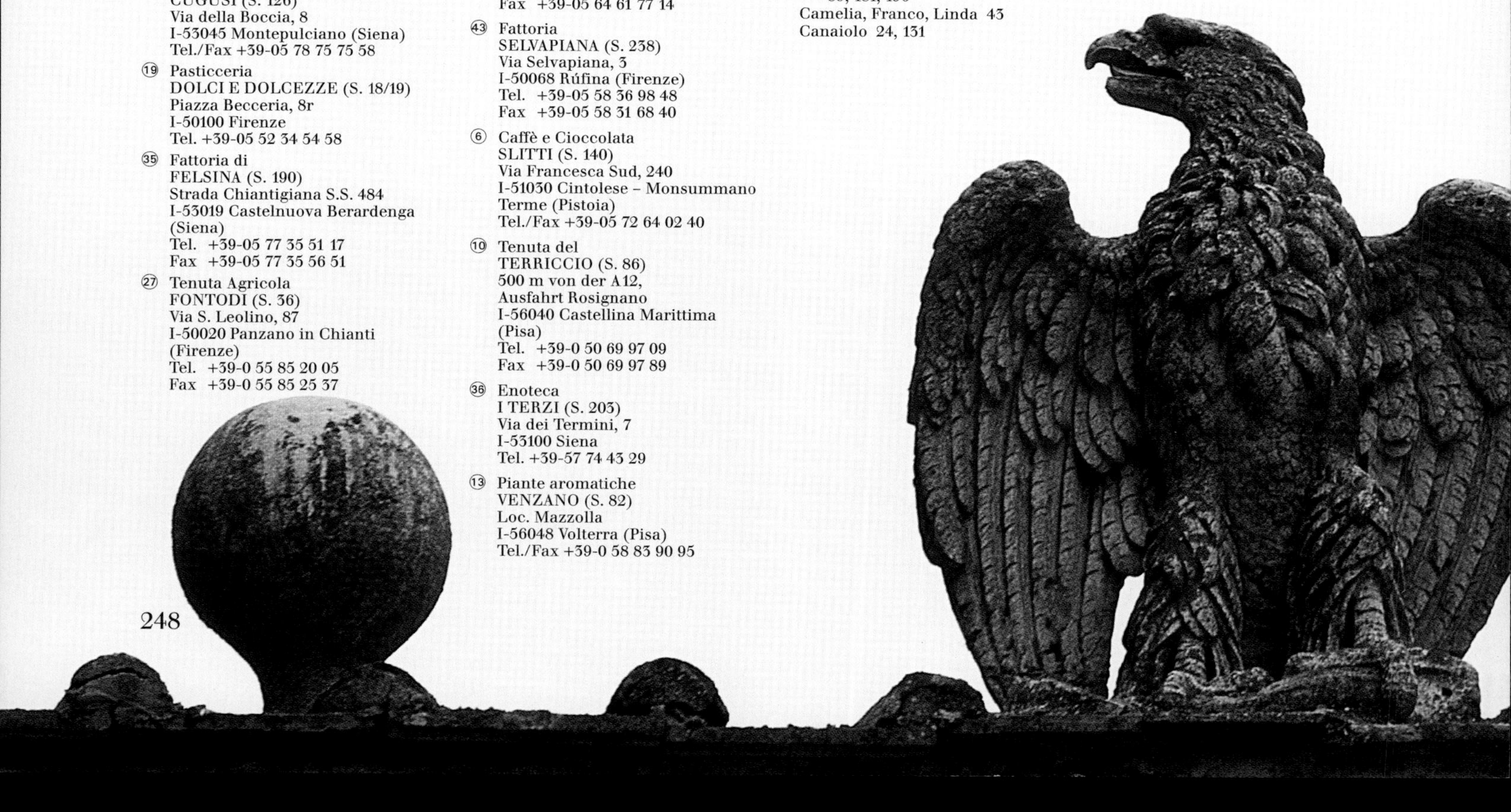

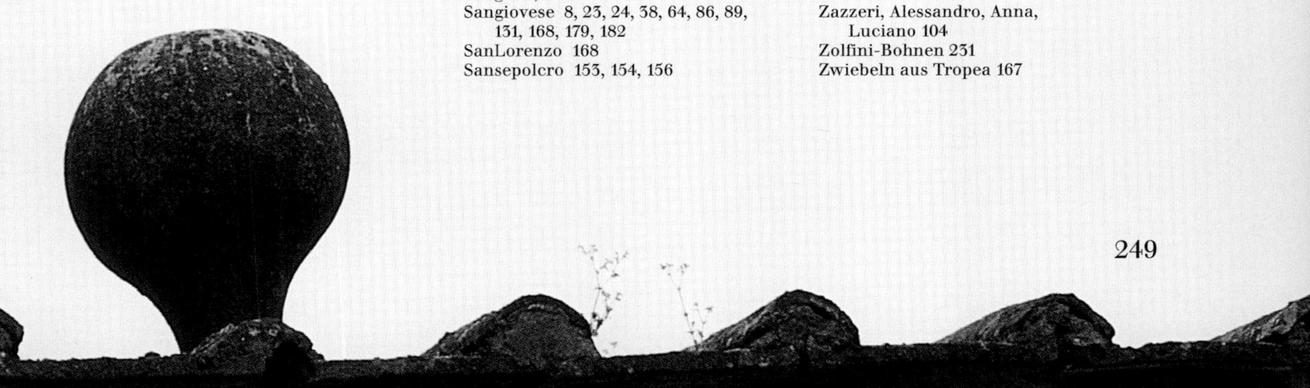

Rezeptregister deutsch

Rezeptregister italienisch

Bibliographie

BARBARESI, Raffaello: Toskana. Istituto Geografico deAgostini, Novara 1998

BIGAZZI, Giuseppe: La cucina semplice dei sapori d'Italia. adnkronos, Roma 1999

CAPALBO, Carla: The Food Lover's Companion to Tuscany. Cronicle Books, San Francisco 1998

DUNCAN, Fiona und GREENE, Peter: Mittelitalien. Droemer, München 1996

GAMBERO ROSSO. Ristoranti d'Italia 1999. DeAgostini, Novara s. a.

GOURMET – Edition Willsberger

HENNING, Christoph: Toskana. 2. Aufl. Oase Verlag, Badenweiler 1992

MICHELIN: Italia 1999

MÜLLER, Michael: Toscana – Reisehandbuch. 8. Aufl. Michael Müller Verlag, Erlangen 1998

PETER, Peter: Die besten Trattorien der Toskana. Wilhelm Heyne Verlag, München 1999

TASSINARI, Antonio; ATANI, Caterina; SANTINI, Franca: Millevolte Toscana. Millevolte, Firenze 1999

THOMASES, Daniel: Die großen Weine der Welt – Toskana. Droemer, München 1999

TOSKANA. ADAC Reiseführer, 5 Aufl. München 1998

VERONELLI, Luigi: Restaurants in Italien. 13. Ausgabe. Wilhelm Heyne Verlag, München 1999

ZIMMERMANN, Klaus: Toscana. 18. Aufl. DuMont, Köln 1994

ZWECKER, Hellmuth: Toskana und Umbrien – kulinarischer Reiseführer. 2. Aufl. Gräfe und Unzer, München 1994